THOMAS GRAHAM

だれも置き去りにしない

フィリピン NGOのソーシャル・ビジネス

著：トーマス・グレイアム　日本語版監修・訳：久米 五郎太

文眞堂

本書を手にとられた方に

この本は三十代前半のイギリス人ジャーナリストであるトーマス・グレイアムが、フィリピンのNGOガワッド・カリンガのヴィレッジ、経営する農園や立ち上げたソーシャル・ビジネスを1年をかけて回り、そこで貧しい人たちやサポートをする人びとと会い、会話を行い、考えたことをまとめたものである。

ガワッド・カリンガの指導者であるトニー・メロト（著者たちは親愛をこめてティト・トニー（トニーおじさん）と呼ぶ）が序を書き、各章の始めと終りにもメロトの言葉が引用されている。

貧困撲滅を目的とするガワッド・カリンガは、「貧しい人たちの天才的な才能」（英語版の題名）を高く評価し、国中でホームレスや台風被災者のために彼らや極めて多くのボランティアを動員してヴィレッジを建て、コミュニティ活動を充実させる。さらに欧米アジアから多数の学生をインターンなどとして受け入れ、起業教育をしつつ、そこに住む貧しい人も参加するソーシャル・ビジネスをいくつも展開している。国際企業や地方公共団体もその活動を支援し、2011年に農園を訪れたベニグノ・アキノ大統領はソーシャル・ビジネスの普及を通じた雇用の創出、貧困撲滅を国民に訴えた。

活動のモットーはワラン・イワナン（フィリピン語で「だれも置き去りにしない」）である。貧しい人たちと一緒になり、つながり、ケアをするである。

著者はこの本を書き終えたあと一旦英国に帰り、フィリピンでの経験をもとに新たなソーシャル・ツーリズムのビジネスを立ち上げ、再びマニラを拠点に活動している。

（監修・訳者）

日本の読者へ

フィリピンの貧しい人たちの才能から世界の人たちは何を学べるのだろうか?

この本を2年ほど前にフィリピンで最初に出版したあと、僕にとって一番楽な選択は、ロンドンに帰り、そこでもういちど、〈普通の〉仕事をやることだった。しかし、僕はエンチャンテッド・ファーム(Enchanted Farm、魅惑の農園)を、自分の家と呼ぶことに決めた。そうするフランス、オーストラリアやマレーシアの人たちが増えている。自分の国で普通とされる仕事をやらずに、彼らのようにガワッド・カリンガ(Gawad Kalinga、GK、フィリピン語の意味は、他人に対し気づかいする、ケアを施す)のファーム(農園)で将来を試そうと決めたのだ。ファームはソーシャル・ビジネスにとってのシリコン・バレーである。世界中から起業家やボランティアが集まり、富を創造し、誰一人として置き去りにしない新しいビジネスモデルを始める場所である。

フランス、イギリス、オーストラリアから沢山の学生が〈ギャップ・イアー〉[大学や大学院の入学までのまたは在学の期間中の休学制度]を使ってやってくるが、[そうした制度がほとんど普及していない]日本からもまだ数は少ないがだんだん多くの学生がやってくるのは大きな驚きである。これらの学生やインターン(実習生)そして起業を目指す人たちは日本で慣れた超モダンでハイテクな生活をやめ、あまり知られていないルソン島ブラカン州にある農園[エンチャンテッド・ファーム、所在地はアンガット、マニラから車で約2時間。マニラの近くに、エンチャンテッド・キングダムという世界的なテーマパークがある」で暮らそうとする。

つながることが必要

彼らの動機を理解するためにオオノ・ヒナコに会うことにした。彼女は20歳、東洋大学の学生である。エンチャンテッド・ファームで彼女を始めに探したときは、周りの人たちの間で彼女を見つけるのが難しかった。フィリピン語で「ワラン・イワナン（だれも置き去りにしない）」と書いた黒いTシャツを着た彼女は、このファームを訪問する地元のマニラの学生以上に、周囲の仲間と一緒になり、区別がつかなかったからである。

ヒナコの話しでは、２０１４年に始めてフィリピンに来るまで、この国やエンチャンテッド・ファームについてほとんど知らなかったらしい。「ここに来たのは最も安い留学ツアーがあったからなんです」と彼女は言う。

ヒナコはフィリピンの社会問題の理解を高めるために、大学の仲間たちとセブ島のロレガ・ヴィレッジを訪問した。従来は墓地の上の方の場所に住んでいた人たちを対象に、フィリピンで最もリスペクトされているＮＧＯのひとつ、ガワッド・カリンガが色鮮やかなコミュニティ［同じような境遇の人が共同で住む場所］を建てた。そのヴィレッジであった。英語をほとんど喋れなかったヒナコはそのヴィレッジに滞在した数時間をわずかな言葉しかしゃべらず、あとはにっこりと笑って過ごした。

彼女はコミュニティの人たちにはほとんど印象を残さなかったように見えたが、その日の晩、仲間たちとホテルに戻っていると、彼女の部屋をコミュニティの少女がノックした。時間は朝の3時、この子はここまで数キロを歩いて来たのだった。「本当に驚いたわ。私にお金をねだるのでもなく、なにか助けを求めるのでもないの。ただ、『また来てください』というメッセージを持ってきたのよ。わたしは日本への帰国の飛行機をすでに予約していたので、次に来たらGKのロレガ・ヴィレッジをまた訪ねようと思ったわ」。

その日からヒナコは何か機会を探してフィリピンにまた来ようと考えた。そして次に来た時は、GKロレガでまるまる1ヶ月を過ごし、あの晩彼女のホテルに来てくれたドウフニー（ダダ）・モンテロと仲が良くなった。

「貧困をなくすには、貧しい人たちを犠牲者として考えるのではなくて、一緒に住んで、自分の家族の一員として扱うことが必要です」。ヒナコは説明する。「一緒に時間を過ごし、食事をし、さらに一緒に住みさえすれば、私たちはきっと心を開き、問題がなにか分かるようになります」。

ヒナコが〈問題〉と言うとき、彼女はフィリピンの人びとの物質的な貧しさだけを話しているのではない。人と人とのつながりがないと言う問題は、彼女の住む国でも大きな問題になっている。

その朝にヒナコの後に、僕はタカギ・カズキにも会った。23歳、東京出身、フィリピンに来る前は丸一年部屋にこもってビデオゲームをしていた若者である。

「東京は人が多い大都会だけど、僕は実はいつも一人ぼっちだった」。カズキは引きこもりの1年で健康に問題がでていたと付け加えた。

カズキが生活を変えるようになったのは、東洋大学の地域開発学部の教授コバヤカワ・ユーコの影響を受けてからだ。ユーコはカズキにベッドから起き上がり、学校の授業に出るように勧めた上に、彼に快適な環境を離れ、フィリピンで1ヶ月を過ごすように説得した。

カズキはロレガ・ヴィレッジでその一月を過ごし――そこで同じようにユーコからの勧めできていたヒナコと会った――、その経験は彼の人生の進路を大きく変えた。

「フィリピンが僕を変えた」、カズキはためらうことなく僕に言う。「ここに来る前は、自分は一人で生きられる、だれも必要としないと考えていた。だけどフィリピン人が持つ強いコミュニティ精神に接して、僕は違った生き方に目をひらくことになった」。

写真家を目指しているカズキは現在フィリピンなどを旅行し、ビデオと写真のブログを作って、かつての彼のような日本の若者に快適な環境から離れ、周りの世界を発見することを勧めている。

ヒナコ自身は今やフィリピンを自分の使命とし、この3年ですでに25のGKヴィレッジを訪問している。何故他の同級生たちのようにもっと安定した普通のことをしないのかと聞くと、Tシャツを指さして答えた。「私にとってワラン・イワナン（だれも置き去りにしない）の精神なんです。物質的には私は置き去りにはされていませんけれど、日本では周りに壁が沢山あり、本当の人と人の交流がないんです。だから多分世界の中で自殺率がもっとも高いんですね」。

もっと持続する解決策を

ヒナコは貧困の本質を理解することはできたが、大きな不満を感じていた。「コミュニティの人たちはもっと自分で仕事をやり、生産に携わろうと望んでいるのに、問題は仕事がないことなんです。私には問題はわかったけれど、解決策がわかりませんでした。どうしたらいいのかが」。

ヒナコは次のフィリピン訪問時にはブラカンのエンチャンテッド・ファームにやってきて、そこで解決策となりそうなことを知った。「豊かな人と貧しい人が一緒に住みながら、一緒に組んでソーシャル・ビジネスを行い、将来をつくること」を。

ヒナコは先生たちに頼んで大学を1年間休学することを認めてもらい、今度はもっと長い期間をエンチャンテッド・ファームで起業家たちと一緒に働いて過ごした。

「日本ではフェア・トレードや生計向上プロジェクトで扱うものは質が悪いということを意味します。可哀想と思われて買って貰うというのは、私は好きではありません。しかしここの製品は、たとえばバヤニ・ブリューというアイスティー（レシピはファームのお母さんたちが作った）は本当においしいんです。みんなマニラの人気のコーヒーショップでこれを買っているけれど、可哀想だからではなくおいしいから買っているのよ。そうじゃないといけない」。

僕がこの本を書き終えてから、沢山の外部の人がＧＫのビジョンに魅せられた。マレーシアの豊かな起業家は、ファームで有機栽培での養鶏事業をやろうとするＭＢＡの学生を教える先生たちにアドバイスを行っている。こうした人々にとってフィリピンはチャリティーをする場所からソーシャル・ビジネスの就業機会がある場所に変わってきている。アメリカ人のなかには、フィリピンをシェアード・ウェルス・クリエーション［社会的な課題をビジネスで解決し、利益を社会と企業が分けあうこと］の機会がある国とみる人たちもいる。たとえば、シカゴのクリス・トランスはフィリピンのパートナーと組んでユニークな生糸生産・加工ビジネスをやっており、フィリピン系アメリカ人のマリー・カサノバはアメリカの広告業界で24年働いたあと、ソーシャル・ビジネスであるカラバオ社をつくり、フィリピンの酪農産業を再生しようとしている。

ヒナコはもっと多くの日本人がこの本を読み、自分たちでGKエンチャンテッド・ファームが提供する機会を見つけ出すことを望んでいる。ヒナコ自身はファームに本拠があるソーシャル・ビジネスのプラッシュ・アンド・プレイ（縫いぐるみ人形の制作・販売）で6ヶ月を過ごした。このフィリピンで最初の玩具メーカーは、フィリピンのメインの玩具市場に参入し、輸入ブランドとも競争している。ここでの経験をした彼女は日本での勉強が終わったら、自分自身のソーシャル・ビジネスを始めるためにフィリピンにかならず戻ってこようと考えている。

ヒナコは言う。ソーシャル・ビジネスはフィリピンの大きな不平等を解決するだけでなく、彼女のようにもっと意味がある仕事を探す日本の若者にわくわくするキャリア・パスを提供してくれる、と。

「これまではビジネスには全く興味がありませんでした。そもそも、会計やファイナンスっていうのは嫌いでした。だけど、何百万という人たちが貧困から抜け出るのはビジネスを通じてなのです。だから私の将来はビジネスのなかにあります。どんな種類のビジネスでもいいのではなく、目的のあるビジネスを探しています」。

ヒナコは続ける。「私が持つ日本人の特質をこうした目的に活用する時が来ているんです。ハローキティやポケモンは日本の創意工夫ですが、これらが社会に役立っているのかしら？　プラッシュ・アンド・プレイのおもちゃが素晴らしいのは、子どもたちに幸福を与え、同時に貧困をなくすことにも役だっていることです。だからできたらそのうちフィリピンに戻ってきて、プラッシュ・アンド・プレイがあの日本の象徴のような猫ちゃん、ハローキティと競争するのを助けたいの」。

まもなく「日本の猫ちゃん」の話はファームにいる日本人コミュニティの間で話題になり、そのなかにハナ・ダグラスがいた。彼女は18歳の日英混血で、シンガポールで育った。ファームで9ヶ月のインターン（実習）を終えたあと、ハナは将来どういう仕事の道を行くにしてもエンチャンテッド・ファームで深く知った人間的な価値を備えたものでなければならないと考えている。「ここにいると何かを、〈見なかったり〉、学ばなかったりするということは出来ないわ。だから私は将来普通の仕事はしないだろうと思っているの」。

ハナが学んだもっとも大事な教訓のいくつかは、彼女が聴講したＳＥＥＤ[1]（実験的起業教育開発プロ

1　ＳＥＥＤ（実験的起業教育開発スクール）は、エンチャンテッド・ファームの社会教育プロジェクト。恵まれない家庭出身の学生を対象に、社会起業家になるための2年間のトレーニング・コースに参加する費用の全額をカバーする奨学金を与えるもの。２０１４年から始まったＳＥＥＤですでに１００人以上がトレーニングを受け、１ダースの新しいソーシャル・ビジネスが生まれている。

グラム）の学生たちと過ごしたときの、快適でないと感じたときのものだった。「フィリピンの人たちは率直に話をするし、本当に大変だったことや心から感動したことを含めて自分自身のことを他の人たちと話すの。私たちはそうしたことに慣れてはいないし、ここの人たちが私の個人的な話に関心を抱くのがすごく気詰まりなことだと感じたわ。私の育ってきた環境はすごく快適だったのに、どうしてみんなは私の話にそんなにケアをする（気づかいする）のかしら？」。

ハナの質問で、僕はエンチャンテッド・ファームの何が、あんなに広範な種類の人たち（国際企業のＣＥＯたちから地元の農家の息子や娘たちまで）を引きつけるのかを考えてみた。「すべての人は自分自身の戦いをしている。だれかがすごい苦境にいるからって、他のあなたや私が苦しんではいないということを意味はしないのよ」、ハナはそう言った。

この本は読者の皆さんとはずいぶん違った人生を送っているヒーローたちの話を扱っていますが、彼らの話を読むことは皆さんが自分自身をよりよく理解することにつながるでしょう。

もっと個人的なことを述べれば、僕（トム）は〈人生における価値〉をフィリピンで見つけました。はじめはフィリピンの全土で見聞した変化という小さな奇跡を語ることで、次いでＭＡＤ（変化を起こす）トラベルという社会起業家としてです。もしこの本が扱った多くの話に皆さんが好奇心を抱いたならば、フィリピンに来られて、ご自身で発見をしてみたらいかがでしょうか？　２５００ヶ所のＧＫヴィレッジは、人をただ精神的に鼓舞するだけではなく、〈一緒にいて、働くという力〉——アジアの人と西洋の人とが、持てる人と持たざる人が一緒になり、われわれすべてが望む親切でよりよい世界をつくるという力――によって作られたものです。MADトラベルのソーシャル・ツーリズム［もともとは社会のあらゆる層が旅行を楽しむという意味だが、著者は社会を変え、貧困を減らすことにつながる旅行と言う意味で使っている］の海外旅行者として、あるいはガワッド・カリンガのボランティアや社会起業家として、日本の皆さんがGKの使命を支援する機会は数多くあります。

2015年11月に僕はGBSN（グローバル・ビジネススクール・ネットワーク）・AIMの代表団の一員としてエンチャンテッド・ファームを訪れたクメゴロウタ氏（久米五郎太、城西国際大学院教授）と会いました。クメ氏もGKに強い印象を受け、この本を日本語に訳すために数え切れないほどの時間をかけてくれました。この本の出版が日本でのGKの認知を高め、ヒナコやカズキのような素晴らしい話が今後も出てくることを心より祈っています。

もし、フィリピンの「ワラン・イワナン（だれも置き去りにしない）」の精神によって、さまざまな宗教や民族の背景を持つ豊かな人と貧しい人が一緒に協力すれば、世界はきっと幸福になるでしょう。

謝　辞

次回トニー・メロト氏が本の執筆のために〈あと数ヶ月だけ〉フィリピン滞在を伸ばすように誘ってくれたら、それがどのようなものになるか、いまならはっきりとわかる。まったく予想していなかった誘いを受けてから18ヶ月を経たいま、僕はより多くの人に、ガワッド・カリンガ（ＧＫ）という驚くべき団体で得た僕の経験の数々をシェアしたいと思っている。

ＧＫが地で行くフィリピンのバヤニハン（助け合い）精神がなければ、僕ひとりの力でこの本を書き上げることはできなかっただろう。

はじめに、僕を快く迎え入れ、コミュニティを案内してまわり、目標達成への情熱を見事に僕に移植してくれたＧＫのボランティア、パートナー、コミュニティ・メンバーの皆さんに感謝の意を表したい。この本一冊ではその一部分しかお伝えすることができないので、読者の皆さんには是非ここに書いてあることを読むだけでなく、ＧＫやそれ以外の実在のヒーローたちを、それぞれご自身で見つけていただきたく思う。

この本を刊行するにあたり、さまざまな段階で協力してくださった以下の方々に謝意を表したい。ジェリック・リモアンコ氏、オリヴィエ・ジロー氏、ポーリーン・ラカニラオさん、ボーイ・モンテリバノ氏、シルカ・アルバレス＝プロタシオさん、イッサ・クエバス＝サントスさん、ジア・リアン・ルガさん、セル・マセサールさん、サダム・バゼール氏。それから、特にマイラとミアのビィーリャビセンシオ姉妹。彼女たちの細部まで見逃さない〈鷹の目〉は、編集段階でかけがえのない助けになった（僕の英国式綴りへの固執は、ときに争いの種になってしまったが）。

次に、僕のメンターであり〈義理のオジ〉であるティト・トニー（トニーおじさん）に心から感謝の言葉を伝えたい。旅とリサーチのあいだ、彼は一貫して知恵とひらめきと励ましの源だった。特に早朝のエンチャンテッド・ファームまでの道のりで交わした会話や、ＣＥＯや企業の幹部たちとの午後の議論、そしてサンミゲルビールを飲みながらの活気に満ちた話し合いは、僕にとってとても貴重なものとなった。彼の明確な展望なくしては、この本が形になることはなかっただろう。

最後に、これは個人的なことではあるけれど、いくぶん自立自助的なイギリス人であっても、バヤニハン（助け合い）精神を信奉することができるのだということを、この本を読むたびに僕は感動的に思いかえすだろう。遠くフィリピンまで僕を訪ねて来てくれた父は、ＧＫの貧困に対する取り組みに即座に惹きつけられた。それ以来父は、住んでいるロンドンから長い時間を割いて、アイデアや編集に関する議論につきあってくれ、普通の親子関係をはるかに超えて僕をサポートしてくれた。父の助言がありがたかったのはもちろんのこと、〈オヤジ〉とこんなに近しく働く機会がもてたおかげで、父子の絆をがっちりと育むことができた。このことは、これからの僕の人生でずっと大切にしていきたい。むろん父もそう思ってくれていれば、の話ではあるけれど。

はじめに：本当の天才

2012年2月、トーマス・グレイアムという名の英国人ジャーナリストが、私にインタビューをするためマニラにやって来た。他の多くのビジネスマンや投資家同様、彼は東南アジア経済で最も急速に成長するこの地域を調査することに興奮を覚えていたようだ。だが実際こちらに来て彼が目にしたのは、いささか悩ましい現状だった。経済が発展し、投資の可能性があるにもかかわらず、この国の貧民は変わらず貧民のままなのだった。

私が共同設立した非営利団体ガワッド・カリンガのことを聞き及んだ彼は、私からもっとポジティブな話を聞きたかったにちがいない。近年私たちの仕事に関心を寄せる多くの人たちのように、彼もコミュニティ変革の〈手本〉やら〈定式〉とやらを知りたがっていたのだが、貧困に挑戦するのに〈手っ取り早い解決法〉などは存在しないことを私は彼に告げねばならなかった。

貧しいながらも、機会さえあれば、潜在的な能力を発揮できる多くの身近なヒーローたちに恵まれたことは、私たちにとって幸運だった。しかし、彼らの世界に飛び込み、彼らの能力を最大限引き出すことができるか否かは、ひとえにわれわれの肩にかかっている。だからこそ私は、トムとのインタビューの際に、彼が用意してきた質問票や堅苦しい服をすぐさま捨てて、彼自身の目で貧者の〈天才的な才能(genius)〉を見つけ出すように迫ったのだ。

私へのインタビューは、彼の短期任務の最終段階にあたっていたらしいが、彼はそれ以来ずっとこの地に留まり、私たちとともにフィリピンの島々をめぐっている。われらが民の、とりわけ想像を絶する困苦に苛まされている民たちの驚異的なしなやかさは、教科書や開発マニュアルのどこにも記されていないはずだ。加えて、無学の民が彼に伝授した才能の数々、すなわち幸せとは何かということ、人を暖かくもてなすこと、親切で敬虔な心をもつこと、物質的にひどく困窮していても他者に寛大であること、等々の人間としてかけがえのない才能に、彼は大いに魅せられたはずだ。ハイエン台風被災地の惨状にあっても彼は希望を見出しただろうし、ミンダナオ紛争地域での生存者たちの暮らしぶりにも彼は心の平和を感じただろう。

ガワッド・カリンガ（GK）の活動は、適切な行動よりも、失敗から学んだことに多くよっている。それと同様にこの本は、GK精神の本質を活写している。それはトムが、学校で教わる精緻な（ときに不正確な）理論などに頼らず、実際にコミュニティに飛び込んで、彼自身の経験から学んだことがらを記しているからである。GKのモットーは、まずは行動、思考はその後、ということにある。

貧者への素晴らしいラブ・ストーリーを綴ったトムは、フィリピンへの愛に陥った。ちょうど10年前に、私が出会ったもう一人の英国人のように。

ディラン・ウィルクはリーズ出身の28歳の慈善家で、われわれが創ったコミュニティを見学するために、2003年にこの国にやって来た。ロンドンの年若い億万長者は、一財産を作ったオンライン・ビジネスを25歳で売却したあと引退し、それからは旅を楽しみ、賛同する活動や慈善事業に従事していた。最初に出会ったとき、彼をメトロ・マニラ（マニラ首都圏）の北にある、元はスラムだった2つの場所に連れていった。そこはいまでは美しく穏やかなコミュニティに生まれ変わり、それまでは仕事もせずにぶらぶらしたり、トラブルばかり起こしたりしていた人たちも含め、メンバー（受益者）たちが活発に活動に参加している。この経験に圧倒された彼は、新車のＢＭＷを売り払い、3ヶ月後にこの地に舞い戻り、彼の最初のガワッド・カリンガ・ヴィレッジを64世帯のホームレス家族のために造ったのだった。彼はこのコミュニティを、文字通り、「ＢＭＷイギリス村」と呼んでいる。

これが彼のフィリピンとの最初のロマンスだった。ロマンスは、彼が私の長女アナと結婚した後も続き、この10年の間にディランとアナは4人の美しい孫を私に授けてくれた（5人目が誕生予定）。その間、２００８年には私の末娘カミールとともに、すくすくと成長しているソーシャル・ビジネスである、ヒューマン・ネイチャーまでも立ち上げたのだった。

現在、ディランはフィリピンをホームと呼んでいる。彼が慣れ親しんだフェラーリやポルシェ、またはヘリコプターでの移動ではなく、古いトヨタ・イノーバで通勤するまことにシンプルな生活を送っている。貧困対策のためのソーシャル・ビジネス、たとえば抜け毛を80％改善する高品質なココナツ・ベースのシャンプーや、血糖値を下げる効果のある健康的なバヤニ・ブルー・アイスティなどを積極的に支援する彼の情熱に、われわれは日々感銘を受けている。彼はフィリピン人よりもフィリピンを愛している！　なんて言う人もいるくらいである。もちろんイギリス流の辛口ユーモアや、マーマイト（英国マーマイト社製の食品）にシェパード・パイ（イギリスのミートパイ）、ヨークシャー・プディング

（イギリスの家庭料理）が大好きなところは変わらないけれど。

新しい機会を与えてくれる土地としてのフィリピンを発見したのは、イギリス人だけに限らない。

実のところ、われわれのエンチャンテッド・ファームにはフランスのほうがさらに大きなインターン部隊［学生が受ける企業や施設などでの実習］と社会起業家を送り込んでいる。このファーム（農園）は新興市場におけるわれわれの包摂的成長の基盤事業だ。基本理念である、社会にとって「良い」ことと企業にとって「良い」ことを両立させることが、ビジネスとしても立派に通用することの証左にもなっている。過去にイギリスと幾多の血なまぐさい戦争をたたかい、数えきれないほどの意見の不一致を見てきたフランスではあるが、毎年大勢のフランス人訪問者が、イギリス人はじめヨーロッパ各国からのボランティアとともに、われわれのコミュニティやファームで力を合わせて働いている。

優しさの力というものは、思いがけないパートナー同士が相互に思いやりの心を育むのに、連帯と調和をもたらしてくれるのだ。

英国流らしからぬことだが、トムは、フランス人がもつ社会正義への情熱を、ファビアンという非典型的な若者を例にとって、親しみを込めて描いている（第9章）。ファビアンは彼のソーシャル・ビジネスであるプラッシュ・アンド・プレイでこれまで25人の無職の母親たちの雇用を創出している。ファビアンは、フィリピンの地において、彼がずっと目指してきたタイプの起業家になる可能性を見つけたのだ。その主眼は、利益の最大限の追求にではなく、他者の暮らしを直接的に改善することにある。フィリピン社会で周縁に追われた弱者たちは、いまやこのフランス人青年の親愛の対象であり、外国の地に変化をもたらそうとする彼の情熱の供給源でもある。

ファビアンに続く数多くの若者たちがいる。

おそらくスペイン人がすぐ後に続くだろう。かの国では、若者の未来が不確かで、停滞した経済のもとで社会全体が26％もの失業率にあえぎ、50％の大学卒業者が職を見つけることができないでいる。心躍る新興の地アジアで、仕事とビジネスの機会を得ることに魅せられた若い冒険家や開拓者たちが増えている。

フィリピンへの投資は、スペイン人に直接的に利益をもたらすことは間違いないし、われわれフィリピン人も同時に恩恵を被ることができるのだ。

神は公正であるという証拠に、今度は、ヨーロッパ人は投資をすることでわれわれを植民地的思考から解放することに一役買うだろう。われわれは、植民者ほどに肌が白くなく、賢くないという卑屈さと不安におびえ、自らのアイデンティティを明確に定義できず、運命を自分自身で決定できないという精神性から、ようやく解き放たれることができるのだ。今日に至るまで、われわれが低い自尊心しか持ちえない証左に、この国で最もよく売れるパーソナルケア製品が美白剤であることがあげられる。肌がブラウンであることは良きことではない、とわれわれは思いこまされてしまったからだ。

われわれはいままで消費者になるように教育されてきたので、生産者になることなど思いもよらない。会社幹部として、あるいは企業弁護士や部課長としてＭＢＡを取得し、われわれは世界中で非常に望ましい求職者として通っている。しかしわれわれ自身は、ビジネスや多国籍ブランド企業のオーナーになるのには力不足だと思いこんでいる。

自尊心の崩壊は、マゼランがわれわれを征服し、耕作者に変え、慈悲深い神を癒しとして与えたときに始まった。そしてそれは、マッカーサーが帰還を約束し、われわれを熱心なハリウッドとアメリカン・ドリームの信奉者に作りあげたときにも継続したのだ。

植民者が去ってから長い時間が経った。いまこそわれわれの精神性を変えるときが来た。トムの本は、今こそ行動を信じ、自分たちの夢を実現すべき時だとわれわれを促している。そうすれば、より多くの外国人がこの地を訪れ、われわれを尊敬と親愛で遇するようになるだろう、と。

ディランやトム、そしてファビアンのように、さらに多くの白人たちがフィリピンを訪れ、貧困撲滅の助けのために貧しい人とパートナーを組み、肌の色が濃いファミリーと連帯するようになるだろう。いまこそわれわれの違いを乗り越え、もっと優しく安全な未来をつくるときである。これは私にとって個人的な願いでもある。というのも、私の孫たちはまさに多様な色と文化の完璧な融合だからである。もうじき5人になる私のユーラシアン（欧亜混血）の孫たちにとって、フィリピンはアジアにおけるホームであり、イギリスは彼らのヨーロッパでのホームだ。同じようにアメリカは、現在フィリピン在住の私の2人のフィリピン系アメリカ人の孫たちのホームだ。彼らの血と心には多様な世界の一番良いところが息づいている。

彼らは本物の才能とは何かを学び、はかりしれない喜びを、自由なこの土地に生きて愛して経験するだろう。

一人の若者が、この国のあちこちをくまなく旅しながら、経験し学んだことを綴った素晴らしい物語。貧しい人と富める人がパートナーを組み、この国をいまなお苛む貧困を撲滅するために、偉大なプロジェクトに携わる、この魅力あふれる本をお読みいただくことを、私は心からお薦めしたい。

トニー・メロト（ガワッド・カリンガ創始者）

目次

凡　例

・原著の“　　”は「　　」に‘　　’は『　　』に、イタリックスは傍点にした。

・（　）、——　　——は適宜本文または（　　）に。（　　）には著者がつけたものの他に、訳者の判断で、適宜英語、日本語訳を補った。

・［　］は訳者注である。

第1章　上からの眺め

ガワッド・カリンガの立ち上げは、私にとって、ある事業のスタートというよりも、むしろ長い旅の始まりだった。それは、私自身が、いつしか自分というものを見失っていたことに気づいたときに始まった。貧しい人々に囲まれて育った私は奨学金をもらい、ましな生活を送れるめどがたつにつれ、貧しい人々のことを忘れるようになった。私と同じような境遇を経てきた多くの人たちと同じで、私は貧しい人々のことを置き去りにしてきてしまっていた。

トニー・メロト（TM）

天国？　それとも地獄？

メトロ・マニラ〈マニラ首都圏〉でもきわめて高級なロックウェル地区の広々としたデッキテラスで、カクテルを手にくつろぎながら、幸運にも僕はヨーロッパ人なら誰もがするように、ささやかながら本場の〈アジアの贅沢〉を楽しんでいるところだ。

フィリピンには、ここはアジア経済のなかでも成長著しい地域であるというビジネス・レポートを作成するためにやってきた。目の前に広がる光景を見ればそれは一目瞭然だ。立派な新高層建築が屹立し、急速に成長する都市。マニラが〈地獄の門〉[1]のはずがない。ぜひ遊びに来るべきだ。寒くて陰鬱なロンドンにいる友人たちに僕はいつもそう話している。

友人たちが知らないここでの豪華な都会のライフスタイルを彼らに見せてやりたくて、僕は日光浴でけだるい体を引き起こし、写真を撮るためテラスの端に近づいた。

眼の前のパノラマに注意を凝らすと、壮大な眺めの一部に、はなはだ興ざめな汚点がある。僕がいま立っている〈豪奢な〉タワーからおそらく４００ｍそこそこしか離れてないところに、衝撃的にみすぼらしいスラム街をみつけてしまったのだ。

僕がこのテラスで快適さを満喫しているときに、下の通りでは、トイレや雨水をしのげる屋根もないところで人々がひしめいている。そうと知ったら、友人たちはなんて言うだろう。もしかしたら、あの人たちにとって、人生はまさに地獄そのものなのかもしれない。僕にとっての〈隣人〉ではあるけれど、あの人たちが日々どんなことに直面しているのか、僕にはまったく想像がつかない。この国の最も豊かな場所ですら、足元にこんな貧困が存在しているのなら、他の地域にはいったいどんな希望があるんだ？　そんなことを考えながら飲んでいたので、残りのモヒートがひどくまずく感じた。

開発途上国にとって不平等というのは、不幸だが避けられない〈成長に伴う痛み〉だと思っていた。僕たちが作成するビジネス・レポートでは、外国からの投資が増えれば増えるほど国の経済は発展し、貧困が解消されると論じるのが常だった。それなのに、なぜ、目の前の窮状がこんなにも強く僕の良心に訴えかけてくるのだろうか。

アルコールのせいでいつもより内向きで感傷的になっているのだよ、と友人たちは笑うけど、実は他にわけがあることを僕は知っている。その日一日、僕はトニー・メロト氏の世界観に浸っていた。彼が、他の誰よりも、貧しい人たちを別な側面から見るように僕に迫ってきたせいなのだ。

慈善を越えて

インタビューをする前、トニー・メロト氏に関しては、フィリピン最大の非政府団体（ＮＧＯ）ガワッド・カリンガの創始者兼代表である、ということくらいしか僕は知らなかった。その日僕は、スマートなスーツに身を包み、投資機会と経済成長に関する標準的な質問を書いたクリップ・ボードを用意し、普通のインタビューだから30分もあれば事足りるだろうとふんでいた。

３時間後、予想に反して、用意していた質問の半分も答えてもらえなかったことに気がついた。メロト氏が回答をこばんだわけではなくて、僕自身がわかったのだ。なんて見当違いな質問を用意してきたのだろうかと。極貧にあえぐ人たちへの無条件の愛をメロト氏が熱く語るのを聞いていたら、用意してきた政府の最新の貧困対策や国連の開発目標という質問が、なんだか的外れに思えてきた。

メロト氏は貧困にまつわるいろいろな問題を違った側面から見るように僕に勧めてくれた。たとえば慈善事業について僕が話をむけると、彼は慈善事業の先を行き、貧しい人への投資や彼らとパートナー

1　マニラはダン・ブラウンの小説『インフェルノ』で〈地獄の門〉とよばれている。

を組むことについて語る。僕が政府の役割を指摘すると、彼は政府だけではなく、社会のあらゆるセクターを巻きこんだパートナーシップを創り出す〈団結の奇跡〉について語りだす、というように。

僕が用意した質問は、貧困緩和のための個々のプロジェクトに焦点を絞っていたが、メロト氏は2024年までに500万人もの極貧家庭の根絶を目標に据えていた。海外からの直接投資に関する質問に対しては、「世界水準からしても高品質な」飲み物、チョコレート、おもちゃ、化粧品、流行服を生産する社会起業家を50万人育成することを目指していると語った。フィリピンに着いてから、すでに多くの人に貧困対策への意見を聞いてきたけど、彼ほど大胆にものを言う人はいままで一人もいなかった。

こんな話も聞いた。プロクター&ギャンブル社でマーケティング部門の幹部だったトニー・メロト氏が、いかにして、少人数のボランティア・グループを率いて、メトロ・マニラでもとりわけ危険なスラムであるバゴン・シランに入り、貧困にあえぐ人々（そのうちの何人かは、犯罪に手を染め、麻薬中毒に陥っていた）の暮らしを変える活動をするようになったか。少人数の寄せ集めではじめたボランティアたちが、どのようにして貧しい人々のために、貧しい人々とともに、家を建て、コミュニティをつくりあげるに至ったのか。その活動がいかにして、全国に2400ものコミュニティを建設するまでになりえたのか。いまやそのようなコミュニティは、国境を越え、インドネシアやパプア・ニューギニア、カンボジアにまで誕生している。僕は思った。貧困撲滅という困難な事業を〈国家建設〉というアートに変え、その過程で100万人を超すボランティアを動員してしまう団体には、何か特別な秘密があるに違いないのだと。

とはいえ、その数時間後に思い直したのは、メロト氏の思い描いていることが、いささか理想的すぎないだろうかってことだ。なかでも彼が抱く〈貧者の持つ天才的な才能〉への驚くべき確信は、僕の意識に強く刻みこまれた。いま、足元に広がるスラムをあらためて見つめながら、僕はなんとか理解しようと努めている。僕の目にはゴミと貧困しか見えてこないところに、彼はどのように〈天才〉なるものを見出すのか。そもそも貧者に天才的な才能があるのだとしたら、どうして彼らは貧しいのだろう？

つながっていない中産階級

夕食のとき、その日のインタビューについて友人たちに話してみた。彼らから、ガワッド・カリンガについてもっといろんな話が聞けるのではないかと思った。まずは彼らにバゴン・シランに行ったことがあるか聞いてみる。

「バゴン・シラン？　それってマカティ［メトロ・マニラの高層ビルが立ち並ぶ金融ビジネス・高級住宅街］にあるバーのこと？」。政府の弁護士をしている若い女の子にそう尋ねられて、僕は彼女の無知にショックを受けた。だがシーンとしらけたみんなの反応からわかったのは、教育を受けた中産階級出身のフィリピン人であるのに、その場の誰一人としてバゴン・シランがどこにあるのか全然知らないということだ。

トニー・メロト氏は先にフィリピンの貧困の根深さを理解することの大切さを強調していたが、この快適な高級レストランのディナーの席で、僕はすでに重要な洞察をひとつ得ることができた。ゲートで守られた金持ちの居住区と、貧しい人たちのボロボロの木造の小屋との違いは誰の目にも明らかだ。だがそれよりも、〈持てる者〉が〈持たざる者〉とつながっていない（disconnected）［現実の生活でも携帯やネットの上でも、断絶している］ことが、彼らの心理的な距離を一層広げている。

ロックウェルでこのような〈啓示〉を得たので、フィリピンの根深い貧困を解決するにはどうしたらいいのか、トニー・メロト氏の考えを聞くために、再び彼に会いたくなった。そこで、〈だれも置き去りにしない〉ためのビジネスを行いたいという起業家希望の若者を対象にGKが週に1回主催しているCSI（社会革新センター）ミーティングに参加してみることにした。今回は僕がメロト氏を独占することはできない。というのも、会場のカフェは若いプロフェッショナルたちで満員だからだ。そのなかには、フランスやスペイン、アメリカやシンガポールなど、外国から来た人たちも多い。彼らはメロト氏をティト・トニー（トニーおじさん）と気軽に呼んでいる。「君がメロトさんと呼び続けるなら、私は君みたいにスーツを着こまなければならなくなる！　ティトと呼んでくれていいんですよ」。彼はにこやかに僕にそう言った。

〈疑うトーマス〉

最初のインタビューで、僕はティト・トニーの世界観に惹きつけられたのだけど、考えるにつれて疑念が頭をもたげてきた。貧しい人々への〈無条件の愛〉とは何か？　教育をほとんど受けていない貧しい人々に、どうして天才の才能や可能性があるときっぱり語れるのか？　資金を管理した経験もなく、市場の仕組みを知らない貧しい人々がどうしたら起業できるというのか？

質問はつきない。僕が疑っていることを察してか、ティトは挑戦を仕掛けてきた。「貧しい人のところに行き、友だちになり、パートナーになるんだ。そうすれば君も彼らの可能性に気づくよ。だが、私の言葉を鵜呑みにしてはいけない。自分自身で体験するんだよ」。

そんな方法では僕が望むような単純で直截な答えは得られない。ティトが勧める〈貧しい人と一緒になって〉なんて、利益にとりつかれた僕の上司たちなら絶対賛成しないだろう。というわけで、僕は難問を抱えてしまった。どうしたら実際に体験してもいない報告書を書けるのだろうか？

ところが、思ったより早く、ティト・トニーの見識を試してみる最初の機会が訪れた。翌日開かれたマニラ湾岸地区でのビジネス会議に向かう途中、車の運転手が無分別にも近道しようと、メトロ・マニラのキアポと呼ばれるかなり荒廃した地域を通った。入り組んだ通りではありとあらゆる活動が行われている。歩道で雑多な肉を売っている母親たちがいたり、信号機ごとに露天商がかたまっていて、おもちゃやら衣類やらを売りつけようとしたりする。

そのときも信号待ちをしている僕の車に、ボロ服をまとった数えきれないほどの子どもたちが寄って来て、車の中を覗き込んだ。瞬間、僕の着ているビジネススーツがやたら人目を引くように感じた。「ア、ア、ア、アメリカ人だ！」。一人の少年が、後部座席で固くなっている僕を見つけて叫んだ。数分もしないうちに、子どもたちが群がってきて、お金をせびりだす。

本能的に僕はドアがロックされていることを確かめたが、そうしながらも、子どもたちの顔に目を凝らした。そこには、ティトが言うような可能性にあふれた若者たちの顔はなく、ただただ栄養不足で痛ましい乞食の顔があるだけだ。

「おい、ジョー」。僕がしげしげと見つめているのでちょっと驚いたのか、一人の子どもが僕に声をかけてきた。車がなお動かないので、僕は窓を下げてみようかと迷った。アメリカ人のジョーなんかじゃないよ、と訂正したい気もする。だがそれよりも、今はこの子どもたちのことをもっと知りたい。君たちはなんでストリートにいるんだ？　親はどこにいるの？　どうやって暮らしているの？

「やめた方が良いですよ、旦那」、窓に近づこうとする僕に向かって運転手が言った。「そのチビどもは犯罪者ですよ。窓なんか開けたらナイフをつきつけられて、お礼を言われるのがオチですよ」。

結局、僕の心の声は自制を促し、信号が青に変わって車が走り出したため、このときの〈機会〉は失われてしまった。だけどまだティト・トニーの挑戦を受けて立つ気持ちは残っている。ここに来る前の数年間、仕事で中南米や南アフリカの国々に暮していたせいで、貧困を目にすることに慣れ切ってしまった僕は、もはや何も見えなくなっていた。だけどいま、僕の頭の中には、ティト・トニーの声が響いている。そして、この町の不平等さが、前にも増して僕に力強く訴えかけてくる。

思い切って飛び込む

数週間後、僕はこれまでのたいしたことないキャリアのなかで一番劇的な決断をくだした。ワイシャツとネクタイを投げ捨てて、フィリピンでの滞在を数ヶ月延長することにしたのだ。その目的は、国のあちこちを旅して、ティト・トニーがもっている貧しい人に対する愛情と称賛を、僕も同じようにもつことができるかを確かめることである。

ほどなくして、高給の仕事とマカティのマンションの34階の部屋が過去のものとなった。かわりに僕はトニー・メロト家の蚊の巣窟である地下室に、6人の汗臭いフランス人の若者たちと同居することになるのだ。[2]

僕がこの決断をくだしたのは、一晩で無私無欲の善行者に転身したからではないし、ティト・トニーの壮大なビジョンに心から賛同したわけでもない。最大の動機は、言うならばもっと自己中心的だ。僕はCSIミーティングで出会った若者たちの献身と思いやりと勇気に羨望を感じるのだ。なぜならそれらは僕にまったく欠けている要素だから。彼らはこの国の不平等さに不平を言っているだけではなく、実際に行動を起こしている。

この若い変革者たちは常識に逆らい、またそうすることで貧しい人たちへの真の希望は言うまでもなく、自分たち自身の生きる意味をも見出したみたいなのだ。

5年間の企業勤めもついに潮時だ。新しい旅に踏み出そう。

2　ティト・トニーの妻リンさんは、急いでこう指摘した。地下室の惨状は、インターンたちが洗濯も入浴もしないせいだと。

居心地のいい場所から抜け出して、私の子どもたちが受け継いでゆく世界をちゃんと理解しなければいけなかったのだ。貧しい人たちが尊厳をもって人生を生きられるように、私がなんとかしてこの世界を変えなければ、私の子どもたちは安心して街を歩けないのだから。

TM

第2章　協力して

われわれは長いこと国家として立ち上がることができなかった。それは、貧しい人たちを、憐れな迷える動物よりもいくらかましな程度にしか遇してこなかったからなのだ。

TM

「ようこそ！　イギリスからの特別ゲスト、トーマス・グレイアムさん」。コミュニティの入り口に、歓迎の幕が高々と掲げられている。僕を迎えるために、年配のマブハイ（歓迎）・レディーズ［接待係の女性たち］が、興奮気味の子どもたちとともに入り口で待っている。ご婦人たちは若き日の美しさを失い、歯が欠けている人すらいるが、それを補って余りあるほどの笑みを浮かべている。即座に彼女らは僕を食べ物が用意してあるテーブルまで案内してくれた。

一人のご婦人が期待顔で僕に尋ねた。「フィリピン語はお話になります？」「コ、ン、テ、ィ・ラ、ン（少しだけ）！」。失望させないように、僕はすぐにそう答えた。僕は単に敬意を表したつもりだったのだけれど、彼女らは僕が本当に〈少しだけ〉フィリピン語が話せると受け取ってしまった。結果として、熱烈な質問の集中砲火が浴びせられることとなった。スーツも着ておらず、受け答えに入念なリハーサルも重ねておらず、エアコンのきいた快適なオフィスでもないところで、言葉のスキルをもたない僕は、すぐにマニラにいる無知な外国人の一人に成り下がった気がしはじめた。

なぜだかわからないけれど、僕の訪問はちょっとした騒ぎを招いているようだった。良い知らせを持ってきたわけでも、特別な贈り物を持ってきたわけでもないのに。僕は次第に疑い始めた。もしかして誰か別の人と間違われているのではないか？

「あなたがここに来てくださっただけで嬉しいんですよ。だいたいにおいて私たちはいつも目障りな存在として扱われてますので」。コミュニティのリーダーであるバート・ハングダーンさんは、僕の隣に腰を下ろしながら流ちょうな英語でそう言った。その日の朝、僕はメトロ・マニラの北にひろがる広大な都市部で道に迷ってしまったのだが、バートは最寄りのバス停で三時間以上も、辛抱強く僕の到着を待っていてくれたのだった。

僕がいまいるのは、シルバー・ハイツという小さなコミュニティで、カローカン市のバ、ランガイ、マラリア（マラリア村［バランガイは最小の地方自治単位。村、地区など］）という地域の中にある。正直なところ、ここはロンリー・プラネット［旅行ガイドブック］の〈おすすめエリア〉には入ってないが、だからといって僕は気まぐれでここにいるわけではない。

僕がここに来たのは、ティト・トニーが、まずはここから旅を始めたらいいと提案してくれたからだ。彼が言うには、短期滞在の外国人の多くは、フィリピンの表面しか見ていない。彼らは豊かさと貧しさとが隣り合っていることには目をとめるのだが、土埃と交通渋滞の陰に光り輝く人たちが存在してことには気がつかない。マラリア・ヴィレッジとはよく言ったもので、この見つけにくい貧民窟は、以前はマラリア患者を集中的に住まわせたところだったそうだ。どうやらここはティト・トニーの持論の真偽を試すのに、ちょうど良い場所のようだ。

「見ての通り、私たちは生れてこのかたずっと不法に土地を占拠して住んできたスクワッターなんですよ」。バートが僕にそう話しかける傍らで、マブハイ・レディーズは僕を座らせ、コーヒーと甘いお米のスナックを運んできてくれた。「私たちを訪問する人は、たいていは強制退去をさせるためにここに来るんです」。

マラリア地区は全体としてもかなり低い生活水準だが、いま僕が訪ねているコミュニティの78家族は、その地区のなかでも特に貧しい。彼らの居住空間にはク、ベ、タ（トイレ）というあだ名がつけられていたが、それは彼らの住まいがトイレよりも狭いからだ。ありあわせのベニア板に、プラスチックの屋根を乗せただけの粗末な小屋。十年以上も水道がひかれず、二つだけの共同便所でみなが用を足しているため、ここは不衛生きわまりないとの悪評がたってしまった。そうこうするうち、このコミュニティには、地元の神父たちですら眉をひそめるような、反社会的だとか犯罪の巣だとかの、いかがわしい風評が聞かれるようになった。「もちろん私たちにも問題はありましたよ。だけど、人は私たちを人間以下のように見下すんですよ」。バートはそう言い足した。

灰の中から

２００９年の11月のこと。この地区で壊滅的な火事が発生し、数分のうちにコミュニティのすべての〈家〉が全焼し、住民はあらゆる所有物を失ってしまった。78家族全員が、それからの日々を屋外のバスケット・コートで過ごすことになった。

不法居住者たちの生活はどん底に落ち込んだけれど、それは同時に変化の始まりでもあった。当時のことを思いだすと、バートの顔が輝いた。「あれは私たちの最悪のときだったんですが、そのときまさに、政府と企業と教会と、それからもちろんガワッド・カリンガが、一斉に協力を申し出てくれたんです。彼らにはずっと感謝しつづけていますよ」。

コーヒーを飲み終えると、バートはマブハイ・レディーズといっしょに新しいコミュニティを僕に見せて回ってくれた。僕の目は自然と、色鮮やかでまぶしい二階建ての住宅にひきつけられたが、バートはあまり目には見えないところを強調した。それはちゃんと機能しているトイレ、きれいな水、そして安定して供給される電力である。これらは彼の50年の人生において遠い夢の対象でしかなかったものだ。

現在までに58戸の住宅が完成し、さらに20戸が来月の割り当てセレモニーまでに完成することになっている。30人ほどの男女が、日焼けした肌に汗を流し、完成に向けてせっせと働いている。

丘の頂上近くに建てられた光り輝く家々は、周囲の灰色で荒廃した地区にあってとても目をひく。色とりどりの景色はまるでロンドンのノッティング・ヒルか、ブエノスアイレスのラ・ボカといった観光名所のようだ。突然の美の出現は、近所の人の目を引きつけ、似たような色で家を塗る人たちが現れた。「この人たちは実は火事の後に、私たちをここから永久に追い出そうとしたんですよ」。バートは急いでそう指摘した。厄介者だったシルバー・ハイツの住民は、いまや流行の発信者となったわけだ。ところで僕はまだ誰も言及してないあることに気がついた。すなわち、どの家も空き家なのだ。「コミュニティの一員として、全部の家が完成するまで入居しないことに決めているんですよ」。何軒かの家はすでに一年も前に完成したのだという。

僕は被災者たちが住みつづけている数メートル先のみすぼらしい仮設小屋に目をやり、その後もう一度美しい二階建ての家々を見た。78家族のうち、すでに58家族は、立派で快適な家に移り住むことができるのだ。だが、すぐにでも夢を実現できるのに、驚くべきことに、彼らは待つことを選択した。困惑している僕の表情を見て、バートは着ていたTシャツのメッセージを指差した。コミュニティのあちこちに同じメッセージが描かれている。「ワラン・イワナン」。「意味は、〝だれも置き去りにしない〟です」。バートは語の意味を僕に説明してくれた。「もちろんみんな先に入りたいですよ。でも誰かを置いてきぼりにしないように、これまでやってきたのですから」。

実のところ、僕はこの表現を前に耳にしたことがあった。トニー・メロトをインタビューしたときのことだ。そのときにはまだ僕は語の本当の意味を理解してなかった。ワラン・イワナンというのは、〈貧しくない人々〉だけに宛てた標語だと思っていたのだ。つまり、どんどん豊かになっていく社会の一部の成員に対して、貧しい人を置き去りにするなって注意する意味だと理解していた。貧しい人たち自身にもあてはまるとは、そのときには思ってもみなかった。

住まい以上のもの？

「住宅は私たちがずっと望んでいたものですが、これはまだ始まりに過ぎないんですよ」。バートは椅子を引っ張ってきて、僕にメリエンダ［おやつ］をどうかとすすめながらそう言った。僕らがいる部屋の壁には、7枚の紙が貼ってあって、それぞれにコミュニティが目指している目標が書いてある。特に目立った宣言を紹介しよう。シルバー・ハイツが目指しているのは、環境に優しいコミュニティづくり、色々なものの生産拠点になること、〈人気の観光スポット〉になること、等々。

計画を実現し継続させるためにはどれだけの費用が必要なのだろうか。バートに聞いてみた。「私たちは寄生虫ではないし、［企業などの］パートナーたちにずっと頼っていられるわけでもない。私たち自身がものを生産するコミュニティにならなければいけませんよ」。バートはきっぱり言った。

そのあと彼はヨアンナさんとヤニスさんという コミュニティの2人の若い母親を紹介してくれた。2人は奥行6m、幅4mほどの間に合わせの教室で、自発的に保育園の子どもたちの先生をしている。

それから僕はベンジーという若者に会った。彼は枝を何本か手にしていて、バートにこんなことを聞いている。「仕事帰りに町で見つけたんだけど、これでも役に立ちそうですか？」。バートは眼鏡をかけて枝を精査する。いったい何にするつもりだろう？

「ああ、これは盆栽を作っているんですよ」。バートは言った。僕がもっと聞きたそうにしているのを見て、彼はジャムの空き瓶と枝がいっぱい置いてある部屋に連れて行ってくれた。「ここで盆栽を育てているんですよ。大きくなったらコミュニティの外の友達に売ろうと思っていましてね」。

部屋の壁には他にもコミュニティのビジネス・プランが大きな紙に張り出してある。これまでに米の取引をする協同組合とコンビニエンス・ストア［間口一間の小規模のサリサリ・ストア］を設立済みで、その利益は住民が皆で分かち合うことになっている。将来的にはコミュニティ外の仕事も請け負う修理工場と、朝食付きの宿泊施設Ｂ＆Ｂの設立なども計画されている。

これだけのことを実現するには、もっと多くの資金が確実に必要となるが、なんといっても僕がびっくりしたのは、コミュニティにあふれる前向きなやる気と明確な目的意識だ。僕の心の中にまだ消えずに残っている不法居住者（スクワッター）たちの絶望的なイメージはここの人たちにはまったく似つかわしくない。

豪奢なロックウェル・タワーの最上階で、友人たちと貧しい人たちの苦難について話をしていたとき、僕らは彼らの状況に憐れみを感じていた。しかし貧しい人たちが自分たち自身の力で生活を改善することは無理だ、というのが僕らのそのときの認識だった。一日中飲んだくれ、賭け事に興じたりして、ぶらぶら過ごす怠け者——そういう人を指すタンバイというフィリピン語まで教わったくらいだ。

それとは対照的に、ここシルバー・ハイツでの僕の第一印象は、驚き以外のなにものでもない。社会の厄介者がどうやったらあんなにやる気にあふれ、団結し、生きる目的をもつことができるのだろうか？　これまで僕は中産階級のマニラ市民が貧しい人たちを過小評価するのに慣れていたけど、ここに来てはじめて、不法居住者たちから彼らの生活について学ぶ機会を与えられたのだ。

もう置き去りにされない

「6年の間に10回も住まいを壊され、住むところを追われたんですよ」。バートはそう言い、ケソン市の目抜き通りに人々が仮住まいを始めたときから、いまのマラリア地区に至るまでの、コミュニティづくりの道のりを話してくれた。当局が住居を撤去するたびに、ホームレスになった人たちは、ふたたび同じ場所に戻ることを繰り返したのだという。

当時バートはグループのリーダーだったので、すぐさまお尋ね者になった。当局を刺激することがわかっていながら、なぜその場所から立ち去らなかったのか。「それはもう必死だったんです。生活のすべてがそこにあったからね。他には何も持っていない。どこにも行く場所がない。当局から唯一与えられた選択肢は、ゴミ捨て場の端に移動することだったんだよ。あんな危険な、しかも雨が降れば土砂崩れが起こるような場所にですよ」。

他人に自分の住まいを、しかも10回も破壊されるというのは、いったいどんな気持ちがするのだろうか。僕が心を動かされていることに気がついたコミュニティの面々が、それぞれの話を聞かせてくれた。最初はバートが通訳をしていたのだが、そのうち皆がどんどん自信を持ち始め、英語で話しをするようになった。

「あの頃はいつも怯えていたの」と、マブハイ・レディーズの一人、リンダさんが話した。「家を空けるのも怖くて。だって帰ってきたら家がなくなっているかもしれないんです」。「頼れる人がいなかったのよ」、別の人が言い足した。「誰も私たちを代表してくれない。誰も話を聞いてくれない。できることといったら、皆で団結すること。でもそれもだめになって、結局ここに移ってきたんです」。

２００３年、ケソン市の不法居住者たちは、別の地域からやって来た2人を加え、マラリアの地に移り住んだ。少なくとも、これで彼らは強制退去させられることはなくなった。問題は、バートによると、生活を再建するための資金がまったくなかったことだ。「当局が約束したのは、最長6ヶ月の一時的な解決策だったんです。だけどそれ以来、ずっとここに住み続けてるってわけです。ああ、もちろん、火事で焼けてしまうまででしたけどね」。

コミュニティに悪評がたちはじめたのはこの頃のことで、実際それは根拠がないわけではなかった。「当時は、酒は飲む、賭け事はする、悪徳のかぎりをつくしていたからね。三つの異なるグループがあって、それぞれがいさかいを起こしていた。私はなんとかまとめ役を果たそうとしたんですがね、誰が私の話なんて聞くもんですか」。

「いまになって思えば、あの火事は天の恵みでした。おかげで悪いことがすべて焼けつくされたのですから」。バートはそう言った。生活改善のための援助は、社会のさまざまなセクターから寄せられた。政府はＧＫに土地のリースを許可し、国際企業ヒュンダイ［現代］の支援を受けた地元のビジネスマンたちは、建設資材を提供してくれた。これらの支援に心を強くして、コミュニティの住民たちは、他地域からのボランティアの力も借りて、未来の家の建設に取り組むことになった。

希望の力

再生と希望の物語に心を奪われた僕は、しばし一人で考える時間にひたっていた。だが、ある少女が僕の黙考を破った。彼女は僕の肩をトントンとたたいて、「トムお兄さん、あなた誰かに似てるわ。ええと、彼の名前は…」。そこまで言って彼女は一呼吸置いた。劇的な効果を狙ったのか、それとも純粋に名前を忘れてたのか。突然彼女が叫んだ。「ああ！　そうそう！　彼よ、彼、ミスター・ビーン！［イギリスの人気コメディ番組の主人公］」。

僕がギョッとした顔をすると、女の子たちはクスクス笑った。彼女らの想像力が逞しいのか、それともこの冗談は会話の糸口を狙ったものなのか。僕の気持ちをさらに逆なでするように、少女たちは僕をなんと呼ぶべきか議論を始めた。ティト（おじさん）にする？　それともクヤ（お兄さん）？　結局僕の呼び名はクヤに落ち着いた。

和解の印に、首謀者が僕への特別なギフトとして手作りの〈身分証明書〉をくれた。パスポート・サイズの小さな写真がついていて、名前はアイビー。12歳。ポップ・ミュージックとバドミントンが好き。そして最後にこんな言葉が添えられている。「あなたが私を好きでも嫌いでも、これが私」。アイビーの陽気で自信に満ちた気質は、このコミュニティに訪れた新しい時代を象徴するようだ。彼女は僕の滞在中ずっとついて回り、英語を練習する機会を逃さず、広い世界を知ろうとしたのだった。

いつもニコニコして人生を楽しむアイビーを嫌いな人なんているだろうか。それを裏付けるべく、彼女は僕がフェイスブックをやっているかと尋ねた。「私、友だちが800人もいるのよ。あなたよりも多いかもね」と、誇らしげに彼女は言った。

挑戦を受けて立とうじゃないか。僕はアイビーと連れ立って近くのインターネット・カフェに行った。「うーん、800人よりちょっと少ないかな」。カフェへの道すがら、さっきよりすこし自信なさげに彼女はつぶやいた。インターネットにつなぐと、アイビーは僕をサイバー上で紹介してくれた。数えきれないほどのフィリピン人と、さらに広い世界の友達に。800人ではないかもしれないけど、一人ひとりが彼女にとってかけがえのない存在だ。この2年間にその全員がシルバー・ハイツを訪れており、僕だけがこのコミュニティに魅せられたのではないことを教えてくれる。

それから彼女はフェイスブック上でお母さんとお父さんの写真を見せてくれた。「両親は香港で働いてるの。私がちゃんとご飯を食べられ、学校に行けるように、外国で働いてるのよ」。いまはおばさんが面倒を見てくれているのだそうだ。

自信にあふれ、将来への志を高く持つアイビーを見ていると、この子が狭い小屋で貧しい環境に育ったことをつい忘れてしまう。だが、フェイスブックのアカウントが隠せないのは辛い現状だ。貧困のせいで、彼女は両親から直接の愛と庇護を受けられないでいる。

しかしアイビーは、自分を被害者だとは思っていない。友達のエリャとラファエルは2人とも1年以内に、それぞれのまだ若い両親を別々の事故で亡くして孤児になった。僕はアイビーが2人を特に気づかっているのに気がついた。２人が落ち込んだり、寂しそうにしていると、アイビーはバドミントンをしたり、かくれんぼに誘ったりして励まそうとする。ワラン・イワナンの精神は12歳の子どもにも顕在だ。

村に戻ったら、子どもたちが自分たちで作った歌を歌って僕を歓迎してくれた。歌詞が重要なのだといって、僕がわかるように英語に訳してくれた。

私たちは素朴な人間です
私たちは貧しさと苦しみを経験してきました
来る日も来る日も苦しみました
私たち子どもは、貧しさのなかに生れ、ニッパヤシの小屋に住んでいました
過去の苦しみは汗として湧きだしました
でもいまや苦しみのときは終わり、私たちは恩恵につつまれています
友よ、心から感謝します、あなたたちのおかげです
さあ、最初からはじめましょう
（全員で）
ＧＫシルバー・ハイツは私たちの新しい人生

笑顔と幸せがいっぱい、だって住む家があるんだもの
私たちは規律を守り、みんなにこう言います
私たちは愛にあふれ、思いやりをもち、分かちあう人びとです
ガワッド・カリンガからやって来てくれた友だちに
私たちの愛を捧げます

彼らの素朴な言葉は、コミュニティの気風の真髄を伝えている。人びとは希望に突き動かされている。自分の家に住むこと、そして自分の夢を創造する希望に。

人々が栄えるとき

しばらくして、アイビーが僕に箒を手渡した。「掃除、手伝ってくれますか？」。なんでも土曜日の朝は、子どもたちがコミュニティをきれいにする決まりなのだそうだ。

掃除を終え、あらためて花壇に育つきれいな草花に目をやった。わずか数年前、この場所がクベタ（トイレ）と呼ばれていたなんて。

美しいけれど弱い草花と、シルバー・ハイツで出会った活気あふれる人々を比べてみる。草花が育つには、土と適切な環境が必要である。それは人間にも言えることだ。人が自らの可能性を認識するためには、まともな住まいと、支えとなってくれる生活環境、そして未来に対する希望が必要だ。

暗闇では植物はおろか人間も生存できない。過去数年にわたって、このコミュニティには物質的支援とパートナーたちの献身が光として降りそそぎ、住民とアイビーのような子どもたちが生き生きと生活することを可能にしたのだ。

人々の暮らしが目をみはるほどに変貌を遂げたのは〈奇跡〉なのか。それとも単に環境が改善されたことによる自然の帰結なのだろうか。おそらく答えは両方だろう。変化が劇的で、しかも進行中であることにおいては奇跡だし、潜在的な可能性が希望と隣人愛によって芽吹いたことにおいては、自然ともいえるだろう。

シルバー・ハイツを去る前に、僕は毎週開かれるコミュニティの集会に出席してみた。集会はボランティアをする支援者が始めたが、いまは住民たちが運営している。彼らが僕に話してくれたのは、集会は支援パートナーたちに感謝の意を伝えるいい機会であるとともに、コミュニティの住民同士がいっしょに学ぶチャンスでもあるということだ。僕にとっては、この素晴らしい人たちに今後どのような未来が待ち受けているのか、後方の席で思いをはせる機会となった。

シルバーハイツは、今後も困難と障害に見舞われるだろう。しかし、住民の心のもちようがこれだけ変わったのだから、この数年間に起きた劇的な変化はきっと持続が可能だろう。

僕がそう信じるのは、このコミュニティが共通の価値観で構築されていて、代表者であるバートをはじめ、選出された役員たち、無給で働く先生たち、そして建設作業員たちに至るまで全員が、悲惨な過去よりも見込みのある未来にたいしての利害を共有しているからだ。

僕がそんな物思いにひたっていたら、バートにマイクで呼びかけられた。「出発の前にひとこと、分かち合う言葉をお願いするよ？　トム兄さん」。まずい。またもやフィリピン人の大半がとらわれている、公式証言もしくは〈分かち合う言葉〉につかまってしまった。席から立ち上がるのはなんとも気が進まないけど、バートはなかなか許してくれない。気がつくと、僕は拍手とともに最前列に迎えられていた。

皆が英語を話すわけではないので、ゆっくり注意深く、楽しい時を過ごせたことへの感謝と、住民たちのあたたかい歓迎に心からのお礼を述べた。このくらいでいいかな、と聴衆を見たが、どうやら皆もっと聞きたそうな顔をしている。フィリピン流の〈分かち合う言葉〉は、一言二言の常套句を述べればいいのではない。期待されているのは、多くのイギリス人が最も苦手としている感情を発露することである。

ところがスピーチを続けていたら、自然と言葉がついて出た。一つの考えが次につながり、結局かなり長いモノローグになってしまった。数分後、30人強の聴衆の顔をうかがうと、彼らはまだ僕を見詰めてはいたが、困惑の表情を浮かべていた。僕のとりとめのないスピーチに、ついてこられなかったのだろうか。

まあ、いいや。言葉の壁はあるものの、席に着いた僕が受け取ったハグの数から察すると、僕がいまここにいるということ自体が感謝されているようだから。

これまで僕は、貧困は経済発展の問題として認識していた。しかし、シルバー・ハイツを出る頃には、本当の闘いは人々の心の中にあることがはっきりとわかった。闘いの半分が貧しい人たちの気の持ちようを変えることにあるのだとしたら、残りの責任は確実に僕たちにある。

僕らのように、夢を実現する可能性に恵まれた人たちに与えられた試練は、置き去りにされた人々の生来の可能性に目をやり、彼らがそれを育み、彼らの夢を実現することができるように、手助けをすることにもあるのだ。[1]

おそらくGKのもっとも目につきやすい特徴は、トイレ付きのカラフルな住宅ときれいな花壇だろう。だがわれわれは石や木材やブロック・レンガによってではなく、共有する価値観に基づいてコミュニティをつくりあげているのだ。人々の価値観が変われば、フィリピン人自身が貧困解消を実現できるのだ。

TM

1　GKコミュニティの段階的な発展についてより深く知りたい方は、巻末の付録を参照願います。

第3章　身近にいるヒーローたち

貧困の核にあるのは人間関係の崩壊だ。その発端は家族の崩壊にある。

TM

ある日曜の朝のこと、街中はめずらしく静まりかえっていた。そのかわり、メトロ・マニラのバーというバーは、興奮と期待と喉の渇きを抑えきれない賭け人たちであふれかえっていた。今年一番の人気イベントがテレビ中継されるため、国中の男たちと彼らの飼い犬が、テレビの前で放送開始をいまかいまかと待ちかまえている。今日はフィリピン人ボクサー、マニー・パッキャオ［史上二番目の六階級制覇、引退後政治家になっている］が、メキシコ人対戦相手のファン・マニュエル・マルケスを打ち破り、世界最強のパウンド・フォー・パウンド［階級を無視した順位］）のボクサーであることを証明する日なのだ。

〈パックマン〉（パッキャオの愛称）は国民の期待に応じねばならない。あたかも全国民の誇りと自尊心が彼にかかっているようだ。バーの隣に座っていた男に、期待とプレッシャーが強すぎやしないかと聞いてみたら、「そんなことはないさ、彼は天才だから！」と返された。

6ラウンド目と7ラウンド目でパッキャオが主導権を握ると、ファンの期待は一気に高まった。だがそのとき予想外の事態が発生した。パッキャオがなぜか、マルケスの強力な右手に向かって直進していったのだ。即座にノックアウトされたパッキャオは、リングに倒れたまま数分間動かなかった。静まり返った観客を前に、沈黙を破りたいという衝動が僕のなかで沸き起こった。「僕のばあさんだって、あのくらいのパンチは避けられたさ！　なんという役立たず！」。こう言って冷やかすことで、僕は笑いを誘いたかった。

だが、僕の言葉はタイミングの悪い冗談だと受け取られてしまい、まわりの観衆は苛立ちを隠さなかった。国民のヒーローがマルケスのもとに一撃で倒されてしまい、その日は一日中、国は喪に服したようだった。儚い国民の誇りが、英雄パッキャオの敗戦でえらく傷つけられてしまったのだ。

翌朝、僕は6時にケソン市にあるティト・トニーの家を訪れた。前夜のパッキャオの話を持ち出すと、ティトは他の人たちほど気落ちした様子は見せなかった。「貧しい人たちと交流を深めたら、この国にはもっと多くのヒーローがいることに気づくよ。この国への私の希望と熱意は、いつも彼らとともにあるんだ。一人のボクサーの予想不可能な勝敗にではなくてね」。彼はそう言って、どんな会話でも、貧困撲滅という彼の熱意を明示する方向に導いてしまう才能をまたもや披露してみせた。

ティト・トニーの感動的な言葉に耳を傾けながら、僕はシルバー・ハイツで出会ったヒーローたちのことを思い浮かべていた。そのうちの一人、ベンジーは特に印象が深い。

はしゃぎまわる子どもたちや、僕が結婚しているかについて興味津々なマブハイ・レディーズからちょっと距離を置きたいと思うとき、僕はいつもベンジーを探した。僕らは生れがひと月しか離れておらず、すぐに仲が良くなった。サッカーや武術など、いろんな話で盛り上がったが、なかでも彼のちょっと変わった興味の対象である薬草についての話題で話が弾んだ。

ベンジーは路上生活をしていた頃の話にちょっとだけ触れたのだが、僕はそのことをもっと知りたかった。

ティト・トニーの感動的な言葉に耳を傾けながら、僕はシルバー・ハイツに行って、彼に会いたいと思っていた。

別の種類のヒーロー

「僕の話がおもしろいかどうかわからないけど」。12時間シフトの工事現場での仕事が終わってマニラから戻って来た彼は、控え目にそう言った。通勤に片道2時間かかるので、夜遅くまで話し込むわけにはいかない。

ベンジーの住まいは薄暗い小屋で信じられないくらい窮屈だったが、内部は外観から想像するよりずっときれいに片づけられていた。きちんと並べられた台所用品や、服や、大きな米袋のほかに、唯一の飾りとしてプラスチック製のエッフェル塔があった。

ベンジーはここメトロ・マニラではなく、故郷のミンダナオの話から始めた。正確にいうと、彼は成長期のほとんどをゴミ捨て場のへりで過ごしたんだそうだ。毎日が生き残るための闘いで、6歳の頃からゴミ捨て場に通い、家族の生活の足しにする廃品を漁っては、小金に換えていたのだという。

しかし、彼の努力は父親にはあまり感謝されなかった。そもそもおまえは俺の子じゃない、と酒を飲むたび父親はベンジーに暴力をふるった。ベンジーは大きくなったら絶対にここから逃げ出そうと思っていた。「どうしても逃げなきゃいけなかったんだ。目指したのはマニラだよ」。

家出の資金にするため、ゴミ捨て場で得る小銭のなかから少しずつお金を貯めた。わずか13歳で家を出て、船に乗り、24時間後に目的地である首都に着いた。マニラに着いても彼を待っている人は誰もおらず、安心して眠れる場所もなく、ポケットには1200ペソ（約20ドル）しか入っていなかった。

構うもんか。いまや僕はチャンスを与えてくれる街にいるんだ。「気分は良かったよ！　夢が実現したんだから」。ベンジーは当時のことを振り返った。港に着いたらまっ先に見つけたタクシーを止めた。「もう興奮しちゃって、運転手に言ったんだ、街の中心に行ってください、どこでもかまわない、どこでもいいから！　って」。

だがメトロ・マニラは容赦がない街でもあるということを、彼はそのとき思い知った。いいカモだと知って、タクシーの運転手はベンジーを首都観光に連れ出した。マカティの高級住宅街で降ろされて、即座に1000ペソを要求された。「少なくとも運転手には、200ペソは残しておいてやろうって良心があったってわけさ」。ベンジーは皮肉な笑いを浮かべた。

ほんの二日ほどで持ち金を使い果たしてしまったので、翌週からはマニラ郊外の裕福な住宅地に移動して、残り物の鳥の骨やらなにやらをゴミ箱から漁り、公衆トイレで水を飲んだ。眠るのは、フィリピンの路上で暮す約150万人の子どもたちと同様、道端のコンクリートの厚い板の上だった。

僕の頭には数週間前、僕が乗ったタクシーに群がってきたマニラの子どもたちの姿が浮かんできた。ぼさぼさの髪とやつれた姿を見て、いったいこの子たちはどうやって生き延びてるんだろうかと思った。だがいま目の前にいるのは、あの苦しみを乗り越えただけでなく、これほどまでにあたたかく、友愛に満ち、しかも辛口のユーモアのセンスを持った青年だ。

貧しい人たちは怠け者ではない

「たぶん僕はラッキーだったんだと思うよ。だって家族で切り抜けられたのは僕だけだから」。ベンジーは続けた。数週間の路上生活のあと、ベンジーは工事現場で仕事を見つけた。「最初の月は大変だったよ。給料をもらえなかったから。だから食べ物を口にせずに、飲み水だけで凌いだんだ。ただ良かったのは、現場で眠れたことさ、タダでね！」。

僕は自分と彼の生活とを比べてみた。ベンジーの話はいま13歳まで来たけれど、13歳年が近いので、ですでに驚くべき才覚と勇気を備えている。十代の若者が享受すべき権利、すなわち教育やスポーツ、それに青春の奇妙な心のときめきを僕が存分に楽しんでいた頃、ベンジーはいつも一人で、どうやって生き延びるかを考えていたのだ。

普通の子どもの生活を送れず、正規の教育を享受できないため、貧しい人たちはときに怠け者に見られがちだ。ほんの数日前、僕はマニラのタクシー運転手にぼられてしまったのだが、皮肉にもベンジーは20年も前にそんな目にあっていた。おそらく十代はじめの頃の彼は、いまの僕より数段機転が利いていたことだろう。いずれにしろ、彼と僕の生立ちを比べると、どっちがものを知らないのか訝しく思う。

マニラで足がかりを得るために、一人で、だれからの支えもなく、いかに必死に奮闘したか、ベンジーは続けて語った。建設現場や清掃員などの仕事を掛け持ちし、夜明け前に家を出て、帰りは（帰って来れればの話だが）深夜になった。

「一生懸命働けば、貧しさから抜け出せると思ったんだ」。それが当時の彼の考えで、実際のところ、ある程度まで実現した。彼は希望のいくつかを叶えるだけのお金を蓄える思慮深さを持っていた。それは彼の仲間のほとんどが持ちあわせない能力だった。彼は荒廃した地区に小さな土地を購入し、結婚して子どもも一人持った。

しかし彼はすぐに気がついた。人生はそんなに単純なものじゃないということに。家を出てから10年以上経っていたが、彼の暮し向きが良くなってきたことは周りにすぐに伝わった。「家族が生活費の援助を頼みに来てね。僕は運に恵まれていたから、家族を助けるのは僕の使命だと感じたんだ」と彼は説明した。彼は両親に送金することになり、加えてマニラに出てきたばかりで仕事のない弟と妹の面倒を見ることになった。

「結局、僕はすべてを失ってしまったんだ」。ベンジーが手にいれた土地は不法居住地域の中にあり、のちに土地の本当の所有者によって差し押さえられたとき（その人はベンジーがお金を払っていたスラムの〈マネージャー〉とは別人だった）、ベンジーは土地の正式な所有権を持っていないことが判明した。彼の投資は一晩で消え失せた。

苦労して手にいれた土地を失くしただけでは済まなかった。金の切れ目は縁の切れ目というが、ベンジーの妻は結婚生活よりも金を優先させ、結婚直後にアブダビに職を見つけ、この5年間で一度しか戻ってこなかった。「以前は僕にも送金してくれてたんだけどね。いまは娘にしか送って来ないんだよ」。彼はそう言って、すぐに話題を替えたいそぶりを見せた。

ベンジーは娘のことになると感情的になり、財布から5歳になる女の子の写真を取り出した。娘を養育することができないので、いまはバスで3時間ほど離れたところに住む妻の両親に預けている。「僕がこの手で娘を育てられないのは、ほんとに辛い。しかもバス代がすごく高くて、多くても年に二度しか会えないんだ」。

兄弟を思いやるような気持ちに突き動かされて、僕はベンジーが〈高い〉というバス代（わずか180ペソ、約4ドルだ）を払ってやった。一度断たれた家族の絆を取り戻すには、このくらいでは済まないことはわかっていたが。

貧困の鎖を断ち切る

ティト・トニーは前に「この国の貧困の〈深さ〉についてもっとよく知るように」と語ったが、ベンジーの物語を聞いて、貧困からの脱出が途方もなく困難だということがよくわかった。

ベンジーが抱える問題の核にあるのは人間関係の崩壊であり、その原因は彼に辛くあたり、家を出たいという気持ちをあおった彼の両親にある。加えて、彼が生活と賃金の安定をわずかながら得はじめたときに、彼の両親と兄弟姉妹によってそれが吸い取られてしまったこともある。今日でもベンジーは近親の支えを得ることなく、自分一人で将来を切り開いていかねばならない。

良くも悪くもフィリピン社会の基盤が家族にあることを認識し、ガワッド・カリンガは家族がお互いに対する忠誠心と信頼感を保ち、それぞれの責任を分担することを推進して、家族関係の修復と強化を図ることを目指している。

窮屈な板張りの小屋で半生をおくってきたベンジーの生活は、ガワッド・カリンガの新しい家に入居するその日に激変するにちがいない。

しかしベンジーの人生はその日を待つことなく、すでに大きな変化を遂げ始めている。なぜなら、彼はすでに人間関係に希望を見出したからだ。崩壊した彼の家族とは簡単にはやり直すことはできないだろうが、ベンジーはいまのコミュニティの人たちとの間に家族同様の絆を築いている。この関係性のなかで、ベンジーが彼の拡大家族の世話をしない時間は一時たりともない。あるときは子どもたちのメンターとして、またあるときは建築資材を守る〈夜警〉として、さらには住宅建築に携わる者として。韓国人のボランティアが彼に〈機械〉というあだ名をつけたのはもっともなことだ。もちろんすこぶる人間的な機械という意味で。[1]

ベンジーが人から好かれる責任感ある人間に成長したのは、もちろん彼自身が持ち合わせた決断力と誠実さによるが、その資質が、彼が信奉するコミュニティの倫理と価値観によってさらに増幅されたといえよう。

ベンジーはいままでの人生で間違いをおかし、高い代償を払ったことを認めるだろう。だがもっと大きな家族の一員となったいま、彼はコミュニティのリーダーのみならず、さまざまな経験を積み、恒常的にシルバー・ハイツのサポートをしてくれるGKのボランティアたちから、賢明なアドバイスを受けることができるのだ。

ベンジーが数週間前にフランス人ボランティアからもらった、キッチュなエッフェル塔のお土産も涙を誘う。「クレメンスは僕の話に興味を示してくれた最初の人物なんだ」と言って、ベンジーは世界の向こう側のだれかが自分に興味を持ってくれたことに感動している様子を隠さなかった。

もしかしたら僕が二番目の人として名乗りを上げられるかもしれない。

ベンジーは聖人に列せられることはないし、パッキャオみたいに有名になることもないだろう。だけど、貧困の鎖を断ち切ろうとする彼の超人的な（だが極めて人間的な）努力にかけては、クヤ・ベンジー（ベンジーお兄ちゃん）はあらゆる点で僕のヒーローだ。

幻滅している熱狂的なボクシングファンの前では、そんなことは言えないけれど。

1　この本が刊行されるまでの間、ベンジーは半年間、ハイエン台風の被災者のためにタクロバン市で建築ボランティアとして働いた。

わかったのは、適切な機会と指導さえあれば、表に出ることを待ち構えているヒーローが身近に数知れずいるいうことだ。

TM

第4章　血と汗と涙

ケア（人のことを気づかい、面倒を見る）とは、［一回限りの］プロジェクトではなく、［始めと終わりがある］プログラムでもない。ケアとは自分たちと他の人たちが長く続く関係を築くことである。

TM

原点に戻って——バゴン・シラン

「われわれが毎日ここに来たもんで、変人だと思われていたらしい」。ある土曜日の朝、バゴン・シランの狭い泥んこ道を車で走りながら、デイルさんは冗談交じりにそう言った。フィリピンでもっとも大きく、もっとも貧しく、そして（かつては）もっとも恐れられていたこのコミュニティに連れて行ってくれるよう頼んだのは、この場所こそが、ティト・トニーがデイル・ルーグらボランティアの人たちと一緒に、貧しい人たちと一緒の旅をスタートさせたところだからだ。

デイルは事もなげに、かつてのギャングや窃盗犯、それに麻薬密売人との会合をアレンジしてあると僕に言った。聞くところによると、この雑多な一団には、〈元暗殺者〉まで含まれているらしい。「それはスゴイ!」。デイルの優しい笑顔とおおらかな物腰につられて、僕は咄嗟にそうこたえてしまった。

しかし、これからどんな事態に遭遇するのか。よくよく思いをめぐらせた僕は、デイルにおずおずと確認した。「一緒について来てくれますよね?」、不安な気持ちがばれないように即座に「だって通訳が必要ですからね」とつけ加えたが、心の内では、この冒険が母国イギリスの保険会社にどう受け取られるものか、びくびくしていたのだ。「気にしなくてもいいよ。彼らは以前の彼らじゃないから。大丈夫、大丈夫」。デイルはニヤニヤしながらそう返した。こうなったからには、彼の言葉を信用するほかない。

マラリア地区と同じような、でたらめで無秩序な広がりを見せるバゴン・シランのでこぼこ道を、僕らは車で走り抜けた。今回は幹線道路からさらに脇に逸れて、はてしない迷路のような、穴ぼこだらけの狭い路地に入りこんでいった。

30分後、ようやく目的地に到着してホッとした。アメリカ希望村は、2011年に完成した50戸ほどの二階建て住宅群だ。シルバー・ハイツ同様、周りにひろがる荒れ放題の土地にあって、このカラフルな住宅群は、あたかも奇跡が出現したようだ。道すがら延々と続いたゴミの山とは対照的に、ここでもまたシルバー・ハイツのように、きれいな花が咲き乱れている。

今回はマブハイ・レディーズではなく、三十代前半から半ばの青年たちが僕を迎えてくれた。おそらく彼らが、デイルさんが車のなかで話していた男たちだろう。そのうちの一人、オメン[1]が、車を降りる僕を出迎えてくれた。まばゆいばかりの青いTシャツに、目もくらむピンクの靴を履いていて、僕はサングラスをかけてこなかったことを後悔した。服の色の組み合わせは、彼のファッションセンスに由来しているのか、あるいは後ろに建っているカラフルな家々を意識しているのか。おだやかな笑顔の彼は、あたかもGKヴィレッジを体現しているようだ。しかし、デイルが後になって耳元でささやいたところによると、オメンはかつてはかなり危険なギャングの一員だったのだそうだ。

いま僕は、バゴン・シランで悪名高い裏社会の一員だった人と、肩が触れあうくらいの近距離に立っている。だが皮肉なことに、ロンドンのサウス・イーストの薄暗いバス停に立つ方が、はるかに危険なような気がする。いま誰かが不安を感じているとしたら、それはまさに英会話を強いられると鼻血が出ると怯えているオメンに違いない。

少したって、ティト・トニーが撮影隊を引き連れて、僕らの集まりに加わった。プロデューサーは、ティトのドキュメンタリーを制作しているフィリピン系アメリカ人だ。GKの活動が国内だけでなく国際的にも有名になるにつれて、ティトはしばしば、裕福で、高い教育を受けた、社会的に影響力のある海外の聴衆の前で、彼の経験を話すことを求められるようになった。

だけど、普段着で、しかもズボンの裾に泥がこびりついたティトの姿は、なんだかこの場にそぐわないような気がする。「今朝農作業をしてきたんだ」、着くなり彼はそう言った。

僕はティト・トニーがコミュニティの人にどう挨拶するか注視していた。近年ティトは、国内のあち

1　この章に登場する個人の名前は、プライバシー保護の為、仮名にしてあります。

こちのコミュニティからひっぱりだこで、今回の集まりは、彼にとって昔の同窓会に顔を出すようなものだった。グループの人たちがそれぞれの経験を話し出したときにはっきりとわかったのは、彼がいまでも全員の名前をしっかり把握していて、コミュニティを立ち上げる時期に起きたことをすべて記憶しているということだった。

「寄せ集めの小さな集団からはじまった活動だけど、毎日ここに来るとき、いつもひとつのことを心に留めていたんだ。それは、置いてきぼりにされてしまった人たちに、カリンガ（ケア）を施すということ。他に何をしていいか、当時の私たちには思いつかなかった。はっきりした青写真も資金もなかったけど、なにか正しいことをしたいという気持ちは充分にあった」。ティト・トニーは語った。

彼が最初に接触したのは、コミュニティの年長者、エンテン・アッドゥルさんだ。「ブラザー・トニーが毎朝ここに来るようになった頃のことははっきり覚えているよ。最初は何のために来るのか、わしにはさっぱりわからなかったがね。そのうちわしらは友だちになったのさ。一緒にコーヒーを飲んだり、ご飯を食べたりしてね。トニーは優しくて謙虚な物言いをする男だ。それに彼はわしらの話に耳を傾けてくれるんでね」。

撮影隊も、僕と同じようにこの話に興味津々だ。寄せ集めチームを名乗るティト・トニー、デイル、そしてバゴン・シランで尊敬を集めている年長のバランガイのキャプテン、セサール・パディーリャらが、のちに全国的に発展する貧困撲滅運動の最初の一歩を踏み出したのが、まさにこの場所だったのだ。

男たちと向き合って――若者から先に

「われわれがまず気づいたのは」、ティト・トニーが続けた。「問題の中心にいるのは男たちだ、ということだ。犯罪者もいれば麻薬密売人もいる。崩壊してしまった家族を置き去りにして、逃げてきた男たちもいた。困ったのは、彼らと一緒に働きたいと思う者がいなかったことなんだ。貧困対策はたいてい被害者である女性と子どもを対象にするだろう？　だけど問題を起こしている張本人たちを脇に追いやっていたら、抜本的な解決は望めやしない。男たちが問題なんだったら、解決策に彼らが入っていなければおかしいじゃないか」。

僕は再びオメンを見た。彼のカラフルな服装と純真な笑顔は、どう見たって好意的だ。だが、彼や仲間の若い時分の経験を聞くにつれ、僕だったらあえてこの人と手を携えて働こうとはしなかっただろうと思った。

「次のクスリを手に入れたくて、いても立ってもいられなくてね。そのためだったらカラダすら売ったよ」。オメンは言った。性的指向のいかんにかかわらず、〈カラダを売る〉ことは、簡単に現金を手に入れる方法として、この近辺では当たり前に行われていた。だが一回の〈取引〉で手にする額（だいたい30ペソ。約60セント）を知ったら、彼らがいかに最悪の状態に置かれていたかがわかるだろう。男たちはカラダを売るか、血を売るかの選択に迷ったが、なぜそうするかと言えば、いずれの方法も金が簡単に手に入るからだ。もっといいかげんな奴だったら、小金のためには殺人もいとわないだろう。オメンもそのうちの一人だったのだろうか？

ティト・トニー、デイル、そしてセサールは、コミュニティ内に安全地帯を作ることを思い立った。週末ごとにキャンプを計画し、敵対するギャングも招いて、平和な雰囲気を楽しんでもらおうとしたんだ。

「彼らがやってきた理由は、お腹がすいてたからさ。われわれはタダの食事を用意していたからね」とデイルは言った。「想像がつくと思うけど、最初の晩は本当に大変だったよ。でも二日目にはすでに敵対するギャングたちが武器を持たずに来たのさ。そのときティト・トニーは気づいたんだよ。貧困の連鎖を断ち切るのに一番いいのは、人がまだ若い時分なんだって。われわれが広めたいと思っているケアの価値観から、バゴン・シランの獰猛な闇社会によって若者が完全に遠ざけられてしまう前にね」。

無料の食事と音楽、それに活気ある雰囲気のおかげで、バゴン・シランの第九地区で楽しいイベントが行われているという噂はすぐに広まり、若者たちが続々と押し寄せるようになった。

「彼らは周りに良いロール・モデルがいなかったんだ。それで私たちをリスペクトするようになったってわけさ」、ティト・トニーが言った。「まずは相手に敬意を払うこと、特に女性にね、そう教えたんだ。だけどものごとはそう簡単には運ばなかった。ある朝、十代の少年が若者の集まりに来たんだけど、足取りがおぼつかないんだ。すぐに何が起こったのかわかったよ（彼は性的虐待を受けていたんだ）。それで、加害者と思しき少年たちを見つけだしてね、なんでそんなことをするんだと詰め寄ったんだ。そしたらなんて言ったと思う？『だってティト、俺らに言ったじゃないですか、女を襲うなよって。男を襲うなとは言われなかったよ』」。

このショッキングな事件に、ティトはどう対処したんだろう。「彼らをもっと愛さなければ、って思ったよ」。おじさんはあっさりそう言ってのけた。思うに、愛は好意を持つ相手に向けられるものだ。それなのに彼はどうやって他人をこんなふうに痛めつける男たちに愛を向けることができるのだろう。「私がいう愛とは、気まぐれに現れたり消えたりする類のものじゃないんだよ。なんていうかなぁ。君が家族に対して抱くような、無条件の愛情のことなんだ。もちろん少年たちの行動には猛烈な怒りを感じるよ。でも彼らが悪いことをしたからといって、すぐに見放すことはできない」。

ティトはそういうけれど、加害者たちはティトの激しい怒りを全身で感じとったにちがいない。「彼らに警告したさ。停車中の車の排気管を指差してね、『もういっぺん同じことをしたら、お前らの尻にあれをつっこんでやる！　そしたらどんな思いがするかわかるだろう！』ってね」。

バゴン・シランの男たちを愛するということは、時折訪れる感情の爆発やモラルのジレンマを感じることと無縁ではない。「別の折にはこんなこともあった。一人の男が近づいてきて、私の前で生き方を変えると誓ったんだ。『だがね、ティト、まずはもう一人殺してからでないと』。そんなことを言ってのける相手にどう対処する？　もちろん私が信じる価値観、赦しということを理解してもらうために努力はするが、それがすぐに通用する相手じゃないんだ。彼らが生まれ育った世界には、目には目を、しかなかったんだからね。結局のところ、重要なのは信頼なんだよ。私は彼らに賭けた。私をがっかりさせてくれるなと望み、祈るよりほかなかったんだ」。

僕は別のやり方もあったのではないかと切りだしてみた。つまり法的な手段に訴えるということだ。するとティト・トニーはこう返した。「警察すらバゴン・シランに入るのを恐れているのに、社会が彼らにどんな解決法を提示してくれるんだい？　もちろん警察を呼ぶこともできたさ。だけどそうしたら敬意も信頼も一瞬のうちに失われてしまったさ」。

優しさの力

そのうち男たちは徐々に（ある者はより早く）変わっていった。そのなかの一人がエモンだ。この若者は、クスリからギャングの抗争から強盗から〈カラダを売る〉ことから、ありとあらゆることに関わっていた。他の多くの若者たちと同様に、彼も最初は食べ物と、楽しく遊ぶことと、女の子に出会えることにつられてここにやってきた。だがいまになって振り返れば、彼や周りの若者は、実はそれ以外のことで来たんだと思う。当時は、マッチョなイメージを誇示するあまり、そのことを自分自身で認めることができなかったのだ。「ボランティアの人たちが身をもって示してくれたのは、人生ではじめて、誰かが真剣に僕のことを思ってくれているってことだ。それ以外に考えられないだろ。他にどんな理由があって、彼らは僕たちと一緒にいてくれたんだい？」。

エモンのような若者と近しく働いていて、ボランティアの人たちはあることに気がついた。バゴン・シランの若者たちがもつ未開の才能だ。いまや振付師として優れた才能を発揮しているエモンにとって、才能を育むチャンスを与えられたことが、自分自身を変革する転機につながった。「自分の才能に気づき、それを披露する機会を与えてもらったことで、僕だって人の世に何か貢献できるんだってわかったんだ。多分うっすらだけど、神が僕を創りたもうたのは間違いじゃなかったんだって、そのとき思えたのさ」。

彼に有効に作用した優しさの力は、他の若者にも同じように作用することを彼は確信している。「たとえ麻薬中毒患者や僕のような元犯罪者でも、人の役に立てるんだって気づいた瞬間に、人生を変えることができるんだ。人の役に立ち、良い行いをする機会をもらうことが大切なんだよ。人は、いつも誰かが気にかけてくれてるってことに気づきさえすれば、徐々にその相手の期待に応えようって思うんだ。それこそが変化の始まりなんだよ」。

共に築く——男たちの絆

貧困の連鎖を断ち切るのに最良な時期が少年期だとしたら、バゴン・シランの年長の男たちに対しては違ったアプローチが必要になる。

現在六十代のエンテンの少々くたびれた外見は、彼が生きてきた人生を物語っている。顔に刻まれた深い皺も、これまでの人生の困苦を表わしている。メトロ・マニラで職を失って以来、彼の人生は下降する一方で、7人家族はバゴン・シランに移り住むことを余儀なくされたのだった。

マラリア地区のニックネームがクベタ（トイレ）なら、バゴン・シランはその一段上を行く。この町が〈トイレの町〉と呼ばれるのは、何千何万もの不法居住者たちがマニラからこの地に移り住んだものの、下水設備といえばわずかな数の公衆便所しかないことに由来している。

あえて職業と呼べるようなものが存在しないので、エンテンの妻モディは、他人の服を一週間休みなく洗濯して稼いだ金で、家族7人の空腹を満たしていた。その間、家族は腐った木切れにプラスチック片、それと錆びついたGIシーツを囲いにして、バラバラにならないよう4つの古タイヤを屋根替わりに乗せた小屋で、身を寄せ合って暮らしていた。

シルバー・ハイツのバートのように、エンテンはいまやこのコミュニティで尊敬を集める年長者の一人だが、実のところ、彼らはきわめて異なった性格の持ち主だ。バートは、生まれつきのリーダーというか、困難なときに強い指導力を発揮できる人だ。しかしバゴン・シランの男たちは、ほとんどがエンテンのように、闇組織の外では悪気のなさそうな人たちで、自分たちが父親としては失格で、家族に最低限必要なものすら与えられないことを恥じていた。「娘にまで唾を吐きかけられたよ」、エンテンは悲しそうに言った。「大きくなるにつれ、子どもたちはみんなギャングの手に落ちてしまったんだ」。

難しいのは、無職の男たちがどうやって自尊心を取り戻すかということだ。「スラムの環境にいたら、スラム精神が養われてしまう。ゴミの上に住み、ゴミに囲まれ生活している人たちに、どうしたら、あなたたちはゴミじゃない、ってわかってもらえると思うか?」。ティトは僕らに問いかけた。

このような厳しい状況のなか、ティトはある解決策を見出した。「貧困とは行動から発生する問題なんだと思う。そのせいで男たちは周縁に追われ、自滅的になってしまう。だからなんとかして彼らを労働につかせることが必要なんだ。家の建設は、体を使うという点で有効な方策だったよ。なぜって彼らの多くは建設現場で働いたことがあるからね。破壊者から建設者へ、負債から資産へ。男たちはいままでは家族やコミュニティの前で、ヒーローになりえることを証明したんだ」。

コミュニティの住人は、外部からのボランティアたちとともに、若者が集えるシンプルな多目的ホールを建てることからその行動を開始した。「わしらは金はないが、時間はあった。コミュニティに貢献できることが嬉しくてたまらなかったよ」。エンテンはそう言った。

バゴン・シランの人たちは口を揃えて、いままで政治家たちからずっと空約束をされ続けて次第に希望を失ったと言うけれど、だったらいまは何が変わったのか？「わしらはティト・トニーやデイルたちを信頼してるのさ。なぜって、彼らは毎朝、わしらと一緒にいてくれるからね。彼らがシャベルを持って手伝ってくれているのに、どうしてわしらが同じことをできないのか？」。

最初に建てられた多目的センターに続いて、ほかの共用施設が作られ、いよいよ住宅の建築も始まった。これらの活動への貢献が評価されて、エンテンは最初に受益できる人に選ばれた。この一連の経験をつうじて、ティトは新たな知見をもった。それは、「われわれがリーダーシップをとり、具体的な希望を示せば、男たちはもっと勤勉に、もっと熱心に仕事をするようになる」ということだ。

少しずつ少しずつ新しい住宅が建てられていったが、最初はひとつひとつのプロセスに時間がかかった。というのも、建築資材はボランティアの人たちの個人的な貢献や、あたりからかき集めてきたわずかな資源に頼っていたからだ。

「全行程が学びの機会だった」とティトは言っていたが、バゴン・シランに来てみて、そのことが良く分かった。もっとも初期に建てられた家は、木造の極めて基本的な外観をしている。初期のガタガタな建造物は、最近建てられた二階建ての省エネ住宅とは対照的だ。たとえば僕が今日訪れているアメリカ希望村の住宅は、ホームレスの人たちのための家というよりも、中産階級向けのリゾート施設のようだ。

ここに建てられた2038戸の住宅（さらに建設中）に加えて、より広域の地域を含むバゴン・シラン一帯の約1万世帯の家族が、社会参加、教育、健康、衛生、生活、平和維持などを学ぶ価値観形成（ヴァリュー・フォーメーション）コースを受講したり、住民組織活動に参加したりしているが、それらの活動はもともとすべてがこのコミュニティで試験的に実施されたものである。

コミュニティの建設――勝利

ランチを取りながら、グループの人たちは、皆でともに経験した誇らしい瞬間の数々と、この地域にうまれた希望について話をしてくれた。この地域でもっとも荒々しく怒りっぽかった男たちが、失われた十代を見事に克服して、十代後半からは定職を持つようになり、信仰に熱い、家族思いの男たちに変貌した。僕が会った元ギャングの一人ジョリーは、犯罪学の勉強を終えて、ベニグノ・アキノ大統領［当時］の警護チームの一員に選ばれた。もう一人のジェイソンは、奨学金を得て学業を修め、アカデミックな仕事で頭角を現している。彼は看護学で修士号を取り、マニラでトップクラスの大学で教職についているのだが、彼の教える学生の一人はデイルの息子だ。

なかでも一番の荒くれ者だったオメンは、いま有給の仕事に就いている。いつも笑顔でリラックスした雰囲気を感じさせる彼は、まったくもって心が穏やかになったのだろう。かつてギャング間の抗争で何件もの殺人を犯したことが、前世の出来事のように思える。「過去の人生は地獄だったけど、それも昔のことさ。以前の敵がいまでは友だちよりも信頼できるんだからな」。オメンはそう語った。

彼らは心からの愛情をこめて懐かしそうに「バゴン・シラン」と題されたミュージカルのことを話してくれた。公演は、全国ツアーでなんと20万人もの観客を動員した。「映画館も劇場もないこの場所にアートがあふれたんだ。かつてはタクシーすら入って来たがらなかった場所にね。トップの大学から優れた指導者たちを招いて、６００人の子どもたちに芝居と音楽とダンスを教えたんだ」、ティト・トニーは振り返った。「芝居はリハビリにいい。人格形成や自信をつけるのにも役立つし、才能が輝く場でもある」。

僕がびっくりしたのは、この公演が、貧しく周縁に追われた人たちだけではなく、裕福な人たちも含めたコミュニティの形成に役立ったということだ。デイルとティト・トニーの子どもたちもステージ上に立ち、貧しい人の役を演じる一方、貧しい人たちは中産階級の役を演じた。「私の娘のウォウィーは、地元の売春婦役を演じたんだよ！」。ティトは誇らしげな父親の顔でそう言った。

コミュニティは注目に値する才能の跳躍の場となった。そのうちの一人エモンは、才能を磨き続け、２００８年にオーストラリアのシドニーで開かれたワールド・ユースデー・サミットにパフォーマンスの振付師として招待されるまでになった。

コミュニティの建設――痛み

その日の午後、僕らの仲間にウィリーさんが加わった。「俺について奴らが言ったことは全然ホントじゃないからな！」と大声で笑った。冗談をまじえた語り口で、彼はすぐに存在感を示した。

ウィリーは一見、幸か不幸か誰もが一度は乗り合わせたことがあるおしゃべり好きなタクシー運転手を髣髴させる。彼の大袈裟な語りは、こちらが話しをしたいときには好都合だが、後部座席でうとうとしたいときにはお断りだ。今回僕はもちろん前者のムードだったのだが、話しをしていてわかったのは、ウィリーは思いのほか興味深く複雑な人間だということだ。

「俺はもちろん天使のような人間ではなかったさ」。ウィリーは少し真剣な調子で、この地域の闇社会に引き寄せられる以前のことを語りはじめた。麻薬の乱用と取引は彼の過去の人生のほんの一章に過ぎず、もっと大きな部分を占めていたのは、悲劇的な喪失の物語だった。

横にはデイルが座って、二人はウィリーの息子サギンのことを話し始めた。ギャングに入ってラグ、ビー依存症（シンナーの一種）になり、トラブル・メーカーだった15歳のサギンが、ＧＫの若者向けプログラムで有力な中心メンバーとして頭角をあらわしはじめていた頃のことだった。

デイルは、２００２年のクリスマスの直前に、はつらつとしたサギンから通りで声をかけられたことを覚えていた。「彼はそのとき言っていたよ、『おじさん、僕は生まれかわるんだ。もうクスリもやらない。まじめになったんだ』ってね。その前の年に僕がプレゼントをあげたことを覚えていて、『もうじきクリスマスだね、なんかプレゼントをくれよ。おじさんの着ているポロシャツ、カッコイイな』ってね。それで私は、待っていろ、一度洗濯してから君にあげるよ、って言ったんだ」。

「あの日のサギンにはすごく希望を感じた。だけど結局ポロシャツはあげずじまいだった」。数日後、悲劇が起こったからだ。サギンは、ガールフレンドとサンダルを買いに行った帰り、敵対するギャングのメンバーに背中を突き刺された。

ショックなことに、当初2000人いた青年育成プログラムの初期メンバーのうち、デイルは16人を銃撃あるいは殺傷事件で失い、ティト・トニーは6人を埋葬した。デイルは続けた。「この辺の人は車を持ってないから、僕の車を救急車代わりに使ったんだ。銃撃されたり刺されたりして重傷を負った子どもたちをしょっちゅう病院に運んだよ。残念なことに、帰りは遺体を運んできたこともあった」。

すでにバゴン・シランの犯罪社会にどっぷりつかっていたウィリーは、制御できない深みにはまっていきそうだった。愛する一人息子を失い、ウィリーは報復を誓った。「近所中をショットガン片手に歩き回って、息子を殺した奴を探し回ったんだ。だが、なんてこった。相手を見つけられなかった」。

ウィリーがそのときもっとも必要としていたのは、どんな生計向上プログラムからも、彼の念願のマイホームからでさえも得ることができなかったこと、すなわちティトが言っていた無条件の愛だった。デイルの方に向きなおり、ウィリーは一呼吸置いてから言った。「俺はね、この人のためなら何でもするさ。最悪のときにいつもそばにいてくれたんだからね、この人は」。

ウィリーは助言と導きを必要としていた。デイルはじめボランティアの人たちはまさに適任者だった。「自分の人生がうまくいってなくても、誰かの助けになることはできる」。ウィリーのこの言葉は、先にエモンが言ったことと呼応する。誰かの助けになることによって、徐々にではあるが、ウィリーは心の平穏と人生の目的をもてるようになっていった。「それまで弱肉強食の世界に生きてきて、それしか生きる方法はないと思いこんでいた。だけど俺はいまではすっかり変わったよ。クスリもやらないし、やるべきじゃないってわかったんだ」。

ウィリーが勇敢で恐れを知らないボランティアの人たちと出会って10年が経ち、彼の生活は目をみはるほど改善したが、それでもまだものごとがすべてスムーズに運んでいるわけではない。彼は率直に僕に言った。「どんなときでも正しいおこないをするってのは簡単なことじゃあない。金が無くて頭をかきむしることもある。クスリを売れば楽に金が稼げるからね。だけど俺はもう悪事とは縁を切ったんだ」。

僕はウィリーに聞いてみた。もし息子さんを殺した男（現在服役中）と将来ばったり出会ったらどうする、って。「殺す」、即座に彼は答えた。「もちろん殺してやる。奴はな、俺の大事な息子の人生を奪ったんだ」。

それは僕が期待していた答えではなかったが、コミュニティの変革がいかに複雑な課題なのかを如実に示していた。建物を建てるのは簡単だ。だが人生の浮き沈みや想定外の出来事は、容易に人の日常を（特にバゴン・シランのように不安定な地域の若者の日常を）危険と絶望に陥れてしまう。ボランティアの人たちにとって、建物を建てるだけ建てて、かつて不法に土地や家を占拠し住んでいた連中を入居させて、さっさと立ち去ることができたら、どんなに楽だったろう。

一緒にいることの力

今日でも、バゴン・シランは完全に〈生まれかわった〉コミュニティというよりも、〈生まれかわりつつある〉コミュニティだと僕は思う。どうして自分を変えることに決めたのか、僕は何人かの男たちに聞いてみた。そのなかでオメンが一番率直に答えてくれたと思う。「そりゃあ、前のやり方に戻りたいと何度も思ったさ。だがね、変わろうって心に誓ったのは、ティト・トニーとティト・デイルが毎日欠かさずここに来てくれたからさ。ほんとに毎日ね。たぶん心の底に、彼らをがっかりさせたくないって思いがあったんだろうな」。

男たちのメッセージは明瞭だ。ボランティアの人たちがいつも目の前にいなかったなら、彼らはことをやり遂げられなかっただろう。エモンは言う、「俺たちいまごろみんな死んでたか、刑務所に入ってたかだな」。男たちの多くは、かつて一度も担ったことのない父親代わりやロール・モデルの役割を果たすようになっている。エモンのほか何人もの若者が、いまロール・モデルになるべく努力している。

コミュニティを出る前にもう一度エンテンと話をした。「息が絶えるその瞬間まで、わしはガワッド・カリンガに人生を捧げるよ」。そう言う彼の目から涙があふれ、しまいには抑えきれずに泣き出した。

大の男が泣いているのを目の前で見たのは久しぶりのことだったし、シルバー・ハイツでの一件で明らかなように、僕は人前で感情をあらわにすることに慣れていない。どう対処していいかわからず、僕は困った顔をデイルの方に向けたのだが、今回は彼も助け舟を出してくれなかった。というのも、彼も両手で顔を覆い、感情を抑えるのに必死だったからだ。僕が「お茶でも飲みますか」と言い出す前に、彼らは2人ともしのび泣きをしていた。

僕は黙って座ったまま、彼らにとってこの感情が何を意味しているのか、考えをめぐらせていた。エンテンの涙は理解しやすい。献身的な外部の人間が、彼の人生を変えるためにいつもそばで見守っていてくれる。彼自身がGKハウスの最初の住人（受益者）だというだけでなく、彼の子どもたちも奨学金をもらって教育を受けている。今日彼らはみな定職に就き、コミュニティのロール・モデルになっている。

デイルの涙はそれとは少し違った意味で僕の心を打った。極めて感情的な人なのか、あるいは彼自身が貧しい人たちに奉仕することで、豊かな恩恵を感じたのか。デイルの涙は、両極端の社会領域で生まれ育った2人の男が、彼らにしかわかり得ない絆を結んだことを反映している。

デイルの熱意はエンテンを超えて、コミュニティ全体に及んでいる。実際、彼と彼の家族の全生活が、貧しい人々と離れがたく結びついているように見える。彼の隣に座っている妻のテスもまた、同じくらい熱心なGKの従業員だ。テスは毎朝、3歳から6歳児を集めたバゴン・シランの保育園に末っ子を連れてきていた。その間、テスの長男は仲のいい友達がコミュニティ内にいたので、夏休みをその友達と一緒に過ごした。ちょうどティト・トニーが、15年前バゴン・シランを初めて訪れるようになったとき、娘を一緒に連れてきていたように、デイルも彼と彼の家族の生活を貧しい人たちと連れ添っておくることに決めているようだ。

コミュニティの変革は、成功を祝うことだけではなく、失敗を共にシェアする（分かち合う）ことによっても行われるということが、今回のバゴン・シラン訪問でわかった。コミュニティの男たちが変化する（リーダーシップを発揮する）のにもっとも必要なことは、ときおりちょっとだけ顔を見せることでも、一回こっきりのプロジェクトでもない。長期間一緒にいることによってのみ、互いのあいだに信頼と敬意を抱くことができるのだ。

バゴン・シランからの帰り道、僕はデイルの他者への奉仕の代償を知ることとなった。車のエアコンのスイッチを入れるとしばらくして、鼻につく焦げ臭い匂いが車内に漂った。いまにも故障しそうな車に乗って、デイルの金銭的な負担の重さに初めて気がついた。「以前は車を3台所有していて、運転手も雇っていたんだけどね」とすこしばかり切なそうに彼は言った。

デイルはかつてきわめて快適な生活をおくるビジネス・オーナーだった。それらはすべて失ったが、代わりにもっと豊かなものを得たのだとデイルは強調した。「まったく素晴らしい旅だよ。貧しい人たちの可能性を見いだすことができたし、彼らが変貌する奇跡をこの目で目撃したんだからね。何を選ぶか、何に価値を見いだすかを含めて、僕の人生の規範が変わったんだ。僕は信じてるよ。貧しい人たちを置き去りにして、僕自身の幸福はないってね」。

デイルの言葉は、彼が貧しい人々に対して広い心を持ち合わせているだけでなく、彼らの生来の才能に対して深い敬意を抱いていることも表している。そう思えるようになってはじめて、貧しい人たちが本当の家族になるのだろう。

貧困は経済的帰結をともなう行動上の問題だ。遠巻きにして事態が好転するのを願うのではなく、われわれ自身が友として、あるいは兄弟として、貧しい人たちの世界に立ち入ることが必要なのだ。

TM

イッサの話

イッサの人生は、わずか13歳にして根底から覆された。ある朝、オートバイでイッサを学校に送る途中、地域住民から厚い信頼を受けていた彼女の父親は、暴漢に銃で撃たれて殺された。イッサはその一部始終をバイクの後部座席で目撃していた。父親の〈罪状〉？　それは共産主義勢力の新人民軍（ＮＰＡ）が要求する革命税の支払いを拒否したことだった。父を殺した暗殺者の顔を間近で見ていたため、生命に危険が及ぶことを恐れて、イッサは実家を出てマニラに移り住まざるをえなかった。

「はじめ感じた悲しさはすぐに怒りに変わったわ。お父さんをこんな目に合わせるなんて、ひどすぎる。神様はどうしてこんなむごいことをお許しになったのだろう。犯人が刑務所送りになれば、私の心に平穏が戻ってくると思ったけど、罰が下っても全然気持ちがすっきりしなかった。心の傷が癒えるには、もっと深いところで答えを探さなきゃならなかったのです」。

「なにか説明を求めて共産主義の本を読んでみたけど、怒りが増すだけでした。そんなとき、母とティト・トニー（父の良いお友達でした）がバゴン・シランでのボランティアに私を誘ってくれたのです」。

「そこで初めて貧困の惨状と人々の苦しみを目の当たりにしたのです。今まであんな光景を見たことがなかった。あの人たちの生活に深く関わるにつれて、私は被害者的態度を維持することができなくなっていきました。なぜなら、被害者は私だけじゃないってことに気づいたから」。

「実際、私は何不自由ない環境に生まれました。ところがバゴン・シランの人たちは、生まれたときからずっと社会に見放され続けたのです。バゴン・シランの男性たちは、なにも好きこのんで犯罪者や殺人者になったわけじゃありません。絶望の末、そうなってしまったんです。それで私はこう考えるようになったのです。お父さんを殺した犯人も、被害者なんじゃないか、って」。

「父の死が憎しみからではなく、貧困からひき起こされたことに気がついたことは、苦しみから立ち直るきっかけになりました。私よりももっとひどい境遇にいる人たちの力になることで、私は、父を失ったことを徐々に受け入れることができるようになりました」。

「ここのようなコミュニティを訪れるにつれて、悲しみや怒りや憎しみが、愛に変わっていきました。感傷的な愛じゃありません。自己犠牲的な愛のことです。もっともっと思いやりにあふれた、同情心に満ちた、忍耐強い愛です。だって世の中は〈あなた〉だけのためにあるのではないのですから」。

「人はそれぞれ違った境遇に生まれます。バゴン・シランに関わるようになって、私は、自分がいかに素晴らしい人たちに囲まれているかに気づきました。そして、この人たちは私だけのために存在しているんじゃない、ってことも」。

（イッサ・クエバス＝サントスは、妻であり母であり、ＧＫ活動に熱心である。ＧＫ評議員会の設立メンバーのひとりで、現在はＧＫの総務人事ＩＴなどのシェアードサービス部門の長を務め、システムとサービスが仕事の拡大に合っているかを常に確認している。イッサは長きにわたって、コミュニティの建設のみならず、あらゆる面で希望を失った人たちの生活の再建に力を尽くしている。）

第5章　一緒により良く

私たちの開発に欠けていたのは、人々の持つ力という要素だった。底辺の人々の声を、政治やビジネス界のリーダーたちに届かせるにはどうしたらいいか。政治力も事業資金も持ち合わせない一般人が、どのようにして変革を起こすのか。

TM

外国人がフィリピンに来てまず興味をもって目に留めるのは、ジプニーだ。色とりどりに塗装されたオイル・サーディンの缶詰型をしたこの乗り物は、フィリピンで一番ありふれた交通手段だけど、僕にとっては大いなる謎のかたまりなのだ。乗客はいったいどうやって行き先や停留所がわかるのか。あんなにぎゅうぎゅう詰めの車内に、ひょろひょろの僕が無事に乗り込むことができるだろうか。

なにはともあれ、フィリピンに着いて間もないある日に、とりあえず目指す方向に行きそうな一台に乗ってみることにした。

後方に比較的〈クッションのきいていそうな〉席（2人の体格のいいご婦人たちに挟まれてはいたが）を確保したとたん、料金が先払いだということに気がついた。マニラでもっとも混雑した高速道路を爆走する車内で、前方の運転席めがけて、絶望的に狭い通路を通り抜けていかねばならない。頭が天井にぶつからないよう心を配るのに精いっぱい。

「ちょ、ちょっと、気をつけてよ！」。27センチの僕の靴に爪先を踏んづけられて悲鳴を上げる前に、乗客が僕に警告を発した。作戦があまりにも困難を極めたため、志なかばで僕はさっきの席に引返した。途中うっかり他の乗客の顔面をカバンでひっぱたいてしまったが。

ほどなく僕は「なるほど、そういうことか！」と理解した。フィリピンでジプニーに乗るためには、他の乗客の協力が不可欠なのだ。料金を支払うには、乗客から乗客に運賃を回してもらい、一番前の運転席まで届けてもらうというわけだ。それにしても運転手は、とりわけラッシュ・アワーで混雑極まる時間帯に、どうやって皆が運賃を支払ったかわかるんだろう。そばの乗客にその疑問をぶつけてみたところ、いたってシンプルな答えが帰ってきた——「払ったか払ってないかは、神のみぞ知る、さ」。

僕の初めてのジプニー体験は、こんなふうにかなり迷惑で赤面ものだったが、そのおかげでフィリピン人の価値観の一端を知ることができた。思うに、フィリピン文化の中核には、自然に人と協力しあえる性質がある。ジプニーに乗るというごく日常的な体験でわかったのは、フィリピン人は本質的に人を信頼する性質を持ち合わせているということだ。

この美点は、皮肉なことに、政治の議論や公的サービスにはほとんど反映されていない。かわりに汚職と腐敗がフィリピン社会の風土病として捉えられており、そのことが貧困撲滅の一番の障害となってしまっている。

政治家の役割

数週間後。フィリピン社会の二面性を考えながら、ミンダナオ州イリガン市のコーヒーショップの窓から、僕は大規模な選挙パレードを眺めていた。いまフィリピンは選挙戦の時期で、どこに行っても政敵同士が口撃を交わしている。選挙カー、キャンペーン・ポスター、さらにはキャンペーンTシャツの上にまで、真っ白な歯をむき出した政治家の笑顔がプリントされ、野心的な公約が描かれている。その魅力的なまぶしさは、さながらコルゲート歯磨きのコマーシャルを見ているようだ。

もちろん政治家全員が腐敗し、不正直なわけではないけれど、フィリピン人の価値観の中核にあるものと相容れない何かを、僕は彼らに感じてしまう。フィリピン文化は〈共に行う〉ことに根ざしているが、政治文化、特に地方のレベルでは、どうも〈私があなたのためにしてあげること〉(もちろん私に票を入れてくれれば、の話だが)に重点が置かれているように思える。

熱いチョコレート・ドリンクとお菓子を前に、元イリガン市長のフランクリン・キハノ氏と話をしていたとき、この考えがまっさきに僕の頭に浮かんだ。政治生活をしばらく中断した後の再選に向けての選挙キャンペーン中、キハノ氏はわずかな時間だが、僕らとお茶をともにしてくれた。国民のわずか7%しか税金を払っていないこの国で、政府が単独で国を救うことは、はたして現実的な望みといえるのか?

驚いたことに、キハノ氏の答えは、僕がここ数日間政治家にたいして抱いていたずるがしこさがまったくなく、むしろ現実的で謙虚だった。「そりゃあ政府がすべてを解決するなんてことはできませんよ。私が市長をしていたときの例をお話ししますとね」。

キハノ氏は2003年に市を襲った大火災について語ってくれた。その火事で200もの不法居住者の家が全焼した。すでに貧しかった犠牲者たちは、いまや完全に住む場所を失い、生活はそれまで以上に困窮をきわめた。彼らは政府が勧める通りのやり方で助けを求めた。「当時、政府の緊急支援資金は150万ペソ（3万5000米ドル）まで増額されたのですが、これでもわずか15棟分を支援する額にしかなりませんでした。これをすべての被災者に平等に分け与えると、一家族が受け取れるのは150米ドルちょっとにしかならない」。この額ではコミュニティ再建に明らかに足りない。

僕らの横でチョコレートケーキをぱくついているのは、イリガン市でGKボランティアの立ち上げに関わったドミ・レストンさんとジェイク・ヘローナさん、そして若手メンバーのキース・サリースさんだ。彼らはイリガン市のカップルズ・フォー・クライスト[1]というキリスト教カトリック系慈善団体のメンバーだ。ほかに近隣市のカガヤン・デ・オロのトゥッィー・ベシンハさんという男性も加わった。彼らはみなバゴン・シランでのティト・トニーの運動に感銘を受け、それぞれの地元で同様の変革運動を始めた人たちだった。ジェイクは言う。「ティト・トニーに先導され、コミュニティで被災者と力を合わせ、週末に一軒一軒、レンガの一個一個から家を建て直しているんですよ」。

「建ててしまえば、みんなは来るさ」は、ティト・トニーの当時の口癖だ。これはティトの大好きな映画『フィールド・オブ・ドリームズ』のなかで、ケビン・コスナーが言っていた言葉だ。残念ながらミンダナオ州は、ハリウッド映画のセットにはならなかったが。

「あのころはそりゃあ文字通りパドゥーゴ[2]（血を分け与える、献血）だったよ」とトゥツィーさんは言い、当時自分が住んでいた家でさえガタガタだったため、奥さんから「いったいいつになったら自分の家を建てるのに協力してくれるのよ」と金切り声をあげられたのだとつけ加えた。

当時のボランティアたちの犠牲的奮闘は本当にたいへんなものだった。僕のいささかぼんやりした理性からしたら「血を分け与える」なんて表現はかなり大げさに響く。だが、いまと比べれば小規模で限られていたとはいえ、GK活動のボランティアの努力がいかに計り知れないものだったかを、この言葉は確実に伝えている。

多部門アプローチの先駆者たち

貧困問題を克服するには、離れた場所から政府を批判するのではなく、実際に問題の中心に飛びこんでみる必要がある、とティト・トニーはそのとき悟った。一方、フランクリン・キハノ率いる市当局者たちも、外部の協力なしには被災者たちの多大な期待に応えられないことに気づいていた。

要するに、多部門からなるアプローチがどうしても必要だった。だが、そのような協力関係は、少な

1 ガワッド・カリンガはもともとキリスト教カトリック系団体カップルズ・フォー・クライストの社会部門として始まったが、2009年にそれぞれ別のやりかたで貧民救済運動を目指すために分離独立した。
2 パドゥーゴとはフィリピン語で文字通り「血を分け与える」という意味。

くともイリガン市では前例がなかったため、市長自身の意識改革がまず必要だった。加えて強いリーダーを信奉する政界で、他者の協力がいると認めることは、弱気のサインと受け取られかねず、当時の政治文化に反するものでもあった。

市長自身の告白によると、彼はしばらく形勢を見ていた後、GKと組むことを決意した。次に何が起こったかをトゥッィーが話してくれた。「まったく純粋な政治的意思で、市長は市の中心地に新しいコミュニティ建設用地を確保し、全市を挙げて被災者救済にあたるよう指令を出したんです。それも市当局が率先してね。各部署それぞれに一家庭を割り当てて、救援金を集めるようにしたんですよ」。

結論から言って、市の職員たちはこのプロジェクトに深く関わるようになったのだが、市長自らが率先して行動を起こし、反対者や懐疑的な人たちを説き伏せたのでなければ、運動はここまでの規模にはならなかっただろう。「市長自身が資金集めに走り、毎週末被災地に赴いて重機を運転し、セメント袋を運んだりしてくれたんです」。

次々に増えた救援者

ガワッド・カリンガが協力に応じたことで、市当局が単独で主導権を握っていたら集まることがなかった人たちまで、ボランティア活動に参加するようになった。もしこれが市当局だけからの要請だったら、一般の人たちは「そのために税金を払ってるだろう！」とか「絶対に嫌だね！」とか言って拒絶したにちがいない。しかし、社会的に信用されているNGOからのお願いだったら、その人はきっと考え直すだろう。

「最終的にはイリガン市のコミュニティ建設プロジェクトになり、市民全員が救援活動にあたってくれたんです」と、キハノ氏は言い、市民一人ひとりができる範囲で、ある人は家具を提供し、別の人は労働にあたるなどそれぞれが専門とする分野で協力したのだと説明してくれた。「三輪タクシーの運転手ですら、毎日の売り上げから5ペソ（10セント）ずつ募金してくれたんですよ」とキースがつけたした。

合計すると、イスラム教系数社も含め100社以上の企業の支援に加えて、軍関係者、教会関係者、学生たちが援助の手を差し伸べ、企業経営者、トレイダー、プロフェッショナルたちも週末に数ヶ月間にわたって住宅建築のためのセメント運びを手伝った。

このようにして、かつては見捨てられていた地域に、最終的には160もの家が建てられ、プロジェクトの総額は優に100万ドルを超えた。そのうちこのプロジェクトは国内だけでなく海外からも注目を集め、国連の特別な称賛を浴びたのだ。

フランクリン・キハノ氏は、チームの努力を強調する。「私自身は小さなプレーヤーでした。私の役割は手の届く範囲で人々に訴え、集めることでした。このプロジェクトは私がいたから人々がやったのではないし、市当局や公的セクターが進めたのでもありません。人々が参加したいという貴い考え、言うならば、夢を持つ人たちが先導したプロジェクトだったのです」。

「そろそろ選挙キャンペーンに戻らないと」、元市長は時計を見ながらそう言った。功績に関してあまりに謙虚な語り口だったので失念していたが、彼は再選を目指す政治家だったのだ。

元市長が去ったあと、キースはいままさに話題に上ったその村、GKミッションビルに誘ってくれた。「そうすればこの10年間でいかにコミュニティが発展したか、自分の目で確かめられるでしょう」。

楽園？

ミッションビルに着くころには、さっき食べたチョコレート菓子2個の効果で眠気を感じていた。静かな村に午後の太陽が強烈に降りそそいでいる。子どもが数人多目的ホールで遊んでいる。おそらく住民はそれぞれの家で午後の昼寝をしているのだろう。ところが、僕の眠気は2人の優しく快活な女性たち、アデルナさんとレレットさんの出迎えで吹き飛んだ。

「クマイン・カ・ナ・バ（ご飯は済みましたか？）」。レレットが僕に尋ね、アデルナが急いで食器を取り出した。お腹いっぱいですからと固辞したにもかかわらず、メリエンダがすぐに供されることになった。

「この村は今や楽園になりましたわ」。僕が食べ物をほおばっていると、レレットはそう言った。彼女の「楽園」という言葉に僕はすぐに反応した。ミッションビルはもちろん住むには快適で平和な場所だが、いままで見てきたGKコミュニティの中ではそれほど魅力的には見えなかったからだ。

「私はね、いままでずっときれいものが欲しかったんですよ。たとえばこざっぱりしたキッチンとか、色とりどりの花が咲くお庭とかね。でもそんなものはあんな沼地に住んでたら望むべくもないでしょう?」。以前彼女が住んでいた海岸端のスラムを指してそう言った。そこは芳しくない評判から〈盗賊のアジト〉と呼ばれる地域だった。

レレットは以前住んでいたところと比べて、いまの場所が信じられないほど素晴らしいと思っているのだろうか?　よくわからない。住宅が建てられてからすでに10年が経過していて、あちこち経年劣化も見えてきている。道路はいまだ一部は舗装されていないし、下水道の問題や、窓にガラスが入っていない家も1~2軒ある。壁はペンキで一塗りすればきれいになるから、この新しいコミュニティの魅力が失せてしまうにはまだ時間がかかるのだろう。

レレットのコミュニティ愛はそんなことよりもっと深いように見える。建物の外観よりも、この場所で積み重ねた経験から来ているように思えた。レレットは2003年に「みんなが来てくれて、みんながひとつになった年」の記憶、そしてそのとき助けに来てくれたすべての人々の名前を、まるで昨日のことのようにすらすらと僕に語ってくれた。

バヤニハン（助け合い）

それを聞いてアデルナは部屋の隅においてあった箒を持ってきた。「他の人たちが募金活動しているのを見て私たちも何かやりたくなってね。それで落葉でこれを作ったのよ。これ、ワリス・ティンティンっていうの」。そう言いながら箒をぶるぶるふるった。「これを地元の市場で売ったの。そうやって少しでも力になれたらって思ったの」。

「そのとき思ったのはね、どんなに貧しくてもなにかしら分かち合えるものがある、ってことなのよ」。アデルナはそう言って、現在まで続いている心持ちの変化について語ってくれた。アデルナはコミュニティの役員会の秘書を務め、レレットは村の保育園で評判が良い先生である。レレットはそのほかコミュニティの会計係も務め、住民は月々200ペソ（約5ドル）ほどを共同基金に蓄えているのだそうだ。「そのお金で修理や急にお金が必要になった人、たとえばお葬式なんかの支援に使ってるのよ。積み立ては任意だけど、ほとんどみんな自発的に出してくれてるわ」。

たくさんの人たちが任意で献金してくれているのは、レレットによると、他者に仕えることで人生に新たな価値を見出したからなのだそうだ。「私たちはもう被害者じゃないの。だからセンドン台風[3]が上陸したときは、私たちが恩返しをする番だと思って、被災地域にボランティア・チームを送ったのよ」。

レレットの話を聞きながら、僕はアデルナが現地で箒を持っている姿を思い浮かべた。その姿は「私もそこで自分の役割をはたしていたのよ」と主張している。こういった積極的な協力の姿勢は、いまもコミュニティに深く息づいている。

僕は〈楽園〉という言葉に新しい意味を見出している。それは旅行者が思い浮かべる美しいリゾート・アイランド以上のものだ。アデルナが主張するように、人々がお互いに助けあって、生きていくのが楽しくなる場所。建設されてから何年経っても、このコミュニティが僕の訪れた多くのコミュニティとともに存続しているのは、こういう積極的な協力の精神が息づいているからなのだ。

ティト・トニーとの最初の面談で、僕らはひとつの点で意見を異にしていた。ティトはフィリピンの貧困に言い訳は通用しないって言っていたが、僕はこの国には言い訳になることがたくさんあると言い張った。なんといっても税金を払えるフィリピン人がほんとに少なく、使える資金がないのだから。
しかしミッションビルのコミュニティが証明してくれたように、政府と地元団体が協同し、幾人かのボランティアたちのパドゥーゴをうまく活用すれば、とてつもなくいろんなことができることがわかった。あれ以来、国全体で２４００もの同じようなコミュニティが建設されているのだそうだ。ティト・トニーは正しかった。フィリピンはバヤニハンの精神で貧困を一掃できる可能性をもっているのだ。

国を作り上げるには、奇跡のような連帯が必要だ。一般の人々と私的・公的セクターが協同して公共の利益のためにつくすこと。大多数の声をもたない受身の人々の可能性にはまだ手がつけられてなく、確かなビジョンをもつリーダーに先導してもらう機会をただ待っているのだ。

TM

3　2011年12月にセンドン台風（国際名：ワシ台風）はイリガン市とその周辺地域を直撃し、1000人以上が犠牲になり、それ以上の人々から住む家を奪った。

第6章　巨人を内から目覚めさす

350年間被植民地状態におかれ、洗脳されたフィリピンは、国としての自信をまったく欠いていた。植民地から脱してすでに長いが、われわれはいまだある種の思考習慣から抜け出すことができないでいる。そのような状態にあっても、崇高な愛国的目標を掲げれば、われわれでも集団として固く結束できるだろうし、自分の運命に対する発言権と信じるに値する夢をもつことが可能になるのではないか。

TM

老いも若きもが集う

建設用地に沿って蛇行するように、僕らは平行した2本の〈人間ベルトコンベアー〉を作り、建設中の家の土台までレンガを一つひとつ手渡していった。くらくらする暑さのなか、すでに何時間も働いていたので、その日の朝つけた強い制汗剤がすでに効かなくなってきた。僕の隣で作業している男性は、僕の右脇よりも背が低いのが幸いして、そんなことは気にもとめていない様子だ。「神様の思し召しがあれば、私もここに住めるかもしれない」と、彼は大きな笑顔を見せた。

人間の鎖の構成者たちは実に国際的だ。僕の向かい側にいるサムは自信満々で野心家の美術専攻の地元大学生で、進捗具合をインスタグラムに定期的にアップしてくれている。僕の左側のしわくちゃなお年寄りは、ロラ・ニンファ（ニンファ婆さん）といって、僕が手渡すレンガの重みでがっくりきそうなほど体が小さい。

2人ともこのイベント、バヤニ・チャレンジの常連だが、僕も含めて初めて参加する人もたくさんいる。バヤニとは〈ヒーロー〉という意味で、バヤニ・チャレンジは、住む場所のない人たちのために家を建てるべく組織された全国規模のイベントのことである。火ぶくれになりそうな暑さのなかでの重労働で、僕は猛烈に休みをとりたかったのだが、ニンファ婆さんだって頑張ってるのだから、僕だって堪えられないことはないはずだ。

休憩のチャンスはついに訪れた。それもとても不思議な形で。皆が唐突に踊りだしたのだ。スピーカーから大音量のアナウンスが流れ、興奮した若者たちが仮設ステージに踊り上がった。ボランティアの有志が作曲・振付した〈ユニティ・ダンス〉という愛国的なポップソングにあわせて、若者たちが踊りをリードする。

僕らは息を吹き返した。参加者の踊りは不ぞろいだけど、そのせいで熱気が衰えることはない。僕の70歳になる年金暮らしの父親ですら、飲み物が置かれたテントの下で昼寝していたところを飛び起きて、踊りに加わったくらいだ。父は親族の結婚式ですらほとんど踊ったことがない人だというのに。

息子がなぜ会社勤めを辞め、国に戻ろうとしないのかを知りたくて、父は一週間前にフィリピンにやって来て、以来帰国を延ばし延ばしにしていた。腰をゆっくり振ったり、ロボットのようにかくかく動いたりして、父はリズムにあわせて器用に踊っている。めったにこの種のことをやらないので、「これが例の韓国の踊り？〈江南スタイル〉って踊りかい？」なんて聞いてくる。

「こんなイベントは初めてだ」と父は言い、この国が僕を虜にした気持ちが父にも乗り移ったようだった。彼が〈チャリティ〉に参加するのは今回が初めてではないが、イベントの規模には度肝を抜かれていた。年間で最も人気がある休暇の時期（イースター）には、３２００人のボランティアがイロイロ州ニュー・ルセナに集結し、普段はほとんど知られていない小さな集落の人口が、その時期になると一気に膨れ上がる。驚愕することに、国内の35ヶ所に合計8万人ものボランティアが集まるのだそうだ。[1] 快適とはいえない学校の教室に、五夜も続けてぎゅうぎゅう詰めで寝ることをいとわないなんて、いったいどんな人たちなのだろうか。

驚くべきボランティアたち

みんなが仕事に戻りはじめた頃、僕は何人かの仲間に話を聞くことができた。僕を他の人たちに紹介してくれたのは、ローズ・カチョさんだ。熱烈なゴルフ好きで高級ワインを愛するローズは、ＧＫの熱心なボランティアというよりも、上流社会の暮し向きがあっているようなステキな女性だ。

「この旅が私を快適な居場所から連れ出してくれたのよ」。スペイン系の裕福な家庭に育ち、何不自由ない暮らしをしてきたローズはそう言った。イロイロ州の上流社会に通じる彼女の呼びかけで、フランク台風[2]で壊滅的な被害を受けた人たちのなかから合計36家族に住宅再建の支援金を贈ることができた。これらの住宅は2009年のバヤニ・チャレンジで建設されたが、ローズの働きはそれに留まらなかった。彼女は家族や母校、ゴルフ仲間や地元の企業に呼びかけて、なんと185軒の家が建設できるほどの資金を調達したのだった。

「ローズは貧しい人たちに愛情を注ぐために独身を通しているのよ」と、彼女の友人たちは冗談めかして言うが、実のところローズは〈独身〉ではなく、以前結婚していたことがあり、子をもつ母でもある。それよりもなによりも、彼女は新しく見つけた生きがいに全身全霊を捧げているので、新しいお相手にめぐり合う時間がない、と友人たちは言う。

ローズの紹介で、彼女のゴルフ仲間たちに会うことができた。彼らは、初めは資金の面で、その後は労働の面でもコミュニティ建設に貢献するようになった。他にも市長や知事夫人、大企業のCEOらが次々と協力に応じた。つまり僕はいまイロイロ州の名士たちと話をしているわけだが、作業着姿の彼らは全然偉そうに見えない。

ふと僕は濃紺の制服を着た人たちに目がいった。近寄ってみると、彼らは警察官で、ホームレスと思しき作業員たちと一緒になってレンガを積み重ね、セメントで固めている。町の警察署長のジョジョさ

1　この本の出版後、2014年には、一年でなんと175万人のボランティアがバヤニ・チャレンジに集まったという。
2　国際的にはフェンシェン（風神）台風として知られるフランク台風は、2008年にフィリピンを直撃し、1300人以上の死者を出した。

んが、手にしていたスレート板を置いて、しばらく話をしてくれた。「このイベントはね、建物を建てるだけが目的じゃないんだよ。心の底から突き上げてくるものがあるんだ。人は必ず誰かを必要としてる、ってことだね、きっと」。眉毛を拭くためちょっと間を置いて、ジョジョは続けた。「貧しい人たちだってコミュニティの一員であることを実感したいんだ。ビジョンは共有しなきゃ。みんなで一緒に立ちあがるんだ、ってね」。

　これがGKに長年携わっている人から出た言葉なら、僕はそれほど感動しなかっただろう。しかし彼は今回初めてボランティア活動に参加したのだ。さらに驚くことには、この優しさにあふれた言葉が、警察官の口から出たということだ。法の執行者として、警察官は世界のどこでも一般社会からかけ離れた存在だと思われているが、フィリピンでは特にその傾向が強い。それなのに、ここでは警察官チームが心のこもった思いやりを見せている。

　僕らの会話は突然ニンファ婆さんに遮られた。婆さんは僕らに飲み物を持ってきてくれたのだけど、あらためて僕は彼女の小ささに驚いた。身長は僕のウエストほどしかないが、婆さんは不屈の精神の持ち主だ。バヤニ・チャレンジは、ほんの数年前まで不法占拠者として生きてきた婆さん自身が体験した出来事を思いださせるという。「あのときもみんなが手伝ってくれて私の家を建ててくれたわ。だから今度は私が恩返しをする番よ」。

　ちょっと失礼するわ、とニンファ婆さんは言って、バヤニ・チャレンジ熱に浮かされたように仮設ステージに上がり、マイクの調子を確認して出力を最大に調整し、彼女流のバーバラ・ストライザンド

〈もどき〉を歌い始めた。ニンファ婆さんはカラオケコンテストで賞をとったことが無いらしい。率直なところ、彼女は〈歌姫〉とは言い難いが、それでも彼女の歌声に惹きつけられて人がたくさん集まってきた。

僕がすごいなあと感心するのは、ニンファ婆さんからあふれ出る自信だ。婆さんは、興奮しやすい子どもでも、見せびらかしたがりのティーンエージャーでもない。婆さんは人生のほとんどを極貧状態で生き抜いてきた。いままで貧しさが人の自尊心とか品位とかに及ぼす悪影響についていろいろ耳にしてきたけど、婆さんは辛い経験を見事に克服してきたように思える。その証拠に、いま彼女はコミュニティのお偉方も混じるこんなにたくさんの人たちの前で堂々とステージに立っている。彼女と境遇を同じくする人だけでなく、彼女に施しを与えてくれた人たちの前で、臆することなく、あふれる笑顔で力いっぱい歌っている。

婆さんがステージから降りる前に、もう一度興奮した若者たちがステージに加わり、皆でユニティ・ダンスを何度も何度も踊った。

別の形の愛国心

「フィリピン人ってもともとこんなに愛国的だったのか？」。比較的静かな飲み物テントに戻ると、父は僕にそう尋ねた。

ボクシングで世界チャンピオンが誕生したり、ポップソングの歌手やビューティ・コンテストの優勝者がフィリピンから出たりする以外で、これほどの騒ぎが起きるのを目撃して、僕自身も驚いた。被植民地時代は遠い過去のものとなったけど、フィリピンに来て以来、僕はこの国の人がフィリピン人としてのアイデンティティを模索して苦悩する様子をずっと見てきた。

そんななか、バヤニ・チャレンジは、この国の貧しい人も豊かな人も参加できる本当のお祭りで、人が共通の理念に向かって協同するとどれほど素晴らしいことが起きるかを目にすることができる。彼らこそ本物の〈ヒーロー〉で、彼らの行動はこの国の素晴らしさを具現している。

ここでの経験は外国人である僕の気持ちを高めさせてくれ、本当の国力は何かとあらためて考えさせられた。スポーツでの成績か、文化的伝統か、あるいは国際競争力か、それとも国民同士の思いやりの心か。

バヤニ・チャレンジをつうじて僕は国民同士の思いやりの心の例をまざまざと見せつけられたが、ローズによると、5日間にわたる団結のお祭りはその片鱗にすぎないという。「愛国心ってものは数日間とかその場限りの誓いに終わるんじゃなくて、毎日の生活を通して現れてくるものなのよ。それがいかに小さな行動でもね。私はスペイン人の血が流れていることに感謝してるわ。だってそこから私の信仰や情熱が生れてくるのですから。私の体にはマレー（フィリピン）と中国とフランスの血が流れているわ。でもなんといっても一番はフィリピンよ。いまこそ私たちは多様性を祝し、国家としての自信をもつべきなのよ。そして金輪際一人のフィリピン人も置き去ることのないよう、みんなで力を合わせていくべきなのよ」。

僕の旅はこれからも続くけれど、ここで体験した5日間にわたる愛国的団結は、はたして時の経過につれ失せることはないのだろうか。そんなことを僕は思っていた。

愛国心とは偏狭なナショナリズムではなく、国民としての誇りと、国際社会の一員として尊敬されるための意欲にほかならない。集団的な努力と自己犠牲、そして他者のために良い行いをしようという情熱をつうじて愛国心をもつことが可能になるのだ。

TM

愛国心、国家建設、そして貧困撲滅

ルイス・オキニェーナ

貧困との戦いは、500万人におよぶ「ピラミッドの底辺」と分類される人たちと密接に連携して戦うことを意味している。この戦いに勝つためには、貧しさゆえのものの見方に終止符を打つことが必要だ。われわれは、ピラミッドを〈ひっくり返し〉て、貧しい人たちを頂点に持ってくる必要がある！　それは、トリクルダウン戦略でもボトムアップ・アプローチでもない。ピラミッドを〈ひっくり返す〉というのは、国家を安定させたいと願うのなら、〈持てる者たち〉が重量挙げをしなければならないということだ。貧しい人たちの努力に頼って、彼らが遅れを取り戻すことに期待することはできないからだ。

「貧しい人たちが大きな成果を得られるように、われわれ80％の人間が力を合わせて、〈重量挙げ〉をしなければならないのです。そのためには、自分の周りの環境や身近な人々、地域を越えて、国を愛する気持ちが必要になります」。

「この新しい国家意識は、政治家、ビジネスマン、学生という立場を超えて、現場で働くボランティアの人たちの強いモチベーションとなっています。まさにこの意識が国を真に変えていくのです」。

「GKができる以前、フィリピンの国旗がついた服を着るのは、スポーツ選手以外にはいませんでした。ところがいまや、いたるところで、人々が国旗を身につけています。GKができる以前、ワラン・イワナンの精神はどこにも見られませんでした。ところがいまや、われわれがもたらしたワラン・イワナンの精神は、国のあちこちに息づいています。以前は、ボランティアはファッショナブルではありませんでした。ところがいまや（ティト・トニーの言葉を借りるならば）、ボランティアは〈セクシー〉です」。

「大切なことは、良い行いをすることではなく、良い行いを共にすることなのです。どんなに素晴らしい意図があろうとも、人それぞれが逆の方向を向いていては、大きな成果はあげられません。活動はGKである必要すらないのですよ。皆がバヤニハンの精神にのっとって、良い行いのために共に行動すればよいのです」。

「いまわれわれに求められているのは、この新しいケアとシェアに基づく行動様式を、具体的で実行可能な計画に導くための土台をつくることです。そうすれば、手伝いたいと思っている人が、どこに行き、何をすればいいかがすぐにわかるようになります。誰一人として取り残されず、忘れ去られないよう、われわれみんなが、できることをすることが求められているのです」。

（ホセ・ルイス・オキニェーナは、ガワッド・カリンガの事務局長を務めている。ＧＫ創始者のトニー・メロトとともに、ホセは２０２４年までに５００万人の貧困家庭を救うというミッションを掲げている。事務局長として、ホセは全国ほぼすべての州でＧＫ組織やパートナー企業、そしてボランティアたちを率い、ＧＫコミュニティの建設に尽力している。加えて彼は現在ＧＫの運動拡大キャンペーンの長を務めており、２０１４年のバヤニ・チャレンジでは１７５万人のボランティアを動員した。）

第7章　持たざる者に最善のものを

人々を栄光へと導く唯一無二の指導者はわれわれには必要ない。むしろ、日々の暮らしに密着した、生涯にわたるヒーローが、それも何百万人と必要とされているのだ。

TM

「トム、他のGKヴィレッジにも連れて行ってくれないかね」。そう父が何度も言う。休暇を続けるにあたって、フィリピン半島の昔のままの浜辺や、トルコブルーの海や息をのむほどの景色よりも、父は明らかにバヤニハン精神を体験したいのだ。

そこで、僕らはミンダナオ島ダバオ地方のセイクレッド・ハート・ヴィレッジ（聖心村）に向かった。村では到着する僕らをガイドのマブハイ・レディーズが待ちうけていた。

「ここではなんでも助け合うのよ」。3人のうち一番高齢の女性が言ったが、彼女らの目下の関心は、父の体をいたわることに向けられているようだ。容赦ない真昼の日射しから父を守るため、彼女らが競うように日傘をさし向けると、父はさながら老齢の政治家のように見えてきた。「なんだか王侯貴族にでもなった気分だ！」。父は予想外の歓迎に大喜びだ。

3人の女性たちはみな染みひとつないピンクの制服に身を包み、すぐに使えるような救急医療キットを手にしているので、僕は病院の仕事帰りなのかと尋ねてみた。すると、「あらまあ、違いますよ。私たちは正式な看護師じゃないんですよ」と笑い、「私たちの仕事は、コミュニティの住民が健康に暮らすお手伝いをすることなんです。誰かが病気になったときにどう対処すればいいかとか、みんながそもそも病気にならないためのアドバイスをするんですよ」。すると別の一人が「私たち、みんなヘレン先生から教わってるんですよ」と言って、一人の女性を指差した。

コミュニティをつくる人

1時間ほど前に僕らを出迎えてくれた女性がそのヘレン先生だ。彼女は肝っ玉母さんっぽい風貌で、お腹が破裂しそうになるまで僕らに食べ物を勧めたり、僕に〈いいお嫁さん〉を熱心に探してくれようとしたり、いわば僕のフィリピン人の叔母さんだ。

先生は近くの村で開業している。「この人たちは医療職員なんだけど、彼女たちに応急医療とか衛生学とか、基礎的な知識と技能を教えてるのよ。結核とかの病気をなくそうとしたら、こういうちょっとした改革がコミュニティ内で大きな違いを生むのよ」。

六十代と思しきヘレン先生は、若者のような情熱とバイタリティをもって話しをする。「はじめはね、毎朝6時にここに立ち寄って、みんながちゃんと起きてるかどうか確かめていたの」。その生活を6年間続けたのだそうだ。「みんなによく言ったの、『お金持ちはみんな早起きで、ぐずぐず寝てたりしていないわよ。だってそうでしょ？　毎日がチャンスだから早起きをするのよ』ってね」。

ほんの2～3時間話をしただけで、ヘレン先生はとてつもなく大きなケアの心を持っている人だとわかった。

先ほどの医療職員たちは僕らをシボル（「発芽」）学校に案内してくれた。子どもたちが中から駆け出してきて歓迎の意を示してくれた。子どもたちは僕らの手をとり、そのまま彼らの額に触れさせるフィリピン伝統の挨拶をして[1]、僕らのために歌を歌ってくれた。そのあと僕らは共同菜園の世話をしている男性たちに紹介された。「来てくれてどうもありがとうございます」と一人がぼそぼそっとつぶやいた。

持たざる者に最善のものを

人々から受ける歓迎に、僕らはちょっとした有名人になったようで嬉しく思う反面、僕らの思いつきの訪問をヘレン先生の揺るぎ無い思いやりの心と比べて、いささか気まずさも感じていた。「このコミュニティを愛しています。いまや私の人生の一部よ。でもときどき、働いていてとても辛く感じます。皆がそれぞれ独り立ちできるようになるまで、どれだけ時間がかかるのでしょうか？　仕事はどこにあるの？　子どもたちにどんな未来が待ってるのかしら？」。ヘレン先生は、母親のような気づかいで僕らに問いかけた。

コミュニティをここまでつくり上げるのに、どれほどの思い入れと重労働が必要だったか。ヘレン先生の言葉は、ほんの数時間ここに立ち寄って子どもたちと遊んだだけで、僕がその事実をすっかり忘れていたことに気づかせてくれたのだった。

その晩、フィリピンが直面している大きな問題のひとつ、ヘルスケア（医療）について深く考えてみた。フィリピン大学国立健康研究所の統計によると、人口の半数はヘルスケアに全く無縁で、10人中6人のフィリピン人は、医者にかかれずに命を落としている。数字で見るかぎり、1億人のフィリピン人に必要なヘルスケアを提供するのは、とてつもなく困難で、不可能にさえみえる。

だけど、これほどまでに難しい課題でも、バヤニハン精神をもってすれば、なんとか前向きに切り抜けられるのではないだろうか。それが証拠に、持ち合わせた資金こそわずかだけど、ヘレン先生は、医療技術で病人を救い、そのうえコミュニティの人たちが基本的な医療活動を行えるよう啓発し、訓練するのに成功している。

もちろんこのヴィレッジで無私の心でボランティア活動をしているのはヘレン先生一人ではないが、総計50家族（約250人）が暮らすこのコミュニティにおいて、一人の女性のたゆまぬ努力と献身がもたらすプラスの影響は際だっている。世の中に何千人ものヘレン先生がいて、そうした技能がある人たちが国のあちこちに散らばり、貧しいコミュニティの人たちにそれを伝えてくれたら、どれほどの成果をあげられるだろうか。

ティト・トニーは「国は貧しさの言い訳をしてはならない」とよく言うが、まったくその通りで、子

---

1 これはマノ・ポーと呼ばれ、フィリピン全土で伝統的に行われる祝福を授ける儀礼の動作だ。

どもたちが適切な医療や教育を受けられないことに弁解の余地はない。
ここでの体験に触発されて、それからの数日間、僕はどのようにして〈国家建設〉に携われるのか考えた。医療分野の技能はなく、フィリピンの言葉も話せず、旅行ばかりの生活をしている僕が、貧しい人たちの窮状に、はたして真の変化をもたらすことができるのだろうか。
鬱屈した気持ちをトニーに打ち明けたら、彼は簡単にこう言った。「人にはそれぞれ違った役割があるんだよ」。これから先の〈旅〉において、僕はティト・トニーの言葉の意味と格闘していくことになるだろう。

最高の技能をもつ建築家、エンジニア、医者、会計士、教師、画家、市長、司祭やすべての仕事につくフィリピン人が、才能を出し合い、固い覚悟で国づくりに貢献しようと集まってくる。そうして最善のものを持たざる者に与えたら、最貧の人たちは最良の人たちに変わるだろう。

TM

第8章　取り戻した尊厳

覚えておきたいのは、この世に生まれつきの犯罪者などいない、ということだ。人は置かれた環境次第で犯罪者になる。略奪や非合法行為が蔓延するスラムに寝起きする同胞が、どうしたら法に従い尊厳に満ちた人生をおくれるというのだ。

TM

「皆さま、おはようございます。希望の光ヴィレッジにようこそ。私は皆さまのガイドをつとめます、ジーナ・タリンティンと申します」。あたたかい歓迎の言葉はどこかで聞いた覚えがあるし、まわりの景色にも既視感がある。色とりどりの平屋の建物が並び、それぞれに小さな庭かベランダがついている。中央の芝生エリアでは女性たちがのんびりと腰を下ろし、飲み物を手に話に花を咲かせている。

ここ数週間、父と僕が見てまわったGKヴィレッジの特徴を、この場所もほとんど備えている。

ただちょっと様子が違うのは、ジーナさんが着ている目の覚めるような黄色のTシャツだ。正面に「ツアー・ガイド」という刺繍が施されたTシャツは、背中にまわると「拘留者」という字が書いてある。僕らはいまダバオ市の女性拘置所の中にいるのだった。

普通とは違う刑務所

「Tシャツには拘留者と書いてありますが、自分ではバヽケーショヽニスヽタヽ（休暇を楽しむ人）みたいな気持ちでいるんですよ」とジーナは言う。彼女を含め、現在裁判を待っている170人の拘留者は、ほとんどが麻薬関係の罪に問われている。ジーナはすでに9年もの間公判を待っているが、いまだにいつ開かれるかわからないのだという。

ジーナは、バヽケヽーヽシヽョヽニヽスヽタヽという言葉をごく最近使いはじめたと言う。「最初の3年は、そりゃもう地獄でしたわ。ひとつの監房に6人も詰め込まれて、換気扇もない場所で、トイレがひとつしかなかったんです。横になるスペースすらなくて、みんな交替で眠ってたんです。私すごく落ち込んじゃって。何のために生きてるんだろう、って考えちゃったわ」。

そんななかで変化が起こった。2008年にガワッド・カリンガが組織し、地方自治体、市民団体、そして個人寄贈者が資金を出し、20棟のメゾネット式コテージを拘留者と力を合わせて作ったのだ。ジーナが案内してくれた1番コテージは、彼女が建設に携わった家で、そのときの思い出を僕に懐かしそうに語ってくれた。「誰かが私のことを気にかけてくれるのって、なんて素晴らしいことだろう。そう思ったらね、その人たちに証明したくなったんです。私はいまでこそ刑務所暮らしだけれど、もともとそんなに悪い人間じゃないのよ、ってね」。

1番コテージの中を覗いてみた。想像通り家具は必要最低限のものしかないけれど、内部は明るくさっぱりとしており、風通しがよく、住む人の尊厳が尊重された良い雰囲気だった。「ここにいて誰が鬱々した気分になるかしら？」、ジーナは続けた。「窓から木々は見えるし、新鮮な空気も吸えるし、全く普通の人の暮らしみたいでしょ。環境が好転してはじめてわかったんです。収監されることイコール人生の終わりじゃないんだ、新しい人生の始まりなんだ、ってね」。

もしイギリスの囚人たちが「休暇中」なんて言葉を使ったら、昨今の刑事司法は犯罪者に甘すぎる！と全国規模の激しい抗議が新聞の見出しに踊るにちがいない。しかしここでは事情が違う。希望の光村は、囚人に贅沢や快適さを提供しているのではなく、人間の尊厳を肯定しているだけなのだ。

バ、ケ、ー、シ、ョ、ニスタとしての生活、なんて言うと、休息とかくつろぎとかのんびりすることを想像するかもしれないけど、ここの人たちはもっと活動的だ。「ここではみんな違った役割があって、それぞれの技能によって特定の場所に配属されます。みんな責任を持って働いていて、なかには起業した人もいるんですよ」。僕らを案内しながらジーナはそう説明してくれた。

僕らはいろんな場所を見て回った。お店、食堂、精肉工場、ベーカリー。自分たちの服を洗う他に、有料で刑務所職員の洗濯を請け負うランドリーなど。夜には寝場所になるコテージも、昼の間は生産現場になる。「協同組合で働く人もいるし、看守さんたちの洗濯の仕事を請け負う人もいます。あるいは私みたいに他の拘留者に読み書きを教えるとか、ときたまツアーのガイドをする人もいますよ。私たちはみんななんらかの仕事に従事してるんです。忙しくすることは大切ですからね。それに小金が得られれば、化粧品などの生活必需品も買えますし。お金が余れば、外の人たちを助けることもできますしね」。

刑務所で迷子になる

刑務所ツアーに夢中になるあまり、僕は大切なことを見落としていた――父を見失ってしまったのだ。バ、ケ、ー、シ、ョ、ニ、スタであろうがなかろうが、父をフィリピンの刑務所で迷子にしたなんてことがわかったら、故郷の母になんと言われることか。幸い数分後、とても魅力的な起業家の一団と歓談している父を見つけることができた。手に提げているカバンの数から察するに、どうやら父はショッピングを楽しんでいるようだ。

「お母さんが気に入るといいのだが」という父の声は、ちょっと頼りなさそうに響いた。というのも、父は女性のバッグを選んだ経験があまりないのだ。「すごく素敵だよ」といちおう安心させるために言ったけど、実のところ僕自身、女性のファッションには詳しくない。

とはいえ、そんな僕にとってもそれらのバッグはすごくかわいらしく、じっと眺めていたところ、すかさず起業家の女性たちに次のターゲットとして目をつけられてしまった。バッグの他に、コースターやら小銭入れやら携帯電話カバーやら、手作りの品をあれこれ僕の目の前に並べだした。それらはすべてプラスチックのストローを再生したもので、ここの拘留者たちが手作りしたものだ。

「ここでの売り上げのおかげで、２人の子どもを学校に通わせることができました」と女性が言うので、携帯電話カバーをひとついただくことにした。別に入用だったわけではないけれど、彼女の真摯なセールストークを断ることができなかったのだ。

尊厳を認める環境

ジーナに連れられて管理事務所に到着した父と僕は、ファッション小物を皆の前で盛大に披露することができた。事務所長で看守のジェリー・グレース・ダナオさんはまだ28歳で、これが彼女の最初の仕事だそうだが、若々しい容姿と見るからにやさしそうな気質は、200人ほどいる女囚に対していささか危なっかしいような気がする。

そこで、希望の光村で一番問題だと感じていることについて、彼女に単刀直入尋ねてみた。すると、「ゴシップですね」と彼女は笑顔で答えた。「マニラでトレーニングを受けているとき、それぞれ態度や性格が違う人たちとどう接したらいいか悩みました。以前この拘置所に来たときは（それは2008年より前でしたが）、ありとあらゆる問題が噴出していたんです。脱獄とか、囚人同士のケンカとか、鬱状態とか、自殺騒動とか、当時はそれこそなんでもありだったんです！」。

ジェリーが強く信じているのは、彼女たちの生活環境こそが問題を引き起こすということだ。「ここの女性たちがみんな親しみやすくて人当たりがいいのは、人生で初めて、思いやりあるコミュニティの一員になれたと実感しているからなんです。住むところだけじゃないんです。彼女たちが価値観形成コースで学んだこと、そして時間を割いてここに集まってくださるボランティアの方たちから学んだことのおかげなんです」。

女性たちの尊厳を認める環境を用意したことは、彼女らに大いなる心理的インパクトを与えたとジェリーは言う。「女性たちに、自分たちがなぜいまここにいるのか、その事実を真剣に受け止めるように強く働きかけたんです。ここに収監されていることには理由があるのだし、まずそれを受けとめなければ、彼女たちが真の意味で変わることは難しいからです」。

ジェリーの事務所で思ったのだけど、男性刑務所の状況はきっとここことは正反対だろう。希望の光村とは対照的に、彼らのいる場所は薄暗く、不愉快で、陰鬱に違いない。大勢の囚人たちがバルコニーから身を乗り出している。バルコニーに出られない男たちは、鉄格子越しになんとか外の世界を見ようと目を凝らしている。罪を犯してしまったことを自覚することが変化の土台になるのなら、はたして絶望的な形相をした男たちの幾人が社会復帰できる心構えを持ちあわせているだろう。

それに比べて、希望の光村は文字通り平安と良き目標に満ち溢れた場所で、すべての囚人が思いやりと尊厳をもって処遇されているので、収監された時よりも塀の外での生活に対応できる準備が整っている。「ここの拘留者は再犯率がわずか5%ほどなんです。だからといって外での生活が厳しくないわけではありませんけどね」とジェリーは言う。それを裏付けるため、ジュードさんという四十代の女性を紹介してくれた。ジュードは数ヶ月前に釈放される前は、ジーナのようにここに何年も拘留されていたのだそうだ。

人生をやり直すつもりで、新鮮な気持ちいっぱいで希望の光村を出た彼女が思い知ったのは、塀の外の生活がそれほど楽ではないということだった。「私がいくらやり直そうと固く決心していても、戻った場所が相変わらず麻薬と犯罪の巣窟でしょ。そりゃあ大変だったわ。でも私はそこを離れようって決めていたの」。ジュードたちにとって悲しい事実は、塀の中にいた方が外の世界よりもずっと思いやりと共感をもって支えてもらえるということだった。せっかく刑を終え出所しても、また元の生活に戻ってしまう危険性が高いのだ。

そんな状況でびっくりしたのは、信じられないほど慈悲にあふれた行為だと思うのだけど、ジュードが出所後に住む場所をジェリーが紹介してくれて、そのうえコンピューターの基礎コースの授業料までジェリーが負担してくれているというのだ。「早く仕事を見つけて、昔の場所から完全におさらばしたいんです」。ジュードはそう誓った。

すると、僕らの会話を横で注意深く聞いていたジーナが、彼女なりの解決策を提案してくれた。「出所したら、私はGKのボランティアになるのが夢なんですよ。私がすごくやりたいと思っているのは、ここの仲間たちのために中間施設を作ることなんです。出所直後に居場所を提供して、ここと変わらない愛とサポートを受けられるように」。今年後半には公判が開かれ、出所できればと、ジーナは期待(望み?)を込めてそう語った。

ジーナがそんな希望を持てるのは、この国の遅々として進まない司法システムのおかげではなく、一度は完全に失われた彼女の自尊心が、いまやすっかり回復したからだ。「私の子どもたちは、前は私のことを恥ずかしく思っていてね、人に聞かれればカナダに行っているって嘘をついてたんです。いまじゃあ塀の中にいても、私が何らかの形で社会に貢献していることがわかって、子どもたちも私のことを誇りに思ってくれてます」。

ワラン・イワナンの精神

その日の遅いランチは、ダバオ市を案内してくれているGKの従業員のリッキーさんと一緒に取った。リッキーは希望の光プロジェクトの推進者の一人だ。「はじめはね、だれも行きたがらなかったんですよ。なにしろ刑務所ですからね」と笑いながら言い、「だけどそれじゃワラン・イワナンの意味がないじゃないですか。特定の人たちやはみ出し者には助けを求める価値がないのか、ってね」。希望の光村を訪ねたことで、僕はワラン・イワナンの精神がわかってきた。すべての人間が尊厳をもって生きていかれるようにする。そして〈置き去り〉になってしまった人たちに気づかいすることで、この世界はすべての人にとってより安全な場所になる。

人間の墓場から立ち戻った人たちの奇跡を目にして、僕はうきうきとした気分で希望の光村を後にした。

目に余る惨状を前にしても、私は自分自身とまわりの人々にこう言いきかせたい。「いまにここはきっと素晴らしいコミュニティに生まれ変わる」と。

TM

第9章 信仰、希望、そして愛

アジアで最も敬虔なカトリック教国が、同時に最も政治的に腐敗がすすみ、最も平等から遠い国だとは。これはもはやスキャンダルではないか？

TM

〈われらが旅に神の祝福あれ〉。僕の乗ったタクシーの横を並走するジプニーの車体にそう書いてあるけれど、運転手同士はいま口げんかの真最中で、僕は非常に気まずい思いで後部座席で身を固くしている。不安をあおるのは、車が疾走しているのが趣のある田舎道などではなく、別名〈殺人ハイウェイ〉と呼ばれる片側八車線のコモンウェルス大通りだということである。危険極まりないカオスの道は、最良の状態であっても信仰の旅路になりかねない。

緊張が高まるなかで気がついたのは、罵り言葉を矢継ぎばやに発するタクシーの運転手を、ダッシュボード上のマグダラのマリア像がじっと見つめていることだ。マグダラのマリアといえば、カトリック教会で中心に鎮座する像である。いっぽう相手方のジプニーの運転手も、同様に、車体に描かれたメッセージにはまったく無頓着で、下卑たジェスチャーをして前方に走り去ったときには、ようやく僕は大きな安堵のため息をつくことができた。

　僕はいまティト・トニーの家に向かっている。さっきの口げんかのあとタクシーは比較的静かに運転してくれたけれど、いったいこの事態をどう理解したらいいのだろう。いっぽうでなんとも信心深いオーナメントで飾り付けられた車内。それと対照的に、極めて口の悪い運転手。もっとも敬虔なカトリック教国に暮らす人々にとって、儀式やシンボルや宗教の慣習とはいったいどんな意味をもつのだろうか。数分後、ティト・トニー宅に到着した際、自分の行いのせいでチップを受け取れなかったことに不満を表明するタクシーの運転手は、この皮肉を皮肉ともなんとも思っていない様子だ。

有言実行

ティトの家に着くと、彼は朝ごはんを食べているところだった。奥さんのリンがコーヒーを淹れてくれている間、フィリピン社会における宗教の役割についてのティトの考えを聞いてみた。「フィリピンはとても信仰に熱い国だけど、それが行動に移されないことにはねぇ」とティトは言い、「信仰とは畢竟何を信じるかというだけじゃなく、神への愛と貧しい隣人への愛に報いるために私たちが何を犠牲にできるか、ということなんだがね」と語った。

　メロト家の朝食は静かだったためしが無い。娘のカミールさん、アナさん、ウォウィーさんは、隣接する住宅に家族とともに住んでいて、仕事に出る前のひととき、コーヒーを飲むためにここに立ち寄る。孫たちはひっきりなしに出たり入ったりして、そのたびにおじいちゃんの注意を引こうとする。

今回の訪問の目的は、ティトと一緒にブラカンにあるエンチャンテッド・ファーム（「魅惑の農園」）を早朝訪問することだ。この旅にはシャノン君、フランク君、ジェリック君の3人が同行する。3人とも朝食のテーブルについてはいるが、メールの返信に忙しくて、あまり僕らの会話には入ってこない。ティトに影響されて、GKのTシャツと泥だらけのジーンズを身につけていなければ、彼らは若いやり手のビジネスマンに見える。

この場をさらに国際的にしているのは、地下室に間借りしているボロボロの格好のフランス人青年たちだ。彼らも僕の隣に座りはしたものの、あまりに眠くて言葉も発せない様子だ。なんとなれば、いまはまだ朝の6時なのだ。

こちらでは、ティトの孫が描いたばかりのお絵かきを見せようとまつわりつき、台所では朝食の準備に大忙し。こんな状況で信仰や宗教について深く思いをめぐらすことは不可能に思えるが、ティトはお構いなしに弁舌をふるう。「この国を発展から遠ざけている二つの要因、すなわち貧困と腐敗に信仰の力で立ち向かわねばならないんだ。信仰と実生活を分けて考えることなんてできないのだから」。

いつもははっきりものを言うフランス青年たちは、今朝はずいぶんと静かだ。ようやくそのうちの一人、ファビアンが口を開き、「フランス人の多くはいまや教会にあまり関わりを持たなくなってますからね」と肩をすくめた。多くのヨーロッパ人、特に若者たちは、宗教に無関心だ。

フィリピンと違って、フランスは世界で最も世俗的な社会だと言えよう。精神性と物質性が完全に分離している。いまここにいる若者たちは、将来性がある社会ビジネスを学びに来ているのであって、過去の遺物と彼らが考える宗教に関心があってのことではないのだ。「僕は神（God）のためではなく、善（good）のためにここに来たんだ」とファビアンは言う。

それに対してティト・トニーは、宗教ではなく〈行動をともなう信仰〉について話しているのだと反論した。そもそもティトがバゴン・シランに立ち入ることを決めたのは、カトリック信仰がその源となっている。「キリストがそうしたように、私たちも貧しい人との連帯を表明しなくちゃいけないよ。バゴン・シランで私が学んだのは、信仰や憐れみの気持ちだけでは、弱者や迷い人を救うことはできない、ということだ。不法居住者には、施しなんかじゃなく、住む場所が必要なんだ。彼らはその場しのぎのばらまき政策なんかではなくて、正義をもって対処してもらいたいんだよ。土地がなければ家も建てられないし、食べ物も生産できない。ちゃんとした家がなければ、夢すら持てないだろう。夢がなければ、学んだり働いたりする意欲すら持てないんだ」。ティトはいつものように説得力のある熱い語り口でそう言いきった。

ティト・トニーの〈信仰の旅〉の最終目標は、エンチャンテッド・ファームの建設にあるという。「より高い目標は、みなを受け入れ、仕事を与える、ということなんだ。地方にはびこる強欲や貧困や紛争は、いまこそ解決しなければならない。だから私たちはエンチャンテッド・ファームを作ったのさ。そこでは富めるものも貧しいものも、都会の人も田舎の人も、だれでもみんな参加できる。みんなで力を合わせてより良い社会を作るんだ」。

ティト・トニーはエンチャンテッド・ファームを、農場・村・大学が一体になった組織だと語り、その構想が、これまで放置され悪化しつづけた地方の貧困にストップをかけ、農村部の発展の触媒になるものとして期待していた。「ファームの建設には信仰と愛国心がどうしても必要だ。なぜかと言うと、国づくりとはすなわち高い目標への献身にほかならないから。来る人を受け入れ、仕事を与える。そして地獄のような生活をしているフィリピン人をこの社会からなくすんだ」。

ティトはそう言って、シャノン、フランク、ジェリックがこのビジョンにいかに献身的に貢献してくれたかを僕に語った。フランクはファームの建設に尽力したせいで、最初の年には車を失い、翌年にはつきあっていた彼女を失った。「シャノンの恋人も去っていった。シャノンはＧＫを選んだけど、残念なことに彼女はＵＫ（イギリス）を選んだってわけさ。彼らに必要なのは、夢と資金を分かち合える恋人さ。これを私は、崇高な持続可能パートナーシップ、と呼んでるのさ」。ティトは冗談をめかしてそう言い、片手間に青年たちの愛の師匠兼仲人の役割をすることを楽しんでいる様子だった。

夢のような希望

朝食後、僕らは車に分乗して農場に向かった。僕は〈恋にツイてない〉シャノンとフランクと一緒の車になった。厚かましくもシャノンに、イギリス人と同乗して失恋の傷がうずかないかと尋ねてみた。するとシャノンは、「たしかにロマンスに関しては不調だけど、いまはこの国に愛を捧げることと、貧しい人たちのケアに情熱を燃やしていますよ。それならデートに事欠かないでしょう?」と言って、ニヤリと笑った。

24歳のシャノンは、いろんな面で典型的な中産階級出身の青年だ。3年前に名の通った大学を卒業し、多くの大学生がするように、バンドでギターを弾いたり、テニスで結構いいレベルまで腕を磨いたりした。テニスをプレーするにはもしかしたら不都合だったかもしれないけれど、彼は大のビール好きでもある。

では何が普通と違っているかというと、シャノンは毎朝5時に起きて、市の反対側にあるティト・トニーの家まで通い、一緒にファームに出掛けるのが苦にならないということだ。いったいなぜ、普通のフィリピンの大学生が、熱い心持ちで貧しい人たちのために献身的に働こうと思ったのか。「実のところ、ガワッド・カリンガを2009年に知ったとき、僕もネクタイ着用組だったんですよ」と彼は冗談めかして言った。「当時は企業の社会でキャリアを築こうって野心に燃えていましてね、世界的な大企業からオファーももらっていたんです」。

「そんなときですよ、トニー・メロトさんに初めて会ったのは。それからは生活のすべてが変わっちゃいました。彼は貧困撲滅の大胆なビジョンを示してくれて、しかも具体的なプランまで語ってくれたんです。トニーさんが〈ソーシャル・ビジネスのシリコンバレー〉について語ってくれたことを、いまでもよく覚えてますよ。いろんなビジネスを生み出して、しかも誰一人として置いてきぼりにしない場所という構想です。他にも地域発展のためのディズニーランド計画っていうのもありました。美しい空間で、宿泊施設完備、美味しい食事に豊富な有機栽培野菜！」。

同じ頃、フランクも一流の多国籍金融機関で財務の仕事に就いていたが、「物質的な面で言えば、良い暮らしをしていたんですけど、ひとつだけどうしても納得できないことがあって。自分がどれだけ成功していても、自分の国が貧しければ意味がないじゃないですか。世界的に見れば、結局僕は二級市民に見られちゃうわけですよ。それで、国に戻り、この状況をなんとかしなきゃいけないって思ったんです」。

シャノンもフランクも、大企業に属して良い暮らしを楽しむ生活は表面的には満足感を与えてくれるけど、心の奥底では、何かもっと意義のある充足感を欲していたんだろう。ティト・トニーのビジョンは、その心理にがっちりつながった。「大学に通っていた頃は、ビジネスで成功してやるんだって思ってました。もちろん人として良い行いもしたいし、良い人生も送りたい。でも大企業での仕事と善行は、同時に両立できるとは思えなかったんです」。フランクは言った。

しかしティトの描くビジョンには大きな問題があった。つまりそれは、単なる構想でしかない、ということだ。「ファームを手伝うために、僕は世界有数の多国籍企業の内定を蹴ったんですよ。ところが、数週間後に何をしてたと思います？　体中泥まみれになってつぶやいてたんですよ。『おいおい、シリコンバレーっていったいどこのことだ？　あるのは泥地と蚊ばかりじゃないか。こんなことのために僕は大企業でのポジションを棒に振ったのか？』ってね」。

「ティト・トニーにこう尋ねたんです。あなたが約束してくれたレモングラスの畑はいったいどこにあるんです、ってね。そしたら彼はこう言い放ったんです。君の目の前にあるじゃないか。君が種を植えればいいだけの話だよ、って！　ファームを朝食・温泉付きの宿泊施設にして観光客を呼び込むプランについては、もう文字通りゼロでした。初めの頃は屋外で寝起きしていて、どうか蛇にかまれませんように、蚊の餌食になりませんように、って祈るばかりでしたよ」。

これまでに僕が出会ったボランティアの人たちの献身と熱意にはいつも心を奪われたけど、フランクとシャノンの熱心さは特に衝撃的だった。野心に満ちた2人の大学生は、ネクタイをしめた社員としての暮らしをすることの代わりに、虫だらけの屋外でトニー・メロトほか数人の人たちと寝起きをする生活を選んだんだ。

だけどなぜなのだろうか？　初めはティトの崇高な使命に心を打たれたかもしれない。ティトの言葉は、世の中が現実にいま存在する姿ではなくて、あるべき理想の姿を提示してくれただろうから。しかし絵に描いた餅のような希望だけでは、それがどんなに魅力的でも、その後何年にもわたる尽力を継続できるとは思えない。

夢の実現

ブラカンの曲がりくねった道を1時間半ほど車に揺られて、目的地のエンチャンテッド・ファーム（「魅惑の農園」）に到着した。入り口には〈良きことが育つ場所〉という簡単なメッセージが書いてある。

普通ファームと聞けば、静寂とかゆっくりしたペースの生活とかを思い浮かべるかもしれないけれど、その意味ではここは全く普通の農園ではなかった。到着したのは朝八時だったのに、すでにみんなフルで活動していた。なんでも数週間後に大きなイベントを控えているとのことで、管理部で働くシャノンは、明らかに大忙しだった。僕はほぼ午前中いっぱいシャノンの後について、農民や建設作業員、測量技師たちの仕事ぶりを見て回った。そこでわかったことは、ティト・トニーの壮大なビジョンが、すでに現実のものになりつつあることだった。以前は石ころだらけだった34ヘクタールの土地が、わずか2年で生産性を取り戻し、野菜や果物、幾多のハーブやスパイスが栽培される農地になったのだ。

加えて、これまで誰も顧みなかったこの土地が、新しい形のソーシャル・ビジネスを創設する〈イノベーション・ハブ〉として、さまざまな分野の人材を集めることに成功している。ほんのわずかな間に僕はシンガポールから来た建築家たち、スペイン出身の料理人たち、アメリカ出身の会計士たち、そしてイギリス出身のエンジニアたちに会うことができた。それからもちろんフランス人。ここではフランス語が幅をきかせていて、フィリピンの言葉とフランス語が共通語の地位を競い合っているようだ。ソーシャル・ビジネスの立ち上げのために来ている人もいれば、半年の期限で地元フィリピンの起業家を支援するインターンシップ・プログラムで来ている人もいる。

手押し車を押したり、セメントの入ったバケツを運んだりしているところを見ると、フランス人たちはどうやらバヤニハンの精神をすでに身につけているようだ。正午頃、ゴールデン・ダックという名前のソーシャル・ビジネスのインターンが2人現れた。午前中いっぱいを首まで泥と家鴨の糞にまみれて、彼らの真っ黒に日焼けした肌は汗だくだった。「あの人たち、ボロカイを知らないのかしら?」地元の一日ビジターが彼らを見て信じられないような顔をした。

インターンたちが重い足取りでファームの隅々に立ち去った後、大天使文芸センターと呼ばれるメインの集会所ではたいへんな騒動が起こっていた。マカティ地区にあるエリート女子校、アサンプション・カレッジから、興奮しやすくにぎやかな300人もの卒業生が一日体験ツアーで農園を訪問したのだ。

24歳のファビアン・クルテーイユが目の前に立つと、彼女らはいっそう目を輝かせた。ファビアンは簡単に自分のことを語った。母国フランスの大学でエンチャンテッド・ファームについて知ったこと、フィリピンにやって来て、コミュニティの人たちに感動したあまり、起業家になるための修士課程を退学したこと、その後、プラッシュ・アンド・プレイという縫いぐるみを生産するソーシャル・ビジネスを起こし、地元のお母さんたちに裁縫の職を創りだしたこと。「このコミュニティでほんとに素晴らしい才能の持ち主たちと出会ったんです。いまはまだ25人の縫い子さんたちしか雇えませんが、500人を雇えるようになるまでここを離れるつもりはありません」。

「ヤダ、可愛いすぎる!! 信じられない!!」。女学生たちは喜びの声をあげた。いったい彼女たちはファビアンの縫いぐるみに興奮してるのか、それとも少年っぽいファビアンにまだ熱をあげてるのか。うっかりそんなことを思ったが、それは僕の勘ぐりに過ぎないだろう。おそらく彼女たちは、フィリピンという国を、ビーチではなく貧しい人のために、これほどまでに愛してくれる外国人がいるという事実に、大きく心を動かされたんだろう。

貧者への愛

フランスのサッカーチームのユニフォームに身を包み、お決まりのフランス風のジェスチャーで肩をすぼめてみせながら、ファビアンはフランスとフィリピンの文化的違いについて例をあげた。国に帰ればもっと快適な暮らしが待っているのに、この2年半、彼はティト・トニーの地下室や、GKコミュニティ・メンバーの家で寝起きしている。彼が設立した会社は順調に成長しているけれど、まずは従業員であるお母さんたちに給料を支払うのが優先で、彼自身は無給で働いている。

昼食後ファビアンを探すと、彼の会社で働いているフェさんの家にいた。家族はちょうど昼食を済ませたところで、ファビアンはフェの息子とバスケットボールに興じていた。ミシンの前に座り、フェはファビアンについて賞賛の言葉を並べた。「数年前に工場が閉鎖されちゃって、ここらではたくさんの縫い子が職を失ったんですよ。仕事を与えてくれただけでも御の字なのに、それだけじゃなくてね。生きることの尊厳ってものを教えてくれたんです、ファビアンは。私たちを仕事のパートナーとして認めてくれたんです。もちろん彼は私たちのボスだけど、同時に家族の一員でもあるわ」。

フェの子どもと遊びおえて、ファビアンが僕たちの話に加わった。僕はいままで聞いてみたかったことを尋ねてみた。どうして君はここに居続けるのか、と。「僕自身のためだけだったら、もうとっくの

1　ボロカイ島は、手つかずの自然を楽しめる美しい海辺のリゾート地である。

昔に帰国してるよ。だけど、一緒に仕事をしている人たちがすごいんだ。世界で一番すごい人たちだって言ってもいい。ティタ・フェ（フェおばさん）も含めて、僕は彼女たちに毎日触発されるんだ。だから仕事がうまくいかないときでも簡単に投げ出すわけにはいかないんだよ。だって僕がやらなきゃ誰がやる？　僕にとってはささいな問題でも、彼女たちにとっては、その日の晩ご飯がかかってるんだからね」。

エンチャンテッド・ファームへの旅でわかったのは、数々のボランティアの人たちやそこで働く人々、シャノン、フランク、ファビアンのような社会事業家たちの献身を下支えしているのが、愛と希望だということだ。はじめ彼らの関心を引いた公正な社会を作るという希望は、いまや彼らと共に働く人々に向けられた心からの愛情になっている。もちろん愛と希望にあふれた場所はここだけではない。だが、エンチャンテッド・ファームがそれらの場所と決定的に違うのは、ここでは愛と希望がビジネスと結びついているということなんだ。いままでの僕は、ビジネスと結びつくのは、せいぜい金銭愛か金持ちになりたいという希望としか思っていなかった。

信仰の役割？

その晩僕はティト・トニーの家からタクシーで帰った。今度は朝よりもずっと運転が静かだったので、しばらくの間邪魔されずに自分の思いに耽ることができた。タクシーのダッシュボードに置かれた小さな祭壇を前に、あらためて信仰について考えてみた。貧困解消と信仰を分けて考える僕の友人のフランス人たちははたして正しいのだろうか。今日見てきた農園の人たちは、あんなに愛と希望に満ちあふれていたけど、信仰に関してはどうなのだろうか。

数日後、僕はフィリピンの中部西ネグロス州のバコロド市にあるGKフィアット村を訪れた。この村は教会の敷地内にあって、キリスト教的価値観が強く染み渡っていて、教区民の生活を向上させるのに教会が重要な役割を果たしている。そんななか、59歳のベン・ヌュネスさんにはまったく驚かされた。外見には構わず、履いてるスニーカーはボロボロ。ブロークンな英語を話す彼は、きっとこのコミュニティで人々の施しを受けて暮しているのだろう。

ところが、驚いたことにベンはここから20キロも離れた村から、なんと4年間もバスで通って来ていて、CFC－GK[2]というキリスト教系団体の一員としてボランティアをしているのだと誇らしげに言う。週に3日、早朝から夕方まで村にいて、コミュニティのサポートをしているのだそうだが、彼の妻はベビーシッターの仕事で月にわずか1500ペソ（約35ドル）しか稼いでいない。

ベンには人を助ける経済的余裕はまったくなく、むしろ自分を犠牲にしているようにしか見えないのだが、彼によれば、貧しくても自分が幸せと感じることをして生きていたいのだという。「人のために

2 カップルズ・フォー・クライスト（CFC）はキリスト教カトリック系団体で、もともとガワッド・カリンガ（GK）にボランティアを派遣していた。その後GKはカトリック教徒とカトリック以外の人たちの双方に門戸を広げたのでCFCと袂を別つことになった。だがCFC－GKは、バコロド市とカガヤン・デ・オロ市に存続する団体で、いまでもガワッド・カリンガのコミュニティとのつながりを維持している。

何かをするのは、神様に対する愛の表明ですよ。神様を愛するなら、隣人も愛さないといかんでしょう?」と言いながら、コミュニティをぐるっと見渡した。「貧しい人を見ると、神様に思えるんですよ。人様のためになることをしていると思うと、満ち足りた気持ちになる。だから私は喜んで助けが必要なコミュニティに通っているし、今後も通い続けるつもりですよ」。いったい彼は自分や家族の食べ物の心配をすることはないのだろうか。「いつもなんとか神様が助けてくださるんです。だからたいてい間に合っています。本当に困ったことがあれば、きっとだれかが食べ物を分けてくれる。それで充分ですよ」。

行動をともなう信仰、希望、愛

帰路に着くため近くの空港に向かう際、ベンは僕の手をしっかり握り、「トムさん、あなたの旅に神のご加護がありますように」と祈ってくれた。その言葉は、コモンウェルス大通りを爆走するジプニーの車体に描かれているのとは違った本当の祈りであった。それは、ベンが日々神を信じ、心の底から信仰に生きている証しだ。

実際それからの数週間、僕は彼のようなたくさんの普通の人たちに出会うことになる。信仰と行動ががっちり結びついている彼らの他者への献身は、自己犠牲的ですらある。

ファビアンたちにとっては、他者に仕えることと信仰とは直結しておらず、信仰よりもむしろ貧しい人が生来もっている徳とか天賦の才とかに突き動かされているように思える。そのことへの〈信仰〉

が、貧困と不正のないより良き世界への希望につながっているように僕には思える。「おそらく、ファビアンのような人たちも〈良き〉行いを続けるうちに、自然とそこに神を見出すようになるんだろうな」。今朝の朝食の席でティト・トニーはそう推測した。はじめの人を助けようとするきっかけが信仰であろうと、より良き世界の建設であろうと、最終的にもたらされるのは他者への愛だ。僕はいままで訪れたコミュニティのあちこちで愛があふれているのを見た。

僕は聖書の一節を思い出した。それはいままで結婚式に出席するたび幾度となく読まれ、聞いていた箇所だったが、ようやくいま、その真の意味がわかりかけてきた。「このように、いつまでも存続するものは、信仰と希望と愛と、この三つである。このうちでもっとも大いなるものは、愛である」(『新約聖書』[日本聖書協会訳]「コリント人への第一の手紙」第十三章十三節)。

カトリック教徒であることは私の選択の帰結だが、それには覚悟と行動を必要とする。神の子がこの世で地獄を経験しているときに、どうしたら天国を思い浮かべられるというのか?

TM

開発への信仰

アテネオ・デ・マニラ大学の前学長、ビエンベニド・ネブレス神父（イエズス会）は、過去40年にわたってさまざまな開発構想に携わってきたが、特にガワッド・カリンガ・モデルには強い関心を抱いている。

「1970年代以来、フィリピンではさまざまな開発アプローチが試されてきましたが、それらは西欧由来のものでした。これらの団体が推進した価値観や支援運動は、団体のリーダーたちには意味のあるものだったのでしょうが、コミュニティの人々は、おおむねこれらの運動が主張する価値観を自分たちのものだと思えなかったのです」。

「対照的に、その始まりからびっくりさせられたのは、GKの貧困問題へのアプローチの仕方です。それは大多数のフィリピン人にとって、卑近でわかりやすいものだったからです。フィリピンの人たちを動かすのは、信仰と家族に関する事柄です。いろいろな面でフィリピンは、文化的にいまだ信仰の時代に属しているため、信仰をもってすれば、人々を真に動かすことができると言えます」。

「わが大学のボランティア・グループにおいても、私はこんなことに気がつきました。積極的に活動する学生のなかには、マルクス主義や社会民主主義に突き動かされる者がいることはたしかですが、大多数の学生は、貧しい人たちの中に入ってゆくのにキリスト教の価値を基としています。したがって、信仰を〈実践しよう〉と訴えかければ、貧しい人たちだけではなく、多くの中産階級の人々をも結びつけることができるのです」。

第10章―平和のために汗を流す

これまで数十年にわたって、地方の土地には、兵士や反逆者たちのおびただしい血が流されてきた。だれもがみな平和を望んでいる。しかしわれわれは、はたして、お互いへの怖れに打ち勝ち、偏見を捨て去る心の準備ができているだろうか。

TM

行くべからず！

「サパッドはとっても安全ですよ、トムさん。きっとあなたも気に入りますよ。でも念のため、GKのTシャツを着ていってくださいね」。ときとして、衛生よりも安全が優先するけど、今回はまさにそれだ。同じTシャツで過ごすのもすでに3日目。僕はボランティアのドミーさんとキースさんに同行させてもらって、いまミンダナオ島北ラナオ州にあるサパッドという小さな村にいる。

「私だったら行かないね。あのあたりはイスラム教徒だらけなんだ」。隣接するイリガン市に住む男性が昨日僕にそう忠告した。たしかに、サパッドはイスラム系住民が多く、情勢が非常に不安定で、一般的には避けるべき場所だと言われている。

だが実際のところ、サパッド行きは僕自身が希望したのだ。信仰に重きを置くGKのアプローチが、非キリスト教・非カトリック系の環境でも通用するかどうかを確かめたかったのだ。まわりから隔絶されたサパッドは、実地に見るのにふさわしい場所に思える。

「心配しなくても大丈夫ですよ、トム。サパッドはテロリストたちが近隣で戦闘を終えて戻ってくる場所なんです。いわば保養休暇を取るための場所だから、だれもあなたを構いやしませんよ」とドミーは請け負った。だけど、車が比較的安全な海辺の道をそれて内陸に入り、10キロに及ぶ人気のないでこぼこ道に入ったら、自然と不安が高まってきた。

イギリス政府はもちろんこの地域への渡航禁止勧告を出しているし、僕が話をした地元の住民ですら、訪問の予定を告げたら身震いした。その一方で、ドミーいわく、テロリストたちはいまホリデー気分だから、緊張なんかしなくていいと言う。万が一彼らと遭遇しても、GKのワラン・イワナンTシャツさえ着ていれば、白人の僕をとっつかまえて人質にしたりしないだろう、と。ニヤニヤ笑いから察するに、ドミーは真剣にそう思っているわけじゃないようだけど、これ以上恐怖が高まらないように、物事の明るい面を見ることに努めなければ。

車が舗装されていない道をガタゴト進むにつれ、僕の脳内はホラー映画の様相を呈してきた。だが到着してみると現実はまったく違っていた。最初に出会ったサパッドの村人は、奇妙にも、イングランドのサッカーチームのユニフォームを身にまとい、僕らを熱烈に歓迎してくれた。この場所がいかに世間の情報から隔絶されているかを証明するかのごとく、彼は、「イングランドはいま世界一のチームなんですよね」と持ち上げてくれた。〈僕らの〉チームは、実のところ、1966年以来一度も栄冠を手にしていないと告げるべきか。いや、やめておこう。この場合、僕の身の安全確保のため、知らぬが仏を通しておこう。

さて、まずは村長さんの家に向かう。あとでわかったことだが、僕よりも村長さんの方が僕らの訪問に怯えていたらしい。僕がひとこと質問をするたびに、彼はなぜか電話をいじくったり、トイレに行ったりする。どうやら英語を話すことをなるべく避けようとしているらしい。

「何年か前にドイツからお客様が見えたことはあるけれど、普段は英語を話すことは滅多にないんですよ」。村長の奥さんは村長よりもずっと堂々とした態度でそう言った。村のファーストレディ、シンダオ・ディマポロ・アシス＝アルハッジさんは陽気な三十代の女性で、村長の報道官を務めてくれた。

僕らは数週間前に開催されたバヤニ・チャレンジについて話をした。

「みなさんが私たちに会いにここに来てくださって、ほんとに嬉しく思いますよ」。今回僕らの旅に同行したイスラム教徒のサム・バザール君とキリスト教徒のアイリーンさんという2人の学生と、バヤニ・チャレンジでの体験を語り合うことから話が始まった。サムは彼の〈人生を変えた経験〉について話し、アイリーンはここに来られただけで嬉しかったと言った。「両親は、私がここに来ることにいい顔をしなかったんです。でも来て良かった。ほんとうに素晴らしい体験でしたもの」。

共通する人間性

サムとアイリーンが、バヤニ・チャレンジを〈特別に〉素晴らしいと感じたのは、とても単純な出来事に由来している。炎天下、子どもたちは力を合わせて軽いブロックを運ぶ。年配の人たちは建築作業をしている人のために飲み水を運ぶ。「イスラム教徒とキリスト教徒が力を合わせて家を建てる。この経験はずっと私の記憶に残ります。当たり前のことだけど、宗教とか文化の違いとかを除いたら、僕らはみんな同じ人間ですからね」。サムが言った。

外部の人にはあまり知られていないけど、この村はイスラム教徒とキリスト教徒で住む場所がはっきり別れていて、長い年月それぞれ平和に共生してきたのだ。現在の村長はイスラム教徒で、副村長はキリスト教徒。村の8人の議員のうち、4人がキリスト教徒、残りの4人がイスラム教徒だ。バヤニ・チャレンジの期間中に建てられた30軒の住宅のうち、15軒はキリスト教徒の家族に、あとの15軒はイスラム教徒の家族のものになる。

だとしたら、どうしてサパッドには宗教的非寛容だとか闘争にあけくれているだとかの悪い評判が立ってしまったのだろう。シンダオにそのことを尋ねると、「昔、親族間の争いがあったの」と打ち明けてくれた。「10年ほど前にとても深刻な争いがあって、人々はそのことをまだ忘れていないのよ。だからこそ、私たちにとってバヤニ・チャレンジは大きな意味があったの。外部の人たちが突然やってくるようになって、そのおかげでたくさんの人たちが優しい気持ちを持っていることがわかったのよ」。

ようやく村長さんが会話に加わり、僕に〈腐りかけの小魚〉〈ドミーさんによる迷訳〉を食べるよう勧めてくれた。村長さんの初めての英語は「これ、美味しいよ」だった。

「ええと、あのぉ、そのようですね…」。ホストの気分を害さないよう、そうつぶやいたものの、今度は僕が言いわけをしながらトイレに退散するはめになった。

トイレは物事を熟考するのに便利であり、今回もそこで考えてみた。隣接するイリガン市の人たちによって、僕はこの村のことを、悪い連中がいる〈敵対的な〉コミュニティだと思うように誘導されているが、そうした見方は宗教的な非寛容さによって強化されているようだ。

僕自身もサパッドに対する否定的な見方を信じはじめていたが、実際ここに来てみてわかったのは、不安は無知によって増幅されるということだった。だいいち、他の場所と変わらないくらい僕は歓迎してもらっているし、ここが陸の孤島であることを考慮すれば、もてなしの度合いはむしろここの方が高いくらいだ。

みんなのところに戻る前に、僕は村長のお宅のトイレをじっくり拝見させてもらった。ひびの入ったタイル、擦り切れたマット、流れの良くないトイレ。コミュニティで一番裕福であるはずの村長の家のトイレは、この村の経済的状況を強く物語っていた。

楽園復活?

キッチンに戻って僕は朝食を済ませた。村長みずからが〈腐りかけの魚〉を食べてくれたのでホッとした。このあと町の中を見て歩いた。子どもも大人も家から出てきて、数週間前のバヤニ・チャレンジで初めて出会った外部からの友人たちと挨拶を交わした。

僕らは村のホールに赴き、親しみやすい事務員と話をしたあと、快活な村会議長キャロル・ティジンさんとコーヒーを共にした。「ここは小さな村だけど、住民には、私はサパッド出身です、って胸を張って言ってもらいたいのよ。サパッドはここの言葉で〈天国〉っていう意味だってご存知ですか？」。彼女の語気の強い生き生きとした口調から、このコミュニティに新しい希望と活力が生まれ始めていることが察せられる。

出発の時が近づいたので、僕らは集合写真を撮り、村の半数の人たちとフェースブックのアドレスを交換した。ここに来たことに満足感をおぼえ始めていたとき、キャロルさんは僕に新たな挑戦への布陣を敷いてくれた。「トムさん、また近いうちに是非いらっしゃい。ここにはまだまだやることがたくさんあるのよ。あと30軒家を建てなきゃならないし。次回は是非お友達も誘って。みなさんでサパッドを体験できたら素晴らしいでしょう？」。

次回はいつここに戻って来られるか。近い将来の実現は難しいので、しどろもどろになっていたら、幸いドミーが助け舟を出してくれた。「心配しないでください。僕らはあなたたちを置き去りにはしませんよ。まだ必ず戻って来ます。来週も、来月も、来年もね」。帰りの車に乗り込むときに、再度ドミーは約束した。

サパッドを数年ぶりに外国人が訪れたというので、今回の旅で僕はＶＩＰ待遇で接してもらったが、周縁に忘れ去れている人々の生活に密着して、まとまりのある国家を作り上げるには、一回限りの冒険などではなく、もっと永続的なコミットメントが必要なのだと痛感した。

世界のあちこちで平和が脅かされる暴力的な事態が数多く勃発しているが、イスラム教とキリスト教の衝突は、現在われわれが直面する最も大きな問題として捉えられている。

しかし今回のサパッド行きで痛感したのは、戦いの芽を摘むには、まずは僕らの心の中にある他者への怖れや誤解を払しょくしなきゃいけないということだ。外部の人たちが恐怖や不信をもって見ているこのコミュニティで、僕は宗教の違いを越えて互いを尊敬し感謝することの重要性を見てとった。団結心は、同じゴールに向かって、共に献身的に働くことで強化される。

思うに、平和に対する最大の脅威は、宗教の違いとは別のところから発生するのではないだろうか。たとえば、飢えとか、ちゃんとした住居がないとか、孤立とか。この村に通じる石だらけのでこぼこ道や、村長の家のトイレの荒れ果てた様子からわかるように、この村は、新しく建てられたＧＫヴィレッジ地区を除いて荒廃しきっている。

貧困は絶望を生み、自暴自棄で狂信的な報復をまねく。サパッドの荒廃は、民族や宗教の対立が引き起こしたのではない。いままで見てきた別のコミュニティと同様に、本当の敵は貧困にあるのだ。

戦闘で荒廃した地域に平和なコミュニティを建設することは容易ではない。だがひとつだけ確かなことがある。それは、〈平和のために汗を流す方が、戦闘のために血を流すよりずっといい〉ということだ。

TM

バイの物語

マニラに戻って、僕はバイ・リンダ＝エマンさんの話を聞いた。彼女はミンダナオ島で長年紛争の中心地となっているマギンダナオ州で育った。[1]

バイは父親の傍らで子どもの頃からイスラム教反政府グループのメンバーだったが、6歳の時グループが攻撃を受け、バイは数少ない生存者の一人となった。彼女は恐怖に震えながら、おじがキリスト教系戦士に刺殺されるところを目撃したのだった。バイは復讐を心に誓いながら成長し、高校を卒業する頃には、イスラム系反乱軍の指揮官として頭角を現し、300人以上の戦士を管理するまでになっていた。

「長年にわたって闘っていたので、私の心は憎しみと苦しみでいっぱいでしたけれど、それでもまだ若く、好奇心を持っていました。ある日私は、イスラム教徒とキリスト教徒の闘いの本当の理由が知りたくて、地元の図書館から聖書を盗み出したんです。聖書を読み終わったとき、私は心底驚きました。だってイスラム教とキリスト教はとても似た価値観を多く共有していることがわかったのですから。それなのにどうして、私たちはお互い殺し合わなければならなかったのでしょう」。

「そのときはじめてわかったんです。この国はどこか根本的なところが間違っている。それで仲間のイスラム教徒たちを集めて、キリスト教徒をもっとよく理解しようと説得しはじめたんです。共通点を探して、平和に共存する道を探ろうって」。

「でもそれは難しいことでした。政府はイスラム教徒に全面戦争を宣言したばかりだったので、同胞たちを守るためには、しかたなく、銃を手に取るほかはないように思えました。何人もの人が死に、キリスト教戦士が私たちの聖域を貶めるのを目の当たりにしました」。

「和平なんて絶対に無理だとあきらめかけていたとき、突然クレージーなキリスト教徒たちが、〈バヤニハン〉や〈ワラン・イワナン〉を説きながら村に現れて、このあたりでもっとも貧しい地域に家を建てることを提案したんです。最初はなかなか信用できませんでしたよ。もしかして私たちを改宗させようとしてるんじゃないか、ってね」。

「それで父が私を偵察に送りだしたんです。私はスパイとして彼らのミーティングに潜り込んだのですけれど、あの人たちが話すことと言ったら、平和のことばかりなんです。彼らの目的は純粋でした」。

「そのあとのことはもう奇跡としか思えません。あのキリスト教徒たちの言葉に偽りはなく、富むものも貧しいものも、さらには私たちの最大の敵である政府軍でさえも、力を合わせて家を建てていくうちに、お互いに対する不信感が消えていったのです」。

「ある晩、イッサ（クエバス＝サントス）というキリスト教徒の女の子が近づいてきて、私に質問を浴

1　ミンダナオ島の特定の地域では、より大きな自治権または独立を要求するイスラム系反政府グループが政府勢力に対抗し、長い間内戦が続いている。しかし2014年3月、イスラム系反政府勢力のなかでも最大のモロ・イスラム解放戦線（MILF）がフィリピン政府と和平協定に調印したので、何十年にも及ぶ戦闘にようやく終止符が打たれることが期待されている。

びせかけてきました。その頃には、私のなかの憎しみは薄れてきていましたけど、それでもまだ怒りは残っていました。『あなたたちキリスト教徒が私のおじさんを殺したのよ。私だって殺されそうになったのよ！』。彼女に向かってそう言い放ったことを覚えています。私の言葉を彼女はしっかりと聞いてくれて、そのあと彼女の話をしてくれました。私たちは2人とも涙にくれました」。

「話の終わりに彼女は私に尋ねたんです、『マニラに来て私たちと一緒に働きませんか？』って。そのときはまだ心の準備ができていなかったけれど、彼女の誘いはなぜか私の心に触れました。マニラで貧しいキリスト教徒のために働くことは、もしかしたらアラーの神の思し召しなのかもしれない。2人が出会って2ヶ月もしないうちに、私は生まれ育ったミンダナオ島を出て、GKのフルタイムの職員になるためマニラに向かいました」。

「いままでの7年間は決して楽ではありませんでした。私の心のなかには憎しみが燃えたぎっていて、乗り越えるのが苦しかったし、文化的な違いに適応するのもたいへんでした。けれども、神を愛するということは、犠牲と他者への赦しを必要とします。このようにして、私は良きイスラム教徒としてのあるべき姿を、ここで私がいっしょに働く人たちから、今までになかった形で教わることができたのです」。

「私は今まで平和な暮らしは絶対に手に入らないと思っていました。けれども、宗教や文化の違いは脇に置き、自分たちよりも恵まれていない人たちを助けることに集中すれば、かならずや平和に手が届くようになるのです。もちろん一晩では成し遂げられませんけど、平和に向かって全力で努力をすれば、そのときすでに平和は心に訪れているのです」。

（バイ・リンダ＝エマン・マロホムは南ルソンのGKエリア・コーディネーター兼イスラム関係コーディネーターを務めてい

る。彼女は勇気と愛国心をもって平和の推進者となり、南ルソンとミンダナオ島の地域でキリスト教徒やイスラム教徒から原住民まで、すべてのフィリピン人の人生に影響を与え、変化に導いている。）

第11章 — 連帯する市民

強欲、無関心そして汚職が開発の敵である。しかし有力政治家や豊かなビジネスマンだけを責めるべきではない。弱いガバナンスを生んだのはむしろ市民意識の低さである。それだから、変化の持続には指導者層と同時に底辺層を鼓舞し、ラディカルで、倫理的な市民意識を持たせる道を探す必要がある。

TM

僕は数千人の人達のデモ行進に参加し、ビコル州南カマリネスのナガ・ホールを目指していた。側道の人たちは、白人が一人、明らかに「抗議者」とわかるグループに加わっているのを驚いた顔で見つめていた。

「水上スキーのリゾートはあっちだよ」。僕が道を間違えたんだと思って、通りの人が親切に声をかけてくれる。そういえば今朝早くのったタクシーの運転手が、ここに来る人の主な目的はちょっと先の水上スポーツのリゾートだと言っていた。ビコルはフィリピンの最貧の地域のひとつで、観光地としても人気がない。

〈地方開発事業〉関連の大規模な汚職スキャンダルが最近起き、国中が次々と抗議に立ちあがっている。昨晩のテレビ・ニュースを僕は信じられなかった。両院に属する多くの議員に、NGOや慈善に支払うべき推計100億ドルの公金横領の容疑がかけられていた。

そのニュースで全国に怒りのデモが広がった。しかし、僕が参加したデモにはイバグサック（倒せ）のプラカードはひとつもなく、何千人ものコミュニティのメンバーが大会出席のために祝賀行事のような雰囲気で行進していた。

「人々が怒るのは当然だ。だけどわれわれがすべてのエネルギー、創造力、楽天的な考え方を使って初めて、この国から貧困をなくし、豊かな国を作れるんだよ。だからわれわれは貧しい人を賞賛している。貧しい人たちはわれわれのパートナーであり、自分たちと隣人のために汗をかき、家を建てているんだ」。デモで並んで歩く、GKの従業員ダン・ベルカシオさんは柔らかな声で僕にこう言う。

設立10周年を迎えたGKのこの行事は大規模になり、運動はここ数年間で拡大した。この一つの地方だけで、2000人ものコミュニティのメンバーが集まり、しかも遠くからやってくる人が多い。彼らのポケットにはほとんど1ドルも入っていないが、手当を求めてきたのではない。着ているTシャツには、それぞれのコミュニティ毎に異なった色で、何度も見たことがあるワラン・イワナン（だれも置き去りにしない）という大胆な言葉が書かれている。

彼らと一緒に歩くなかには、靴を磨き、高そうな携帯電話を持つ人たちもいる。こうした人が使う言葉はもう少し硬いものだが、意味するところは、「だれ一人として置き去りにしてはいけない」と同じ、である。
僕は、子どものとき、ひいきチームのリバプールを見に、サッカー場によく行ったのを思い出した。自分たちのチームへの〈愛〉でみんなが団結し、数千人でスタジアムに歩いていくのは、力が沸き、興奮することだった。

女の子たちのダンス

参加者たちの長い列が会場のホールに入っていったが、僕は離れたところにいる脚の長い女性のダンサーたちに注目していた。彼女らは振り付けにしたがい踊りながら、最後のゲストたちが横を通り過ぎるのを歓迎している。僕はずらっと並ぶ長い脚を熱心に見ている間に、ジャーナリストとしての注意をちょっと失っていたほどだ。リオのカーニバルのビコル版みたいだな。

突然背中をどんとたたかれ、正気に戻った。「どの娘《こ》が好みかい。彼女に言ってやるよ」。五十代の男が、笑いながら聞いてきた。〈麻薬のボスから信仰厚き人〉になったウィリーである。サギンの父親で、前にバゴン・シランで会ったことがある。

ウィリーの誘いは魅力的だったが、この旅に出ようとしたときに、ティト・トニーから「この国ではすごく年をとった、歯がない女性とだけ話すように。じゃないと、女性に惚れ込んでとんでもないことになるよ」と言われており、その忠告に従うようにしていた。僕は旅の目的から逸脱しないように、可愛い女性のグループを紹介するというウィリーの申し出を丁寧に断った。

しかし、ウィリーは僕のノーを返事とは受け取らなかった。「どうだい、一働きしてやるよ」。彼はそう言い、多分彼より25歳以上若く、ちょっと怖がっている女の子のグループのところに僕を引っ張っていった。そして、僕の背中をもういちどたたき、「グッド・ラック、後はおまえがやれよ」といって、他の仲間のほうに走っていった。置き去りにされた僕はこの若い女性のグループの前で何を言い、何を話したらいいかよくわからず、ちょっと恥ずかしくもあったが、音楽やファッションではなく、貧困の撲滅を話すことにした。

貧困の撲滅は会話の話題としては一般的ではないが、僕は今朝会ったボランティアやコミュニティ・メンバーの精神とやる気に感激していたので、この女性たちにも同じことを期待した。僕が習っていたいくつかの言葉、バヤニハンやワラン・イワナンを使うと、彼女たちはすぐに反応を見せたが、僕のひどい発音を笑っただけであった。かわいそうに思ったのかもしれない。

「できるだけ早く海外に行きたいわ」と一人の娘はいった。別の娘は、政治的なエリートに不満があると言い、「政治家たちの汚職が減れば、国は貧しさから脱けだせるのよ。それ以外には方法はないわ」。もっと楽しい話題に早く移ろうと、彼女は僕に期待を込めて聞いてきた。「ワン・ダイレクション［イギリス人とアイルランド人のバンド］のメンバーにあったことがあるの?」。僕は最後に彼女らに若者らしい理想主義があることを期待して、ホールの中に入らないかと誘ったが、僕の誘いは丁寧に断られた。

通常の状況では、こうした女の子たちの態度はなんら特別ではない。世界中どこにでも無関心な若者、女の子や男の子がいる。しかし、ここでは会場のなかには楽観主義、エネルギーとビジョンが満ちているのに対して、その外では無関心とやる気のなさが見られるという対比が僕の注意を強く引いた。ロックウェルの豊かな地区で気がつく社会的な断絶とある意味で違いはない。ロックウェルでは貧富の大きな格差が表面に見えるが、ここでは格差はもっと隠れている。みんなが住んでいる場所は魅力に欠け、若者たちは物質的には貧しい層に属している。それでも、ここの女の子たちは僕が知っているマニラの金持ちの娘たちと同じように、デモ行進が求める貧困の撲滅のために戦うことには無関心に見える。

彼女らが持っているはずの自然な、若い人固有の将来に対する楽観主義は、まるで汚職や慢性的な貧困という見出しのなかで擦り減ってしまったようだ。状況がそれほど悲惨ならば、なぜ問題解決に加わらないのだろうか。指導者が悪い手本となっているとしても、なぜ自分の国の力を信じないのだろうか？　ダンは以前に多くの人は〈精神的に貧困〉なのだと言っていた。もしそれが本当ならば、政治的な指導者たちの失敗の悲しい結果である。

貧しい資源、豊かな連帯

ホールのなかに戻ると、カーニバルの雰囲気はなかったが、会場は大きなコンサートのざわめき、エネルギーと喜びで満ちていた。しかし、参加者を喜ばすようなトップクラスのスターはいなく、中には舞台と基本的な音響装置があるだけだった。

2000人の参加者のお昼の予算はわずか200ドルだったので、主催者たちは参加者すべてにちゃんとした食事を出そうと、前日の午後遅くまで努力していた。自発的な連帯の寄付が始まり、次々と広がっていた。一人がホットドッグを40キロ寄付すると、別の人が250個のバーガーと250本のジュースを、鳥料理の店は卵5皿と28羽の鳥を出した。コミュニティの一人の男性が庭を開放し、そこで鳥などの調理が始まった。これを見て、僕は『精神の豊かさ』があれば、資源の貧困さは補えるのだと納得した。

食べ物を見ているうちに僕もおなかがすいてきた。「俺の側を離れるなよ。二人前をとってきてやるよ」。ウィリーはホールのなかで、僕と一緒になると、こう約束した。

お昼にやっとありつけた僕は、自分のフライド・チキンを、ほとんど息もつかずに、数分で食べ終えた。しかし僕が本当に驚いたのは、ウィリーはもう一人分をとるどころか、まだ自分の分を食べ始めてもいなかった。他の人たちが全員1回目の料理をよそってもらうのを待っていたのだ。昔のギャンブル兼麻薬のボスに自分の基本的なテーブル・マナーに欠ける姿を見られて、僕は少し恥ずかしかった。

ウィリーは一寸悪いなというように僕をちらっと見たあと、これから食べ始めようとするもう一人の男デイル・ルグーに挨拶をした。ウィリーは本能を押さえ、デイルが示した手本に従っていた。デイルはGKの従業員で、僕がバゴン・シランで数ヶ月前にウィリーと一緒のときに会ったことがある。

デイルは穏やかで、文化的で、静かにしゃべる元ビジネスマンである。一方、ウィリーはマニラの地下界で揉まれて育っている。2人が夜行バスでここにやって来たことは2人のやる気と強い絆を示している。「こいつのためならどんなことでもやるよ」。僕はウィリーが前に言っていたのを思い出した。ウィリーはそのときやっとランチをがつがつ食べ始めた。

ランチのあと、ダン、デイル、バイ（リンダ、もとのイスラム反乱軍の指導者）と何人かのボランティアが舞台に上がって、観客をもり上げるような話をした。そして、ウィリーの番になった。僕は驚き、これは大きなギャンブルだと思った。

「善玉、悪玉、汚い奴［映画、続・夕日のガンマンのタイトルでもある］について話すよ」。ウィリーは僕にそう言って、舞台に上がった。僕は、16人の市長を含め現在と将来の開発のパートナーたちに彼が不愉快で、不適切なことを言うのではないかと心配した。

このイベントでのウィリーは、またもや僕の期待を上回る出来だった。GKのおかげで自分自身が変わったという彼の話は完璧でこそなかったが、聴衆たちに自分たちも変われると思うような具体的な変化のイメージを与えた。「自分が変われると知った瞬間が、他人を助けられると知った瞬間だったんだ」。彼は熱心に話した。

〈トラブル・メーカー〉であっても、その人を孤立させたり、排斥せずに、その人と一緒になり、辛抱強くしていれば、何かが起こる。彼はそのよい例である。数年前は社会から見捨てられていたウィリーは、今や自信を持って、2000人に〈良いところも悪いところも隠さず〉話をし、彼らに大きな勇気を与えている。

男たちのダンス

行事はダンスのコンペティションで終わった。フィリピン中で歌やダンスのコンペがあるが、ここのコンペは少し違っていた。10の男性グループが10の違ったコミュニティの代表として、次々に舞台の上で熱狂的に、80年代の村びとのヒット曲、「インザ・ネイビー」を踊るのだった。

三十代から七十代の男たちが、難しいリズムに合わせ足を動かすのだが、それは才能によるというより長い時間をかけての練習の賜物だった。自分たちで振り付けをし、それぞれのコミュニティのアイデンティティや魅力を演じていた。優勝チームは村全体が恩恵を分け合う生計向上プロジェクト用の起業資金として5万ペソを手にできる。

「コンペをやる本当の理由は、男たちに自分たちのコミュニティの仕事をもっとやらせることにあるんですよ。彼らはいつも忙しすぎ、疲れすぎてもいるので、女たちのようには村のことに参加できないと、言っているんです。このイベントは、そうした男たちを参加させ、リーダーシップをとるように促すのが狙いなんです。踊りや歌で才能を示せる彼らが、その力を他のもっと生産的で、人のためになることに使う機会を与えているんですよ」。地域調整チーム・メンバーのダン・テクソンさんはそう話してくれた。

僕はあるグループのパフォーマンスに特に興味を持った。彼らは、自分たちの住むマスバテ地方のカウボーイ衣装で、昨晩、何度もリハーサルを繰り返していた。彼らの踊りの頂点は、60歳を超えた一人の男が舞台の前に出てきて、まるで人形のようにブレイク・ダンスを長く踊ったときであった。

結局、マスバテ・グループは3位で終わり、賞金をとれずに少しの間がっかりしていた。しかし、踊り終わった参加グループの多くは、結果自体は二の次だという態度だった。

ダンスを充分に稽古したら人生を変えられるとまではいえない。しかし、変化の第一歩は変化が本当に可能だとの確信にあるのならば、このコンペは心を閉ざす人たちに人生は責任を持って生きられるということを知らせているのかもしれない。マスバテの中年のブレイク・ダンサーを見て、この経験はそうした人に新たな活力を与えたに違いないと僕は考えた。

マスバテの男たちが帰りのミニバスに乗った。リーダーでプロジェクト・ディレクターのノノイ・バルデルモロさんは、自分たちは新しい問題に遭遇していると話してくれた。ある大手鉱山会社がマスバテ・モンテ・デ・オレ村（文字通り、「金の山」という名前）で金の大鉱区を発見した。会社が採掘を開始すると、コミュニティ全体は他の場所に移らざるをえない。会社は村人たちに、移転すれば一家族25万ペソと移住費用を出すとの魅力的なオファーを提示している。

鉱山会社は村に対し金銭的な観点からの提案を行った。しかし、住民たちはコミュニティに属するというのは単に自分の頭の上に屋根があるという以上にもっと大きな意味があるとして抵抗をしている。ノノイは説明する。「その場所は、コミュニティとして一緒に行ってきた労働と協力の産物なんだ。お金は問題ではない。コミュニティを移すのは、住民の存在の一部を取り上げることと同じなんだよ」と。

コミュニティの人たちの精神は、商業的な世界が簡単には理解できないということがはっきりしている。その精神は、人とコミュニティをお金より重視している。

『チームGK』

「われわれが現在あるのはGKのおかげだよ」。ボランティアの一人で、GK南カマリネスのヘッドのハリー・アザナさんはイベントから帰ろうとしていた僕にそういった。ホールから吐き出される大勢の参加者は、僕にもういちど子どもの時代のサッカーの記憶を思い出させた。

参加者のTシャツは、自分たちのひいきの〈チーム〉はガワッド・カリンガ（GK）だということを示し、僕が会った人たちはそこに単に属するだけでなく、忠誠心をも感じている。

ホールから出るときに、僕は地元の村長とちょっと話した。フィリピンでは公的サービスに汚職が常につきものだが、GKが国中で非常に多くの政治家と一緒に仕事をして何か危険はないだろうかと。

村長は答えた。自分は政治的な目的から、選挙民にとってよいニュースをGKからハイジャックなんかしないよ、と。選挙区に住む最貧層のために村が住宅の建設を支援するのは、人間として非常に良いことをやっているのだと村長は言う。

沢山の選挙民がわっと村長を取り囲んできたので、僕はインタビューの動画撮影を途中で切り上げた。彼らは帽子をとり、助けを求めて村長に近づくのだと思ったが、単にダンスのコンペでとったメダルを自慢げに村長に見せに近づいてきたのだった。僕は政治家というのは一般に人気がないが、この政治家と選挙民との間には本当の情愛があるように感じた。

GKが優れている点は、政治的かつ金銭的な力を持つ人々にアプローチし、彼らの良心に訴え、彼らを行動に向けさせるにところにある。取り残された人たちを助けるという大義を持つと、ビジネスマンや政治家の人生は変わってくる。

〈GK精神〉は喜び、希望そして必要な人への献身を広めるので、あらゆる層の人たちを虜にし、自由にし、自分の国を大事にする市民に変える。もし、先ほど外で踊っていた美女たちを説得して、ホールの中に入れさせられたなら、彼女たちもきっとこの精神を自分のものにしただろう。

この国の変化が長続きするためには、ラディカルな市民が必要である。ラディカルな市民は、無関心ではいられず、説明責任を果たさねばならない。つまり、自分の弟を守り、コミュニティのリーダーたちから最良の人を選ぶという責任を果たさねばいけない。時がたてば、ラディカルな市民は、私利を超え、他人のために善を行おうとする高い情熱を有する、より英雄的なリーダーを数多く育てるだろう。強欲ではなく愛情がリーダーの根源にあるべきである。

TM

フィリピン国立公共政策統治大学の学部長のアレックス・ブリランテス氏の話。

「基本的に良い統治（ガバナンス）は、4つの要素からなりたっています。構造、リーダーシップ、価値観と行動（エンゲージメント）がそれです。これまでわれわれは変化を望むときに、4つのうちのひとつである構造だけを変えようとしてきました。憲法を変え、新しい法律や手続きを導入しましたが、その実施が不十分だったので、あげた成果は限られています。たとえば、電気を止めることがどうして国に電気を点けさせることになるのでしょうか」。

「実際のところ、変化をおこすためには、自分たちの価値観、市民の行動そしてリーダーシップに焦点を絞って、自分たちが負っている責任をしっかりと意識しなければいけません。変化はわれわれの精神に働きかけ、基本的に心が働くことで初めて変化が生まれます」。

「甘く聞こえるかもしれないが、それ故にGKの価値観形成セミナーのアプローチが非常に重要なのです。隣人、奉仕そして無私のリーダーシップが持続的なコミュニティを構成する基本的な要素だからです」。

「過去においては、われわれは望まないもの、たとえば独裁制、テロリズム、資本主義、腐敗した政治家を倒すことを重視してきましたが、代わりのものを作り上げることには時間をあまりかけませんでした。それとは対照的に、GKは判断することには時間を使わず、家、ヴィレッジ、起業家などをつくることにより多くの時間を充ててきました。GKは際だってフィリピン的な発明と言えます。彼らは、政府・企業・市民団体と貧しい人たちとの協力を行うことを通じて、貧しい市民たちに基礎的なサービスを効率的に提供しています[1]」。

1　詳細は、アレックス・ブリランテスの次の二論文を参照。「良い統治」と「社会の質と積極的な市民：フィリピンのガワッド・カリンガ」。

第12章——別の国に行く

どんなに沢山の高層ビルを建て、数多くの百万長者が現れても、他人に対するケア（気づかい）とシェア（分かち合い）がない限り、われわれは崩壊した世界に住み続けるだろう。

TM

ジャカルタの数多くの威圧的な摩天楼を眺めて、僕はこれらのガラスとコンクリートの宮殿の中に、世界で最もダイナミックな新興市場の鼓動を感じる。フィリピンの2倍以上の経済規模を持つ強大なインドネシアは1990年代からその東隣のフィリピンが真似したくなるような高度経済成長を続けた。

僕はこの壮大な眺望を楽しもうとしたが、回りの土地から上がってくるひどい悪臭に妨げられた。ジャカルタ旅行の第一歩で、僕はその汚点たる随所にあるスラム地域のひとつに遭遇したのだ。僕は紙ゴミが一部でくすぶっている巨大な腐ったゴミの山に囲まれていた。これに匹敵するグロテスクな景色は、これまでにマニラでさえ見たことがなかった。インドネシアは国際的な投資家にとっての期待の星だが、僕の回りに興味深げに集まってきた20人以上の栄養不良の子どもたちはだれ一人として、この国の大きなビジネス・チャンスを知っているようには思えなかった。

ここにはプトリさんとアリスさんと[1]一緒に来ている。2人は地元のティーン・エイジャーである。だぶだぶのズボンにキャップを斜めにかぶっているが、これはこの町の若者の事実上のドレス・コードである。しかし、いつもの週末ならば普通は仲間と一緒なのだが、今日はあいた時間を使い、町のなかにあるGKコミュニティを訪れている。彼女たちの実際の仕事はダンスの振り付けだが、それは夢の見方を忘れた子どもたちのグループに希望を与えることであった。

「ねえ、もっと集中しなさいよ」。プトリは新しい動きを少しずつ子どもたちに教え、練習時間は数時間続いていた。子どもたちが飽き始めたとき、僕がさきほど見上げていた高層ビル群を指さし、「来週はあそこでの練習よ。お金持ちの子どもたちと一緒なんだから。ちゃんとやらなくちゃね。みんながいかに上手かということを見せようね」。

プトリは東南アジアで入るのが最も難しいジャカルタ・インターナショナル・スクール（JIS）の方向を指さしていた。これから数ヶ月、GKのシサダネ、ムスティカサリ、チリウンのヴィレッジの子どもや若者が、この国で最も恵まれた子どもたちと一緒に週末をダンスの稽古をして過ごすことになっていた。彼らは共同で、資金集めのコンサートを開き、そのお金は寄付に使われることになっている。

「これが今の私よ。GK[2]で育てられたわ」彼女が2009年に開催した最初のJIS－GKのジョイ

1　プトリは彼女のアイデンティティを守るために仮名にしている。
2　インドネシア語ではGKはゲラカン・ケペドウリアン（ケアア・ムーヴメント）の意味。

ント・コンサートの話をすると、子どもたちは乗ってくる。プトリの話しに子どもたちは目を大きく開き、希望が膨らむ。実際、たった数年前は、プトリはここの子どもたちと同じようにゴミ拾いで生活していた。今日では、JISが資金を出した奨学金制度のおかげで、大学でビジネス教育を受け、自信と大志をもって話をしている。まるで自分の国と同じように。

プトリの人生

プトリとアリスのやっていることは、普通にいうと、十代の若者がお金を稼いでいるということだが、他人の役に立ち、貧しい人たちが豊かになるのを助けるという強い願いがその基にあるように見える。子どもが側にいなくなったときに、プトリは逆境を乗り超えようとしていかに心のなかで情熱を燃やしたかを話してくれた。「私は不法に占拠した土地で育ったスクワッターなの。だけど私の問題は父が家を出て、他の女の人のところに行ってから始まったのよ。その後、母はすぐに別の男と一緒になったけれど、その男は母に暴力を振るい、私ともうまくいかなかった。私を暴行しようともしたわ。私の髪の毛をケロシン油で燃やそうともしたの」。

「その頃GKのボランティアたちがこの地域で教育・給食計画を始めたので、私はそれに参加して、学校に通っていたの。そしたらある日、あの男が突然授業の時にやってきて、どこに母がいるかと聞いたの。みんなの前で、もし私が答えなかったら、レイプするぞって言ったのよ」。プトリは思い出し、声が震え始めた。

「すごく怖かったわ。そのあと、あの男がいる家には帰らず、おばさんのところで寝るようになったの。GKの活動に力づけられ、新しい服を取りに行くなど、どうしても必要なときにだけ家に帰ったわ。ある日、一人で帰ったらあの男がいたの。眠っていたけれど、私の立てた音を聞きつけ、目を覚ました。そして、私を暴行したの」、プトリは静かにすすり泣いていた。「私はすごく落ち込んで、汚れてしまったと感じたの」。

意気消沈の極みにあったプトリだが、ボランティアにケアされ、コミュニティ精神を新しく知り、自分でもそれを育て始めることで、心の平安を取り戻した。GKはやがてインターナショナル・スクールの生徒たちの助けを得て、ジャカルタに最初の大規模のGKコミュニティであるシサダネ・ヴィレッジを作った。そこに今もプトリはおばと住んでいる。

「もしこの機会が与えられなかったら、私は今頃どうなっていたのかしら。売春婦、多分そうね？でも、そうならなかった。今は教育を受け、家と呼べる場所があり、希望もあるわ。私の夢はここの子どもたちがいつか私と同じ希望を持つようになることなのよ」。

子ども第一

GKチリウンを離れるときが来て、次の目的地はプトリの家があるシサダネ・ヴィレッジだ。僕の受け入れ家庭であり、ガイドでもあるエド・マセサールさんとセルさんにそこに連れて行ってもらった。このフィリピン人の夫婦は1990年代からインドネシアに住み、GKモデルを10年程前にインドネシアに持ち込んでいた。

そこに向かう間、プトリの悲しい話が僕の心の内に重く残っていた。エドは僕に言った。「貧困はここではフィリピンと同じ顔をしている。最も目につくのはスラムだけど、もっと深く見ると、貧困の一番の原因は家族やコミュニティの機能不全だよ。われわれのここでのビジョンは、フィリピンのGKと同じ。何よりもまず、家族やコミュニティを強くして、貧しい人たちの尊厳を高めることにある」。

僕がフィリピンを旅行してわかったのは、ボランティアたちがコミュニティの変革を行うときに直面する最大の課題は、最初に信用を築くことだった。エドとセルにとって、かれらが古い文化と伝統を持つインドネシアという国のなかで外国人であっただけにそれは非常に難しかった。インドネシアは飛行機でフィリピンからたった2時間だが、人々は違うモノを食べ、違う様に装い、そして全く違った言葉を話している。最大の問題は、GKのアプローチはフィリピン以外で、世界で最もイスラム教徒の多い国ではこれまで試されたことがなかったことだろう。

「最初にこのあたりに来た時には、斧を振りまわす男に追い払われたのよ」。セルの話。「私たちが誰なのか、最終的な狙いが何かあるのではないかという不信感が本当に強かった。だけど、私ははじめからあきらめようとはしなかったわ。なぜかっていえば、プトリのような子どもたちが私たちのケアを必要とすることがはっきりしていたからよ。母親たちは、私たちが心の底から子どものためを考えているといったん知ると、今度は私たちが必要となったの。そのときわかったわ。コミュニティの信用と尊敬を得るには、まず子どもに関する仕事をすることなのだって」。

エドとセルが数年前にシサダネに来たときと今では、状況が全く変わっている。いましがた、沢山の元気のよい子どもたちが入り口に駈けてきて、僕たちに心からの歓迎をした。昔斧を振り回したマスロンは本当に友好的になり、村の年寄りの一人として、僕をコミュニティに案内してやるよと言ってくれた。僕には今やなじみになった、カラフルに塗られた家や小さいけれど手入れのいい庭を見せるのが彼の自慢なのだ。

このコミュニティは過去に見てきたところと似ているが、インドネシア独特の価値観に基づきつくられたという掲示がある。マスロンの説明では、家々はゴトン・ロヨン（フィリピンでのバヤニハンと同じ）の精神、つまりその人の背景は問わず、皆がお互いのために働くという精神でつくられている。このコミュニティの生活のもとになっている中心的な価値観は、GKの基本的なケアとシェアの精神とインドネシア憲法がよって立つパンチャシラが融合したものである。したがって、住民は神と国のために身を捧げること、すなわちよきイスラム教徒であり、かつよきインドネシア人であることが求められている。

「外国人であるだけに、われわれは特に現地の文化に敏感でなければいけません。もし、GKがこの国でうまくいくならば、次はインドネシア人自身が基本モデルを採用し、それを自からのものとして発展させる必要があります」と、エドは説明してくれる。ちょうど、子どもたちがアラーに祈りを捧げてから、自分たちのグループの活動を始めるようにである。

エドとセルはカトリックを信仰するが、このコミュニティで働く他の管理チーム・メンバーたちはイスラム教徒である。かれらにとって、仕事は「行動を通じての信仰」であり、それはフィリピンで僕が前に見た多くの従業員やボランティアにとっても同じである。GKのインドネシア・チームのヘッドたるスワニさんは、こうした見方を支持してくれる。「お返しはわれわれの文化の一部ですし、イスラム教徒としての責任でもあります。だから、慈善の観点から貧しい人にお金を恵む習慣がインドネシアにはあるのです。でも、ここの仕事は慈善ではありませんよ。貧しい人とパートナーを組み、彼らを本当に愛し、彼らのためにケアをすることなのです。イスラム教徒として、どのように人生を生きようとするかですね」。

反対側を訪ねると

翌朝、セルと僕は摩天楼の方角に向かった。車はジャカルタの混雑した道路を非常にゆっくりとした速度で走ったので、充分に時間をかけて贅沢なショッピング・モールや美食のレストランや高級なスポーツカーを道すがら眺めることができた。「フィリピンではお金が話していると言うけれど、ここではお金が叫んでいるわ」、セルは茶目っ気たっぷりに、僕に笑いかけた。

われわれの目指す先は壮麗なジャカルタ・インターナショナル・スクール（JIS）である。中に入るためには、厳しい空港のような安全チェックを受けねばならない。なるほど、ここの生徒たちは身代金を要求される可能性があるのだ。

セルの説明によれば、この学校は、国の将来を担う多くの指導者たちを教育している。中に入ると、広々とした校庭と充実した設備に驚かされた。その様はまるで一流の大学のようで、高校でこれだけの設備を備えたところは今まで見たことがなかった。

僕は強い印象を受け、昨日立っていた場所との大きな違いについて少し考えようとした。この隔絶した、高度に安全な環境から、どのような種類の若者が生まれてくるのだろうか。ここの生徒たちは、自分たちが慣れている快適な生活や住もうと思う光輝く高層ビル群を基準にして将来を考えようとするときに、置き去られた人々のことを考えられるのだろうか。

「この町では簡単に現実離れしたバブルの中で生きるようになってしまうんです」、JIS－GK学生クラブ会長のディカ君は僕にいう。「僕らは家の周りに高い壁があるので、町の他の場所から閉じ込められているみたいなんだ。この高い壁のせいで、まわりのあまり完全ではない生活が隠されてしまう。現実の途方もない貧困を多くの仲間たちは見れないし、見ようともしないんです」。

この学校の良いところは、すべての生徒たちが、自分たちの社会への責任を認識する手段として「奉仕クラブ」に入らねばならぬことである。JISはごく初期からGKの責任あるパートナーとしてコミットし、数百人の生徒が昨日訪れたシサダネ・コミュニティや他のコミュニティ（GKムスティカサリ）の建設と資金提供に協力している。

2、3年前は一握りだけのメンバーしかいなかったが、クラブへの関心は毎年高まり、今では一人立ちしていると先生たちは言う。ディカの話、「GKは他の多くのクラブとは違うんです。クラブのメンバーたちに本当に貧乏な子どもたちと一緒に時間を過ごさせて、そうした子どもの視点で人生をみるようにさせています。結局、僕らは壁の向こう側を見るようになり、そこは結構美しいんだと知るんです」。

ディカをはじめとして、この学校の多くの生徒は、自分の個人的な経験を語るだけでなく、色々な人間関係が自分の周囲の世界に対する見方に影響を与えることを理解している。2013年卒業クラスのアンナ・フランチェスカさんもそうした生徒である。彼女は一緒に家を建て、ペンキを塗り、子どもたちに教え、2009年の資金集めのコンサートを企画もした。それらを通じてプトリのような女の子に会い、それ以来友達になり、また刺激を受ける関係にもなっている。「すごく恵まれた環境に住んでいた子が、突然、人生の唯一の望みが他人のゴミ箱をあさるという子と面と向かいあうってことになるの。でも、こうした子と毎年、定期的に時間を過ごしていくと、最も貧しい子どもたちだってちょっとした機会があれば、変わるってことがわかるわ。世界をどう見るか、そして世界をどうしたいかに大きなインパクトとなるの」。

僕はこの高度に安全な「バブルの中での教育」からどんな指導者が生まれるのかを憂慮していたが、今やJISを信頼する気になった。ディカ、アンナ、その他の大勢の生徒は、一級の教育を受けるだけでなく、自分のまわりの世界を共感を持って、理解するというだれにとっても一番重要なことを試みているからである。

上昇と下降

ジャカルタでは最後に、昨日見た摩天楼のひとつのビルの50階に上った。ここで、この国でもっとも豊かで、影響力がある人の一人、アリフ・ラハマット氏に会った。わずか24時間の間に僕は現代の開発途上国の2つの対極を訪れたと感じた。

ラハマット氏は、経験豊富で、大成功したビジネスマンではあるが、熱心なGKのボランティアでもあり、資金を寄付し、資金集めもやっている。「最初に私がGKコミュニティを訪ねたとき、私は謙虚な気持ちになり、同時に素晴らしい刺激を受けました。謙虚になったというのは、貧困というのは誰の身にでも起きることで、そうした貧しい子どもが自分の息子だったかもしれないと思ったからです。それと同時に、村々には喜びや祝い事があるということを素晴らしいと感じて、自分もそうしたことに関わらなければと考えたのです」。彼の言葉は心底からのものであり、もっとも早い時点でGKがインドネシアで活動を拡大しうると考えた企業人である。

ラハマット氏はいくつものコミュニティで見つけたものに刺激を受け、フィリピンに飛んできて、より多くのものを見つけ、幹部のなかからスワニさん（僕がシサダネ・ヴィレッジで会った男性）を担当に任命した。彼らはすでにジャカルタの2つのヴィレッジ建設と、他の場所でGKが進めた数多くの食料供給・教育プログラムに資金を出したが、アリフとスワニはこれはまだほんの手始めにすぎないと僕に言う。多分、本当に多分だが、彼らはフィリピンで感嘆したようなGK運動をインドネシアで展開することに協力するのではないだろうか。

アレックス・ブリランテス氏がGKを「フィリピンらしい発明」と言ったのを聞いていたが、僕はインドネシアに行って、同じアプローチが大きく異なる文化的、宗教的な環境の中で、かつ基盤となるブランドがまだなく、トニー・メロトという際だった存在もないところで、うまくいくのかに興味があった。プトリ、スワニそしてアリフ、それに何百という住民が、GKの精神を身につけた方法があれば、「そうだできるのだ」という声になっていく。

開発の専門家たちによれば、GKの成功の〈レシピ〉は、革新的な民間部門のパートナーシップ、汗を流す形での投資（スウェット・エクィティ、労働提供）、価値観形成プログラムにある。インドネシアではこれらすべてがその文化的な環境に合った形で、インドネシア人によりうまく受容され、適応されたように見える。

しかし、GKがインドネシアで実際に成功したのは、もっと簡単なことだと僕は思う。〈お金が大声で叫んでいる〉ような、ますます物質的になっていく世界で、GKは貧しくはない人たちが貧困を削減すべく行動するために重要なつながり（connections）を作りあげた。それにより、われわれと同様に尊厳を持ち、生きて行く価値がある貧困者コミュニティとの間で人と人との交流が可能になっており、受け身の形でのお金の寄付とは異なるものになっている。

こうしたつながりのなかから、真摯で、自然に発生する、相手を助けようとする動機が生まれてくる。貧しい人たちを助けるのは、それが良いことで、一時的にわれわれの気持ちを楽にするからではなくて、そうすること自体が正しいことで、実際的な効果もあるからである。スワニはこうした気持ちをうまく表現している。「われわれの社会が本当に必要とするのは、文化、宗教、資金や政治の違いを乗り越える橋であり、その橋はわれわれを再び実際に大事なものにつなげてくれる。その名前はガワッド・カリンガでもゲラカン・ケペドウリアンでも、別のものでもかまわない。大事なのは、豊かな人たちと貧しい人たちが団結して、一緒によりよい未来をつくろうとすることだ」。

私が他の国々の開発計画について期待するのは、その洗練された技術的アプローチに、最も重要な要素である、人々がお互いに奉仕し、他の人々を引き上げるための直接的な機会を加えることである。

TM

第13章 — 台嵐の後の共同再建

貧しい人たちはとても危険な環境の中で必死に生きており、次の台風、次の洪水、次の地滑りで死ぬのは彼らだとわれわれはみんな知っている。われわれが行動しないことで、あるいは無関心でいることで貧しい人が死ぬのはわれわれが無責任だということではないだろうか？

TM

「6年間払った犠牲が…たった2時間ですべてなくなってしまったわ」。アロディアは竹の枝、乾燥した葉と1枚の防水布からできた仮設住宅を、悲しそうに眺めている。「先月はちゃんとした家があったのよ。それからヨランダ[1]がすべてを、TVも、冷蔵庫も、家具も、懸命に働いて得てきたものを壊してしまったわ」。

アロディアが今家具として持っているのは、落ちてきた木の幹と僕にすすめてくれた一脚の椅子がすべてである。彼女が言う「犠牲」にした6年間とは、サウジアラビアと香港でOFW（海外フィリピン労働者）として過ごした期間だ。そこで彼女は夢の実現のために必要なお金を稼いだ。そして、ついに彼女と夫でコンクリートの家を自分たちが生まれた島に建てることができた。

北セブ・バンタヤン島の西部にあるオボオボのバランガイにある自宅は、これから台風がやってきてもびくともしない安全港だと思われていた。しかし、コンクリートであってもこれまでで最大の台風の力には耐えられなかった。「ここは安全だと思っていたのに」、彼女は思い出す。「だけど、風がますます強くなり、壁が突然揺れ始めだしたのよ。外に逃げ出す時間はわずかしかなかった。のろまな夫の頭の上に、穴あきのブロックが落ちてきたわ」。

他の島の男たちと同様に彼女の夫は生き延びたものの、今でも難しい問題に面している。「ここからどこに行けるというの？　どのようにして立て直したらいいのかしら？　夫は漁師だけれど、舟は台風で壊れてしまったわ。私はといえば、両手がちゃんと動かないし」。アロディアは、風雨にさらされ、荒れた手を持ち上げて、僕に言う「もう一度海外に働きに行くエネルギーは私にはもうないわ」。

悲劇の規模

アロディアの家を出て、僕は中心の広場に戻って被害の様子を調べた。崩壊した建物や屋根の残骸がそこらじゅうにゴミのように散乱していた。ココナツの木は、さまざまな部分から副産物がとれ、製品を作れるので、地元では「命の木」とよばれているが、今は僕のまわりに死んだように倒れていた。村

1　ヨランダ台風は国際的にはハイエン台風として知られている。この台風は2013年11月8日にフィリピン中部に大きな被害を与え、すくなくとも6300人が死んだと推定されている。

で最も頑丈な建物と思われていた教会は、数本の柱を残すだけだった。ここはまるで〈グラウンド・ゼロ〉のようだが、この地域の無数のコミュニティで同じようなシナリオが繰り返され、いくつかはもっとひどかった。

言葉なく立って、この先の再建というとてつもない仕事を考えていると、五十代の男が僕に近づいてきた。「オックスファムの方ですか？　セイヴ・ザ・チルドレンからですか？　国連？」。彼は期待しながら聞いてきた。「いいえ、僕は単なる物書きです」と答えると、「そうですか」と彼はつぶやき、資金が豊富な海外の援助機関に出会ったのではなかったので、みるからにがっかりしていた。彼は自分の名はポールだと自己紹介し、以前は選挙で選ばれたこのコミュニティの長だったと説明した。そして自分のコミュニティを襲った被害について憂鬱な評価をしてくれた。「ここでは毎年台風が来るけれど、こんなにひどかったことはありません。この村だけで、約５３０の家が全壊、または半壊しました。10軒程度だけは被害がなく、無事でしたが」。

ポールさんは特にコミュニティの将来を心配していた。自分自身の養鶏工場のビジネスはほとんど破壊されていたが、彼の心配は隣人たちの生計にあった。「村の人々は漁業とココナツ栽培の二つで生計をたてているんでね。漁船が被害を受け、ココナツの木がやられてしまって、どうしたらいいものか」。彼は一寸、間を置いた。まるで僕が実際的な解決策をもっているのを期待するように。僕はそうできなかったが、ポールはこの〈異邦人〉に彼のコミュニティのもてなしをオファーしてくれた。「食事をしに来ませんか？　フィリピン料理を食べるのだけど、どうですか？」。そういって土地の一画に置かれた湯気のでる大鍋の周りに集まっている年とった人々の大きな集まりを指さした。村の老人会の毎週の集まりだった。

希望を持ち続けて

午後のおやつ（メリエンダ）もいいなと思って、僕はポールと一緒に彼らの方に行った。丁度食べ出そうとしたとき、彼は突然僕を困らせることを言った。「ちょっといいですか。ここにいる連中はみんな家を失った。ひどい状況だけど、希望を持ち続ければ道はあるさ。君は助けてくれるだろうね。彼らに話をしてくれないか？」。

僕はその場で約100人のグループの間に立ち、頭を絞り、何かこのコミュニティの気分を高められる言葉を探した。僕のスピーチは弱々しかった。「すべての人びとが皆さんを支援しています。助けはやってきますから。皆さんが生き延びようとしていることに、僕らは勇気づけられています」。こう言うのが、僕にできたすべてだった。疲れていた聴衆は暗く、沈黙していた。シルバー・ハイツで初めて人前で自分の感情を話してから1年たっていたが、僕はこの人たちはすごく難しい状況にあるので、何かをやるということはできないと思っていた。

僕のスピーチは、風のなかで吹く口笛のように無力だった。ポールは僕に後で話してくれた。台風の後、数日は外部から援助を受け取っていたが、その後は外部からの援助はどこからも来なかった。「政府からの援助は限られているようなんで、われわれはNGOの援助に多く頼っているんですよ」。

もし外国の援助物資に望みをかけているのならば、このコミュニティは心配だなと僕は感じた。世界中のドナー達は災難を本当に心配していたが、被害の規模が大きく、巨大なニーズに見合う援助は難しいだろうと思われた。さらに、援助は緊急対応の段階に集中する傾向がある。多分世界の注目はやがて別のところに移っていくということも僕は知っている。

「年をとった連中は特に大変なんだ」。ポールは最後にチャンポラード（米からできているチョコート味のポリッジ）を食べながら言った、「彼らの大部分は、提供できるものがないと考えて、自分は役だたずと感じているんですよ」。

一緒に直す

村の広場から離れたところで、僕はまったく違う場面に出会った。約30人の男達が集まって、小さな芝生の一角を臨時の船小屋に変えていた。長年にわたり漁師をやっている彼らは、めちゃくちゃに壊れた舟を粘り強く、倦むことなく直していた。そのうちの一人、ホセ・アバスさんが僕を引っ張っていき、息子のホエバートとで修理を終えた舟をみせてくれた。舟の脇腹にはＧＫバランガイという新しいロゴがペンキで書かれていた。「俺は生まれてからずっと漁師だったので、台風で舟が壊れたときは、どうしていいか途方に暮れたよ」。彼が僕に話す言葉は息子が訳してくれた。新しい舟の値段——1万から1万５０００ペソ（３００—４５０ドル）——はあきらかにこの村の大部分の漁師にとって手が届く金額ではなかった。だから、唯一の解決策はひどく損害を受けた舟を修理することだった。

「この舟は自分自身へのクリスマス・プレゼントなんだ」。ホセは、その費用は素晴らしいプレゼントより高いのだといいながら、付け加えた。この舟は彼が生活を取り戻すための鍵であり、他の男たちもそうだが、このプロジェクトをファイナンスしてくれた新しいパートナーたちに感謝していると、彼は僕に話し続けた。しかし、ここの男たちは、すべての仕事を自分たちでやっているから、典型的な援助の〈資金の受益者〉ではない。

彼らを監督しているのはニロ・モンテホ君。長年ボランティアをやっている若者で、セブのBPO（コール・センター）のマネージャーの仕事を辞め、GKに来た。もじゃもじゃ頭とだぶだぶの服は彼が地元の漁師より、サーファーの仲間にいたほうが似合うように見えた。「僕はね、漁業はよく知らないんですよ」。彼の説明はそっけない。

これはGKにとって初めての漁業復興プロジェクトで、500人の漁師の舟を4ヶ月で修理するというものである。僕にはGKバランガイには経験豊富な人がいるように見えなかったが、ニロは鍵となることをちゃんとやっていた。彼は、プロジェクトを成功させる唯一の方法は、すべての地場の漁師の知識と経験を集め、一緒に働くことを励ますことだとすぐに気がついた。「便益を受ける人たちのリストをまず作って、状況を彼らに説明したんだよ」。〈状況〉とは、予算が極度に少なく、材料を買う費用は出せるが、大工を雇うお金はないということだった。

「このプロジェクトはみんなの助けがあって始めてうまくいく、と皆に伝えた。バヤニハンの精神に頼るほかはなかったんだ」。彼は僕にそう言い、漁師たちがどのように反応したかを話してくれた。「漁師たちはそれまで失業手当に慣れていたので、はじめはちょっと励ますことが必要だった。しかしすぐに何が必要かわかり、自分たちで組織化を始め、技術を持つ人が持たない人を指導するようになったんだ。また臨時の作業エリアをつくり、そこで一緒に働き、お互いに助けるようになったんだ」。

話しているときに、ホセとホエバートが自分たちの漁船の仕事を終え、他の漁師を手伝い始めた。「すべての修理が終ったら、みんなで一緒に海にでるんだよ」。彼は隣の人の仕事を点検しながら、こう僕に言った。

これは島での唯一の漁業復興プロジェクトというわけではない。僕が聞いたもうひとつのプロジェクトでは、漁師たちにお金を渡し、各々に舟を修理させることを考えていた。しかし、こうしたやり方の最大の受益者は結局地元のバーであり、お金の出た翌日は特にバーは客が多くなった。お金を受け取っても使い方についてはわずかな指導しかないので、男たちは新しく入ってきたお金をただ飲むことに使ってしまった。別のプロジェクトは、予算が大きく、仕事はプロの大工に頼むという内容だった。このプロジェクトは目的を遂げることができたが、地元の人々の参加を伴わなかった。

GKバランガイの成功の秘訣は、生計の道を取り戻しただけでなく、コミュニティを復活させ、その過程で希望を与えたことである。「天災、そう、こんなとてつもない天災でも、もっと広いコミュニティがケアとシェアの価値観を示す機会として見ることができるんだ」、ニロは確信している。

この景色のよい島にとって他に問題は何かあるかと彼に聞くと、それは違法漁業であった。その週のはじめに、僕はアメリカのNGOの指導者クリス氏に会っていた。彼は島の漁民には一銭たりとも援助を出していなかった。一部に数は少ないが、ダイナミック漁業（沿岸の珊瑚礁を破壊し、周辺のエコ・システムや観光産業の将来の発展を妨げる漁法）を手がけている男たちがいるからである。「もちろん、そうした漁法には大きな問題がある。考えてみてくれ、舟が、それもGKのロゴをつけた舟が法律に背いたことをしていたら困るよ」。ニロはそう認め、自分たちは地元の政府が作成した登録済み受益者のリストを使うように注意を払っていると強調した。

しかし、もし違法漁法の疑いがあり、確信を持ってそうしている漁民が援助を受けたいとGKにやってきたら、どうするのだろうか？「そうだな、それは脅威か、機会かのどちらかだ。その漁民をただちに排除するのではなく、僕はそいつに言うだろう。『話し合おう』って。結局のところ、そいつになぜ違法漁法はよくないかを示し、別のやり方をするように促す良い機会なのだ。もし僕たちが、その男を本当に気にかけ、心から助けようと申し出るならば、そいつも多分自分のやり方を変える準備ができるだろうさ」。

クリスに、カリンガ（相手に気づかった）・アプローチをとったらどうかと言うと、それは素朴で理想主義的だと即座に却下された。クリスも多分、地元のコミュニティの利害を重視しているのだろうが、ニロの方は親切の力によって不適当な態度を変えられると深く信じているように見える。

この旅行を始める前だったら、僕もニロの対応を素朴で理想主義的だと退けていたかもしれない。1年の間、僕は自分の目でこのカリンガ・アプローチがここよりもっと危険で、問題のある地域での生活を変えるのに実際に役だったことを知って、このアプローチはどこの場所でもうまくいくと信じるようになった。

しなやかさの象徴

夕方遅くなって、ニロはタブレットでセブのメイン・アイランドにある、彼自身の屋根が飛んだ家の写真を見せてくれた。僕には甚大な被害だと見えたが、彼はそれについて非常に哲学的であった。「バンタヤンに来たとき、僕は不平を言うのはやめようと思ったんだ。ここの人たちの家はもっとひどくやられていたからね」。彼は、そういった。そのとき部分停電がまた来たが、彼のTシャツの明るい黄色の〈だれも置き去りにはしない〉の文字はかろうじて読めた。「竹は曲がっても折れないから、しなやかさの象徴だとわれわれは思っていた。だけど、ヨランダ台風の後は竹もポキッと折れてしまった。だから今や、われわれにとってしなやかさの象徴は人間なんだよ」。

バンタヤンで過ごしていたときに、僕は破壊と難破の間にさまざまな、明滅する復興のしるしをみつけた。それは子どもたちが自然に浮かべる微笑と笑い声、そして粉々になった家の残骸を決然として、集め、復興しようとする多くの犠牲者たちである。僕は短い間ではあったが、20人の外国人ボランティアからなる国際的なチームにも入った。彼らは世界旅行を短縮し、何日も、何週間も、いや何ヶ月もかけて、激しい被害を受けた学校の残骸を絶望的になりながら片付けた。時にはたとえ不十分であっても、ただ何かをすることの方が、不平を言い、希望を失って何もしないのよりはよいことなのだ。

バランガイの漁師達が舟を作り直している場面をみることほど、将来を楽観的に感じさせることはない。このプロジェクトは島のなかでもっとも多額の資金提供を受けたものでも、数多くの外国人ボランティアたちに支えられたものでもない。しかし、コミュニティに一緒に働く機会とインセンティブを与えることで、漁民が前より強くなり、もう一度自分たちの運命を支配できると信じることができた。

僕が驚いたことは、ニロの竹の喩えが、別のよく知られた格言とよく合っていることである。「魚をあげるとその人は一日でそれを食べてしまうが、釣りを教えれば、その人は一生食べることができる」。多分、それにこう加えるべきであろう。「人々が協力して働けるようにできれば、コミュニティ全体が力を高められる」。結局のところ、これらの男たちはどのように釣りをするかのレッスンを受ける必要はなく――ニロは自分の人生で一度も釣りに行ったことがない――、彼らが必要だった支援とは、もっと組織化し、もういちど人生を作り直すように励まされることであった。

「オヤジがとった魚で、来年は大学に行くんだ。そして、卒業したら、仕事をみつけ、クルーザー船の仕事で世界を回りたいんだ」。ホセの息子のホエバートは、輝いている自分の舟を自慢げに眺め、自信を持って言う。強い台風がこの浜にまた来るかもしれないが、ホエバートの家族と漁業をする仲間はもはや台風を恐れないだろう。なぜなら、被害に対して、創造的に、実際的にそして皆で協力して対応することを学んだからである。さらに、彼らは貧困から自由になり、未来を楽しみにして待ち、もはや自然の神の無慈悲な力に負けないであろう。

今や本当に夢をみる何かがあるのだ。

大きな絶望のただなかで、何十万人もの正直で、働き者の市民たちが、ただお金を出すのではなく、自分たちの汗と犠牲を提供し、神の愛と国のためにバヤニハン（助け合い）の精神に基づき、生活を立て直そうとしている。これが多くの人が望んで来た、フィリピン・ドリームの源泉にならないだろうか？

TM

第14章――貧者の天才的な才能

非常に長い間、われわれは自分たちを世界の二級の国民だとみてきた。2000万人の貧しい人たちを無知で、希望がなく、助けようがない国民で、慈善の対象でしかないと見てきた。

TM

イギリス人は踊れないんだよ。僕は会ったフィリピン人にまさに僕がそうなのだと納得させるのに成功した。しかし、今はもうひとつのパフォーミング・アートである歌で名誉挽回するチャンスだった。「イギリス人の歌は非常に有名だ。ビートルズ、ローリング・ストーンズ、アデル、何でもいい。歌ってくれよ」。僕の新しい友達は頼んできた。

がっかりさせたくないので、すぐにイギリスのロックバンド、オアシスのよく知られた〈アンセム〉を歌ったが、歌詞が記憶から半分は消えていたので、めちゃくちゃになった。幸いにもクリスマス・イブで、みんなお祝い気分だったので、恥ずかしさはすぐに忘れられた。皮肉なことだが、うまく歌えなかったことで、このコミュニティのなかでティト・メロトが〈貧者の天才的な才能（genius of the poor)〉と呼ぶものをはっきりと観察し、理解することができた。

観察した才能：楽しむ能力

昨年のクリスマス・イブは、僕は首都マニラの光り輝くナイトクラブで祝った。今年はバンタヤンのツガス・ヴィレッジで、ディスコの会場は小さな、木製のあずま屋だった。大音量の音響システムがない代わりに、自分たちのノキア製の携帯電話からの音楽があった。照明は1本の松明で、その消えかかる明かりがコミュニティを完全なる闇から救っていた。ツガス・ヴィレッジはハイエン台風が2ヶ月前にここに破壊的な衝撃を与えて以来、結局電気がない状態だった。

これより設備が整っていないパーティは誰もほとんど想像ができなかったが、20人ほどのコミュニティのメンバーたちと一緒に歌ったとき、僕は楽しい経験をしたことを告白したい。政府の観光事務所は「フィリピンは楽しい」と宣伝している。もしその証拠が必要ならば、僕の場合にはこの簡単な、楽しいパーティがすべてを物語っている。

ちょっとした混乱があったが、僕は数時間前に到着していた。明かりがないでこぼこ道を、危険を顧みずオートバイでやってきたので、僕がヴィレッジに着いたとき、迎えてくれた人たちは少しパニックの状態だった。この島の奥まった場所に住む彼らのところにはめったには外国人が訪問しなかったので。計画の手違いから、ヴィレッジの人たちは誰も僕の到着を予定していなかった。「今年はお祝いをしないつもりだったので、クリスマス・ディナーもなく、お出しできるものはあまりありません」。コミュニティの長のホセさんは、僕に謝るように言った。

「ナサン・アン・パミリャ・モ（ご家族はどこにいるの?）」マブハイ・レディーズが心配して僕に尋ねた。クリスマスに僕が孤独を感じていると思って、コミュニティの人たちがみな動き出し、即興でディナーを準備し始めた。僕が特別なことをしてもらわなくていいと言う前に、住民の一人の漁師がその日早くにとった2、3匹のイカを取り出し、他の人たちは火をおこしていた。

ヴィレッジは突然忙しく活動を始め、僕はオートバイのまわりに吸い付けられるように集まった興奮している子どもたちの方に向かった。「ビリサン・モ！　ハリカ・ナ！（急いで。僕と一緒に来て）」と、子どもたちは言う。このグループの子どもたちと、遊び場にしている木製のあずま屋に僕を連れて行こうとする子どもたちとが、騒がしく僕を引っ張りあった。

ちょうどクリスマスの時期だったので、僕は途中の町に立ち寄り、ツガス・ヴィレッジの子どもたちに簡単なプレゼントを買ってきておいた。遊び場に着くとすぐに、僕は本能的にプレゼントを彼らに手渡した。なぜなら、僕はこんな大人数の英語をほとんど一言もしゃべらない子どもたちと一緒で、他にどんな風に時間を過ごしていいかわからなかったのだ。僕からの贈り物は今年のクリスマスに貰った唯一のプレゼントだったので、子どもたちは喜んだ。しかし、彼らはプレゼントを貰ったことより、僕が単にそこにいることをすごく喜び、元気に振る舞った。

言葉の壁は大きかったが、子どもたちは僕に即興の演芸会の審査員になるように頼んできた。そのあと、僕たちはいくつかのゲームをやった。いきあたりばったりのゲームだったが、ときどき僕を含め全員が楽しそうな高い声をあげた。

僕を形づくって来た西洋の文化とは大きく異なるが、このコミュニティは単にシェア（分かち合う）という簡単なことに大きな喜びを感じる才能をまだ持っている。

観察した才能：逆境のなかでのしなやかさ

子どもたちの寝る時間になり、同じ年頃のアルフィー君が松明を片手にヴィレッジのなかを案内してくれた。２０１３年はこのヴィレッジにとってひどい年であった。数年前に汗を流して建てた家々がハイエン台風の被害に遭い、16軒のうち２軒を除き、すべての屋根は飛ばされ、残りの４軒は全壊した。さまざまな作物を植え、自家消費し、地元の市場でも売っていた野菜畑は破壊され、上水や電気はまだ復旧していなかった。

アルフィーの家も甚大な被害を受け、一時的に住めなくなっていたので、彼は他の家族とシェアしている家に僕を連れてきた。「僕らの場合は幸運にも隣の人が住まわせてくれたんだ。そして今は大変なときなのでお互いに助け合っているんだよ」。アルフィーは自分と奥さんと３人の息子が一緒に使っているベッドに腰掛け、僕にそう話した。その反対側のベッドにはきっと別のもう一家族が眠るのであろう。

屋根に大きくあいた頭上の穴を見ながら、彼は続けた。「妻と僕とは夜は寝ないで星を見ているんだよ。以前は星には気がつかなかったけれど、実際のところ、本当にロマンチックだよ」。こう言って恥ずかしそうにしている奥さんの方に思わせぶりなウインクを投げた。

2013年はヴィレッジの外の人にとっても、自分たちの夢が大きな打撃を受けた年だっただろう。しかし、アルフィーが災害のなかで明るい積極さを見つけた方法は、困難に対処するときのフィリピン人の典型的なやり方である。ユーモアと笑いによって、何百万人の人々が数ヶ月の間、計り知れないしなやかさと力強さを示した。「もちろん、声を出して泣きたいんだけど。家はそのために働いてきたすべてだから。だけど、そうできないと知ったよ。心を強く持つことが本当に必要なのだよ」。彼はその日の夜遅く、タンドゥアイ（ラム）・コークのグラスを飲みながらそう心のうちを話した。

そのあと、僕は賑やかになったパーティに加わって、食べ、飲み、踊り、歌い、そしてアルフィーやコミュニティの他のメンバーたちとまるでずっと前からの友達のように話をした。

特にアルフィーは英語が上手で、正確だった。学校の最終年に彼の奥さん（当時はガール・フレンド）が妊娠したとき、「僕は機械エンジニアとして卒業の間際だったけれど」、彼が説明する。「僕らには子どもを育てるお金がなくて、勉強を続けられなくて、中退したんだ」。

正式の資格がないアルフィーはちゃんとしたガレージの仕事を見つけられず、色々なところで臨時の仕事をしている。貧しい人々が貧困のくびきから自らを解放することの難しさを僕は改めて思った。能力があっても、誰か資金力がある人が助けない限り、やり直しの機会がないことがしばしばである。

観察した才能：すべての人が家族

夜中に、深酔した男が2人帰ってきた。酔って自分の名前を言うことすらできない2人の男は、よく知られた任天堂のキャラクター、マリオとルイジに気味が悪いほどよく似ていた。「マリオ」（僕は彼の本当の名前を知らない）は特に騒々しく、奥さんに怒られて家から追い出された、と僕に告げた。多分、飲み過ぎたためであろう。そしてまもなく、彼は僕のことを（そして彼のアルコールによる子どもっぽい振る舞いに耐える人を）好きだと告白した。

マリオの突然の振る舞いに接して、僕はもう眠る時間だと考えた。ヴィレッジの長のホセさんは自分の家を僕に見せてくれた。「君はもうわれわれの家族のようだから、ツガス・ヴィレッジ・ナンバー・ツーにいつでも迎えるよ」。彼はそう言ってから、お休みと挨拶した。

その晩、僕はベッドになっている1枚の硬い木の上で、なんとか休もうともがきながら、何時間も目を覚ましていた。眠れず休めなかった僕は起きあがり、家の後ろにあるトイレに行った。

そこに行く途中で、ホセの奥さんが僕のより狭い木の板の上で3人の子どもたちと一緒に寝ていた。その先では、ホセが外の小屋の簡単なベンチで寝ていた。僕の自分を哀れむ気持ちはすぐに消えた。僕は多分、ヴィレッジ中で一番良い「ベッド」を使っていたのだ。まだ屋根の残っている二つの家のひとつで寝ただけではなく、ホセと奥さんが夫婦用のベッドを僕に譲ってくれていたのだ。

もう一度木の板に頭を休ませていたが、眠気はやってこなかった。しかし、僕は今度は自分を哀れむことなく、謙虚な感謝の気持ちを抱いていた。

僕は近親の親しい人から数千マイルも離れたところで、初めてでほとんど知らなかったコミュニティに、事前になにも告げずに到着したのだった。マブハイ・レディーたちの感じたことは正しかった。多分、旅行中で始めてだろう、僕は気弱になり、孤独を感じていた。それから数時間たった今、僕は人生のなかで一番記憶に残り、意味深いクリスマスのひとつを思い出している。このコミュニティは僕が思ってもいなかった方法で、僕のことを愛し、ケアしてくれたのだから。

観察した才能：もてなしの能力

僕はちょっと考えてみる。もし、見知らぬ若者が突然、玄関先に現れ、クリスマスを過ごす場所もなく、一緒に過ごす人もいないと言ったら、僕はどう反応するだろうか。彼を家に招き入れ、ディナーを一緒に食べ、自分はソファで眠り、ベッドは彼に提供するだろうか？

僕だったら、むしろ色々な言い訳を探して、このコミュニティが僕にしてくれたようには見知らぬ人を扱わないであろう。僕が育った社会はきっと、完全に正当化できる〈理由〉を考えだすが、ここでは僕を大歓迎してくれたということは、僕には人間として何かが欠けているのだ。この孤立したコミュニティで僕は自分という人間について考えることになった。

第一の点は、非常に異なった文化と背景から来て不意に現れた僕を、ここでは仲間の人間として尊重し、価値を認めてくれ、ゲストとしてクリスマスを祝うパーティを開いてくれた。コミュニティが持っていた限られた食料を出してもくれたので、僕は本当に恥ずかしく感じた。

第二は、若きも老いもすべてのコミュニティの人たちに僕は受け入れられた。彼らの人生の一部（束の間ではあるが）になるように招かれ、暖かいもてなしを受け、最もよいベッドを与えられた。肉親から離れ、感じた孤独の感情は、僕のために何でもしてくれる、より大きな家族に属しているという感覚に置き換わった。バゴン・シランでデイル・ルゲーが僕に言ったことを思い出した。「もし、君が貧しい人たちと一緒に行動する努力をするならば、彼らは決して君を置き去りにしないだろう」。

僕の方は、クリスマスをここで過ごす選択をしたことで、重要なメッセージをこのコミュニティに送ったように思った。彼らはクリスマス・ディナーを今年は開かないつもりであったのだが、今やこれまでで最高に楽しいクリスマスのひとつだったと話している。そして、この経験で彼らは将来の新しい希望を持った。クリスマスの日であっても、本当に大事なのは、われわれが一緒にいるということで、プレゼントではないように見える。

観察した才能：協力しようとする傾向

僕はパートナーシップが力を与えることにも気がついた。コミュニティ全体がお祝いのために一緒になり、一人ひとりが相応の貢献をした。もちろんこのバヤニハン精神は、人々が一緒になって家を建てた、すべてのGKコミュニティの中心に宿っている。そこでは生活のあらゆる段階でバヤニハン精神が必要であって、いまやより大事になっている。数年前にやっと建てた家が潰れてしまったので、ヴィレッジはそれを建て直すことに躍起になっているのだから。

天才は個人の素晴らしい属性——傑出した知性、創造性あるいは肉体的な能力——を示すためによく使われる言葉である。貧しい人たちは個人生活において稀にしかそのすべての可能性を発揮する機会を与えられない。それにもかかわらず、僕が訪れたコミュニティでは、その基礎をなすつながりのなかにいくつかの〈天才的な才能〉が存在していた。

これは特にハイエン台風の後、この島の大部分が台風で破壊され、数え切れないコミュニティが自分たち以外に、頼れるものがなくなったときに顕著になった。つながりが壊されずに残っているところでは、貧しい人たちは危機の間はお互いに相手を気づかい（カリンガを示し）、再建のために共同で働く（バヤニハン精神で）。僕はそれらをこれまで訪れた多くのコミュニティで、特にGK精神が存在するところで見ることができた。

そうして、自分を形づくってきた西洋の文化が、人と人とのつながりを持たず、物質的な富と個人の進歩や達成という目標の追求に執着しているということを僕に特に強く意識させた。

さらに、貧しい人が本能的に協力する結果、豊かな人たちの方も気づかいの能力を発揮するようになる。たとえ短期間でもGKを訪問すると、そのたびに僕のなかに人間として善行が芽生え、より良くありたいと促がされる。僕がこれまでに会った最も英雄的で、感銘を受けた人は、ヴィレッジのボランティアのなかに存在し、彼らは皆、同じように気を配り、協力的であろうとする衝動を持っている。

観察した才能：困難に打ち勝つ

これはすべてのコミュニティで出会う人たちがみなヒーローだということを意味はしない。前に触れた「マリオ」と「ルイジ」の2人は、おこないが悪かったので、クリスマス・イブを妻たちから離されて（一時的だと思うが）過ごした。この例にみられるように、貧富さまざまからなるコミュニティでは、常にそこに住む人々をいかにまとめることが課題になっている。

最貧の人は他の層に比べて、良い行動をするのがはるかに難しいという問題がある。逆境に置かれると人は自然と助けあうが、日々生存競争している貧しい人は自分や他人のことに気を配るのが難しい。

以前の僕は、離れた場所から貧しい人々の心の狭さ――犠牲者意識、低い向上心、あるいは依存心――を、彼らが〈助け合いに力を入れていないと見える〉ことにいらいらしていた。もっと悪いことには、それだから犯罪と麻薬中毒が起きると単純に判断していた。自分自身と自分の仲間を眺めるときにかける特権的なメガネで、貧しい人と社会の周縁部にいる人の行動を見ていたのだ。

貧しい人たちは、慢性的な失業、不十分な教育、病気と絶望的な状況のなかで、希望を失って、問題を即座に、それが引き起こしかねない悲惨な結果を考えずに解決しようとする。きちんとした教育や前向きのロール・モデルがないので、社会の周縁で無視されている若者は道徳というコンパスを持たずに育つのが普通でもある。ちょうど、地味が悪く、不毛の土地に蒔かれた種が、母なる自然が生むような健康な草木に育たないのが普通なのと同じことだ。

僕が旅行の最中に出会ったベンジーなど多くの若者はそうした環境に育ったが、本当に驚くべきことに、無駄な脇道に入りこまなかった。僕は、こうした人々は最大級の賞賛と尊敬に値すると信じている。

犯罪、麻薬、暴力的で極端な政治活動に転落した多くの人たちは、厳しい〈自然の法則〉を単に拒めなかっただけなのだ。その行動は許されるべきではないが、彼らにはわれわれが一緒にいて、共感を示す価値がある。それは酌量すべき事情があり、彼らが物事を変える能力を有するからである。その証拠は、かつては社会の最下層にいたが、人生に新しい積極的な目標と力を見つけた人たちに僕が出会ってきたからである。

すべての場合において、変化の鍵は、敗北し、周縁に落ちた人々のところに行き、彼らの人生再建のために自信と信仰を与えた他人が存在し、かつ彼らとパートナーシップを組んだことにあった。

他方で、貧しい人が拒否と非正義の一生に打ち勝つためには、ケアをしてくれる外の人から差し伸べられた助けを彼らとしても認めることが必要である。支援を受ける場合には、自分の生活だけでなく隣人たちの生活をも再建設する決心を示さねばならない。

貧しい人がその能力と新しい機会を使う覚悟をして、自分たちを救い、他人のために犠牲的にケアをすることに僕は驚ろかされた。ベンジー、バート、ダバオ市監獄の女性たち、そして今はアルフィー、これらの個人は天才的な才能があるから、コミュニティに大きな影響を与えることができる。彼らは他のだれよりも、僕にワラン・イワナン（だれも置き去りにしてはいけない）の真の意味を教えてくれた。

天才の再定義

ティト・メロトが最初に〈貧しい人たちの天才的な才能〉という表現を使ったとき、僕は懐疑的だった。その頃の僕は、貧しい人たちを上から見て、哀れんでいたので、彼らは主に奉仕活動の対象であって、彼らから何かを提供されるということはまるで考えられなかった。要するに、僕は世界一流の教育と素晴らしく、愛すべき家族に恵まれていた。社会の周縁にいて、敗北した人たちから何か僕が学べることがあるのだろうか?

天才とは、たんに個人が人間の活動の分野で優れているだけでなく、むしろ人生に対する特段に積極的、人間的な態度である。人生の浮き沈み、不公平さと機会、そしてなによりも他の人々(家族、隣人、身知らぬ人たち)に対してとるそうした態度だ。僕はバンタヤンの貧しいコミュニティだけでなく多くの訪問先で、こうした点での天才たちを見てきている。そして、その過程で僕はどのようにして試験を通るかとか自分を知的に見せるとかではなく、簡単だが、より本当の人間として生活をする方法を学んだ。

巨大な可能性の利用

新しく養子にした兄弟姉妹に別れを告げていると、ナナヤ(フィリピン人のお母さんたち)の一人が僕と一緒に行きたいと冗談を言った。「私の妹を一人スーツケースに入れてくれるとうれしいけれど。そうしたら、彼女はあなたの国でお金持ちになれるわ」。軽い冗談だったが、その話で僕は出発をさらに5分遅らせることになった。

推定で100万人のフィリピン人が毎年国を離れ、海外に働きに行くのを知っている僕は、よその芝生は実際には青くないのだと、ヴィレッジのメンバーたちを納得させようとした。「あなたたちの国は美しく、素晴らしい人たちがここに住んでいる。それなのになぜ寒く、陰鬱なイギリスのようなところに住みたいのかな？」。

僕の言葉は聞いてもらえず、落ち込んだ僕は彼らを責めることはできないと感じた。結局のところ、僕はこの国のビジネスの首都マカティ市に戻るのだ。そこでは、技術とアイディアや野望がある人たちならば、豊富な機会に遭遇できる。もしそこで失敗しても、フィリピンの10倍以上の平均所得があるイギリスにいつでも帰れるのだから。

僕は経済機会の極度のアンバランスを、これまで大きな不平等だと思い、人間の潜在能力の法外な浪費だとも感じていた。しかし、他人が自分の側で気づかってくれるときには、貧しい人であっても同じような資源を使って、世界中にある美しく、機能的な家やコミュニティづくりのために努力し、新しい技術を発展させられるということを強く感じた。自分たちの環境を変える機会を与えられれば、貧しい人たちは天才的な才能を示し、バニヤハンとカリンガの精神を表現し、芸術的で創造的な能力を示し、生活を肯定し、みんなで楽しむ。

しかし、ビジネスの世界は貧しい人に能力や可能性を発揮する場を多くは与えず、ここのような美しいコミュニティはいつまでも極度に貧しく、分断されたままというのが悲しい事実である。それに絶望した母親や父親そして両親はより多くの収入を別の場所に求め、生き延びるためにコミュニティを離れて行く。

僕は今、ここをはじめとする多くのコミュニティで見てきた人間の持つ膨大な特質を十分に用いて、持続的な繁栄をすべての人にもたらす方法を見つけようとしている。

私は幸運なことに、非常に素晴らしい人たちや自分より知的な人たちに出会ってきた。しかし、多くの場合、私のメンターになるのは貧しい人たちであり、GKコミュニティから最も多くを学んだ。そこは人生という大学の土台であり、気づかいの度合いが最も高く、分け合うことの楽しみが成功の尺度になっている。

TM

第15章　欠けている中間の起業家を求めて

数世紀の間、われわれは奴隷であったので、海外で仕事を探すけれど、国内で富を創出するようになっていない。消費者の国になったが、生産者の国にはなっていない。悪いことには、われわれのトップの大学は政治家やプロフェッショナル（会計士・弁護士・エンジニアなど）を作りだしたが、国民のために富を創出する起業家（アントレプレナー）は少ししか作っていない。

TM

果物の売り手からチーズ生産者へ

「私みたいな普通の女がこんなにおいしいチーズを作ったので、チーズ生産者たちはみんな驚いたのよ」。マリセル・バルデラマさんは手製のチーズを6切れ、お盆の上に注意深く置きながら言った。

彼女の料理の高い技量に惹かれ、世界中の人たちがエンチャンテッド・ファーム（魅惑の農園）の台所にやってきた。TVの司会者クリス・アキノはテレビのショー番組「クリスTV」をここで撮影した。コメディアンのポクワンや俳優でモデルのダニエル・マツナガも来た。彼らとともに、遠くフランス、カナダ、スペイン、台湾から学生や若いプロフェッショナルのグループもやって来た。

しかし、本当のスターはマリセルのような人たちである。コミュニティには彼女のように前はスクワッター（不法占拠者）だった住民が多い。そうしたメンバーたちが、訪問者たちに自分たちの変化したコミュニティを見せ、テレビ・カメラの前で自信を持って話している。

「どうぞ、少し味わってみてくださいね」。マリセルはゲストたちに声をかけた。そして、彼らが始めて味わうチーズに驚くのを期待しながら待っている。「うわー、おいしい。素晴らしいわ（マニフィック）！」。一人が大きな声を出し、フランス語でお墨付きを与えた。

「少しお求めになりませんか?」。マリセルはいまが販売するときだとばかり、たずねた。「私たちはここで色々な種類のチーズを作っているんですよ。エクストラ・バージンのオリーブ・オイルをかけたフェタ、リコッタ、シェーブルの（プレインな）山羊のチーズ、ガーリックとハーブのシェーブル、ナッツとトリュフのシェーブル、そしてケソン・プティ（水牛チーズ）です」。

マリセルは18ヶ月前に「チーズ起業家になった」と僕らに話すが、彼女はこれまでの人生でいつも何かを起業してきた。現在エンチャンテッド・ファームが存在する地域の農家に生まれた彼女は、家族の唯一の「販売員」として、自宅の近所を毎日7時間も歩き、家族が作った果物や野菜を売ってきた。

マリセルの売り上げは不幸なことにいつもあまり多くなかった。起業家が成功するために最も大事なものが欠けていたのだ。資本と、そしてより重要な、製品を売る市場である。「問題は私の潜在的な買い手が私のように貧しかったことよ。かわいそうだと思って私から買ってくれることはあったけれど、私の稼ぎは少なかったわ。よい日には１００ペソ（約3ドル）、それだけあると自分と主人、４人の子どもたちでなんとかやれました」。

彼女は本当に成功する起業家にもうひとつ必要なものを欠いていたと僕は感じていた。それは疲れる日々の仕事の先を見て、機会を探す能力だ。「何時間も果物のかごを運ぶのですごく疲れたし、雨がふったときの仕事は最悪よ。ぬかるみにはまるので、サンダルを履けないの。代わりに、足にプラスティックの袋を結びつけていたわ」。

もし、マリセルがそのプラスティックの袋の先をほとんど見ることができなかったとしたら、どのようにして最終的にチーズ起業家になったのだろうか。チーズのような乳製品はマニラ郊外の上流階級の間だけでの人気だし、マリセルは首都から2時間も北のコミュニティに住んでいるのだから。

二つの説明が頭に浮かんだ。マリセルは国際ＮＧＯの生計向上プログラムの幸運な受益者になったのだ、あるいはもっとありえないことだが、スマートな若いフランス人にあって、短い情熱的なロマンスの間に彼から家族のチーズ作りの秘訣を教わったのであろう。

起業のパートナー

実のところ、マリセルの富の創造のパートナーは魅力的なフランスの王子様ではなく、もとはマカティの公選弁護人だったシルカ・アルバレスという女性であった。僕は最初にファームを訪ねたときにアルバレスさんに会っていた。彼女は最終的にファームに来る前は、人生の中年危機の初期にあったと言っていた。友好的で、忙しく、ときどきエキセントリックになるシルカは、ちょっとブリジット・ジョーンズ［イギリスの映画の女主人公］みたいだが、ヒュー・グラント［ブリジットが夢中になる弁護士］にではなく、社会的公正に熱を上げている。「自分の仕事は不満がたまるわ。依頼人を本気で助けようとしたけれど、彼らが刑期を終えたあと、働けるところが少ないの。多くの人には犯罪の履歴があり、仕事をみつけられないのよ。最も大事なことが、いかに今食べるかっていうことになってしまっているわ」。

シルカはいくつかのNGOの生計向上プロジェクトを調べたが、問題は多くのプロジェクトで同じだった。プログラムが特定の資金に依存しているので、長期的な持続性をどのように確保したらよいのか、である。彼女は最初にファームに来たとき、大いに鼓舞されるように感じた。ソーシャル・ビジネスを振興することが貧しい人の貧困からの脱出のただひとつの持続的な方法だと思ったからである。

彼女ははじめの段階で色々なアイディアを提案したが、そのなかには変わったものや素晴らしいものが混じっていた。「南アフリカの成功しているワイナリーで、山羊のチーズを出すところを、その年の前半に訪問したことがありました。〈冗談で〉エンチャンテッド・ファームでこのアグリビジネスを真似したらどうかという提案をしたんです」。「Gawad Kambingan（ガワッドの山羊小屋）を短縮してGKといってもいいいね」――僕は冗談を言った。「本当にすべての作物はGKと略称できるね。ゴートケソ（山羊チーズ）、ガタス・ング・カンビン（山羊ミルク）、グルメ・カルデレタ（山羊シチュー）」。

シルカと知り合った短い期間に、彼女は僕を将来の一生のパートナーとして一本立ちさせるべく、ある会社にオフィス・スペースを見つけてくれ、僕のアパートを流行の「インダストリアル・シック〔工業的で機能重視だが、シックなスタイル〕にするように強く勧めてくれた。要するに、彼女は自分の想像力を思いのままに働かす若い女性であった。

シリカは冗談でそう言ったのだが、ただ一人笑わなかったのがティト・トニーだった。「それはすごくいい考えだ。あなた自身がそれをやるべきだよ」。彼女は今後何の仕事を引き受けることになるのかを十分に考える前に（あるいはキャリアを捨てる前に）、酪農用の山羊を買い、実際にファームに連れてこようとしていた。

チーズ生産の経験が全くないシルカは、地元のコミュニティのメンバーに助けを求めた。このとき、彼女はマリセルに会ったが、マリセルも同じようにチーズの作り方を知らなかった。そこで、シリカはユーチューブで「素人でもできるチーズ作り」のビデオを見て、２人で試作を始めた。

「うんざりするほど試行錯誤を重ねて、残念なことに何頭も山羊を死なせてしまって、やっと、人々に好まれるチーズを作れるようになったわ」、シルカは話す。よい製品ができたので、彼女はマニラの郊外の高級住宅地にいる潜在的な消費者にそれを紹介した。「グルメ・ケソ」（会社名）は、２０１１年の全国規模の究極の味覚テストで４００品目のなかの７位をとった。やがて、この高く評価されたチーズは多くの人たちに海外からの輸入品にちがいないと思われ、注文が増えだした。

スタートアップ企業は、その４分の３が失敗するとよく言われる。シリカも何回かそうなりかけたと僕に言う。「本当に何度もあきらめようと思ったわ。保存期間が限られる商品だし、値段の安い輸入品との競争が非常に厳しいし。安定し、何が起こるかわかる楽な仕事に戻ろうかと思ったの」。

もし利益だけがモチベーションだったら、グルメ・ケソは失敗していたかもしれない。シルカは続ける。「チーズ作りはナナヤたちの人生にとって本当に重要だと私は感じていたので、やめることができなかったわ。マリセルが私に言ったことを覚えているの。家の近くで働けるし、4人の子どもの面倒を見るのも簡単なので、非常にうれしいと。彼女はナスを売るために、一日中灼熱の太陽の下に2人の赤ん坊を連れて行く必要もないのだと。そうなのよ、その話をきいたあと、もうやめることを二度と考えてはいけないとマリセルに伝えようって」。

今日ではグルメ・ケソは、規模は小さいながらも持続するビジネスとなり、エンチャンテッド・ファーム出身の何人かのナナヤに生計の糧を与えている。僕がソーシャル・ビジネスの本質を考える際にも、非常に役に立っている。

シルカはお金を稼ぐためにグルメ・ケソを始めたのではない。弁護士としてのキャリアはすでに彼女に快適な生活を保証していた。彼女は社会の周縁に追われ、不満を持った若者に雇用機会を作るという社会問題を解決しようと思ったのだ。同時に、ビジネスは利益を出すものでなければならない、さもなければ続けられないとも知っていた。

彼女はマリセルに労働者としての姿だけでなく、潜在的な起業家の姿をも見ていた。彼女たちは仕事のパートナーになり、マリセルは事業のある側面を管理する責任も担うようになった。より最近ではコミュニティの他のメンバーを雇うのはマリセルだし、そうしたメンバーに自分と同様にチーズ生産ができるように技術も教えている。

現在はだいたい5キロの白チーズと山羊のチーズをつくれるので、マリセルは規模を拡大しようとし、経験のあるビジネス・ウーマンに典型的な考え方をしている。チーズとよく合う製品としてパンを考え、自分の夫にコミュニティで小さなパン焼きのビジネスを始めさせた。「彼がパンを多く焼けばそれだけ、彼は飲まなくなるの。皆にとっていいことよ」。

ワラン・イワナン（だれも置き去りにしない）経済を目指して

彼らのビジネスのひとつの特徴は、〈だれも置き去りにせず〉（ワラン・イワナン）、利益を出して成長することである。この精神はシルカを喜ばせ、マリセルもそれを自分のものにしつつある。「家族、とくに子どもたちにはまだ夢をもっているわ。だけど、まさに今私がやろうとしているのはもっと多くのナナヤをね、自分と一緒になって貧困から抜け出せるように助けることなの」。

ソーシャル・ビジネスは商業的目的と人道的目的を両立させることを目指している。チーズ事業はマリセルに所得を与えただけでなく、彼女の尊厳を高め、彼女が持つすべての創造的なエネルギーを解き放つことになった。「多分将来はフランス人が私たちのチーズを買い、イギリス人が私たちのパンを買うことになるでしょうね。だれもわからないけれど」。彼女は笑いながら僕に語った。

ティト・トニーがもっと若い社会起業家を紹介したいというので、僕らはグルメ・ケソの台所から出て、農園ツアーを続けた。次は、アヒル小屋だ。そこで、マニラ出身の24歳のアルビー・ベニテス君に会った。彼はゴールデン・ダック（金のアヒル）というソーシャル・ビジネスを立ちあげていた。

このまえアルビーと会ったときは、農園の一番外側にアヒル小屋を建てており、全身が泥とアヒルの糞でまみれていた。その次はもっと文化的な場所で会った。国営放送のテレビが彼と彼のブランドにしっかりとカメラを合わせ、彼はクリス・アキノが自分の最新の製品（パト・プトー（ダックエッグ・ライスケーキ））にどう反応するかを待っていた。彼の心配は当然だった。とにかく、フィリピンのオプラ・ウィンフリー［米国の著名な女性TV司会者］といえるクリスの承認は前向きの反響につながる。「わあ、これは他とは違う。私は好きよ」。ミズ・アキノがそう言ったので、アルビーは安堵のため息を漏らした。

だいぶリラックスしたアルビーはゲストたちに、フィリピンでアヒル産業を拡大している動機について説明を続けた。「養鶏業の市場は200倍も大きいのですが、アヒルに関してはこれまでは質が悪く、市場性がなかったのです。われわれの使命はそれを変えることなんです」。彼は話し、カメラは多くのアヒルから作った製品、たとえばアヒル入りのシシグ、[1] フォワグラ入りバーガー、そして彼の代表作ゴールデン（ダック）・エッグを映してくれた。

「今最も人気があるアヒルの商品はバルトなんだ。[2] それが悪いという訳ではないんだけれど、バルト・エッグは1個15ペソ（約35セント）でしか売れない。そこから5段階から7段階の人たちが収入を得るとなると、貧しい人たちにはいくら残るんだろうか？」、アルビーは問う。ゴールデン・ダック事業はこうして質の高いアヒル製品を包装し、販売し、貧しい農民によりよい収入の流れを確保することを目指している。

アヒルの羽根ペンと100羽のアヒル小屋から始め、たくさんの試行錯誤を重ねた末に、アルビーは新しい計画を思いついた。卵をウコンにつけておくと、自然に金色になり、売り手は喜ぶ。塩分が半減するのでヘルシーで、味がよくなり、アヒルの卵に安価さ以外のものを見つけ始めた市場に少しずつアピールするようになった。「僕らはわかったんだ。正しいメッセージを出し、自分たちの価値観を大事にしていると、人々は僕らを支持し、僕らのビジネスはやがてはうまく行き始めるということを」。アルビーはこう説明する。そのあと、彼は、ゴールデン・ダックは近く出るプレイボーイ・フィリピン誌に記事が出ると言って、僕たちを驚かした。大人の男性雑誌にソーシャル・ビジネスが登場するのは変な気がする。しかし、少なくとも、ある程度社会に貢献している革新的な新製品が紹介されるのは、主力の市場で関心が高まっていることの反映である。

アルビーは今ではうまくいっているが、ソーシャル・ビジネスを始めてからいくつかの苦しいときを乗り越えてきた。大変な時期にも続けられたのは、エンチャンテッド・ファームのエコ・システムと支援のネットワークのおかげである。「どこか他の場所に、あんなにさまざまな才能を持ち、協力的な人たちがいるだろうか？」。

1　シシグは人気のあるフィリピンのアペタイザー、細かく切った豚の顔と耳（鼻も含む）と豚の肝臓からつくられている。
2　アヒルの卵のなかの生まれる前の胎児。フィリピン人の好きな軽食。

こうした人たちはアルビーとビジョンを一にしている。貧困の撲滅である。一日中、アルビーの横にはアレックス君とクレマン君がいた。彼らはフランスのビジネス専攻の学生で、現在はゴールデン・ダックのインターン（研修生）である。彼らにとっては、習ったすべての理論を現実のビジネスの環境で実地に適用するよい機会だ。「ここで6ヶ月間、ゴールデン・ダックを自分ができる方法で支援しています。彼らのビジョンを信じているし、商品も素晴らしいですよ」。アレックスは付け加える。アヒルの肉は、フィリピンでは二級とされているけれど、フランスでは高く評価され、特にコンフィやパテは高級品である。「ここで開発したいくつかの商品、たとえばダック・バーガーやダック・シシグは本当においしい。フィリピンの人がそれを味わったら、好きになるでしょう」。

アレックスの側にはエンチャンテッド・ファームの住人のキャシーがいつもいる。彼女はまだ高校の教育を終えていないが（現在、パートタイムで通っている）、正式の教育を欠いているのが嘘のように、責任のある仕事に携わっている。「ここでは人々が私を信頼してくれるのでうれしいの。仕事のいろいろな面を、会計、生産、購買、商品の販売と沢山のことを勉強したわ」。

2024年までに50万人の社会起業家を？

マリセルやキャシーのような人にエンチャンテッド・ファームで会ったことで、僕は当たり前のことだが、ひとつのことを確信した。貧しい人は恵まれた人と同様に、富の創造者になる可能性を持っている。実際に彼らの才能、創造性そして起業の意欲をここの農園だけでなく、他の場所でも見てきた。益栽培プロジェクトという壮大な計画をもっているバートとベンジーや、ダバオ市の拘置所でバッグを作る女性たちもそうだ。僕が思うに、フィリピンは膨大でかつ価値のある人的資源、すなわち貧しい人の才能に恵まれている。必要なのは、アルビーやシルカのような革新者が、貧しい人を単に安価で信頼できる労働力としてみるのではなく、ビジネスのパートナーとして見ることである。ソーシャル・ビジネスは、西欧の資本主義が好む開発のトップダウン・アプローチとは反対に、この大きな資源を活用して、能動的に富を創造にする方法だと僕は思う。

２０１１年６月24日にエンチャンテッド・ファームを訪問したフィリピンのベニグノ・アキノ３世大統領は社会革新センター（ＧＫ・ＳＣＩ）の可能性を賞賛し、２０２４年11月までに50万人のフィリピン人をソーシャル・ビジネスに従事させる目標を設定した。現在のこの国の、多様だがちょっと非生産的な貧しい人たちとスキルが高い中間層のエリートとの間の著しい格差を考えると、これは遠大な目標である。

ゴールデン・ダックとグルメ・ケソはコミュニティにプラスの衝撃を与えたが、壮大な目標がこうした小さく、特殊で、国内に特化した会社だけで達成しうるかは疑いがある。そのうえ、こうした仕事は性格上、コミュニティのナナイ（お母さん）たちが多く参加するが、ティト・メロトらがバゴン・シランを訪問して気がついたように、男たちがしばしばコミュニティの機能不全と崩壊の主因になっており、彼らが問題解決の中心にならねばならないのだ。

ソーシャル・ビジネスの世界は、女性だけでなく男性が持つ膨大なエネルギーと才能の蓄えを活用できるだろうか?

フィリピンで貧困を撲滅するためには、大きな夢が必要であり、起業家たちはわれわれの思考と行動の方法を変える能力を持っている。ソーシャル・ビジネスの起業により、ビジョン、経験そして豊かな人たちの市場へのアクセスが与えられるので、貧しい人々は有する天才的な才能を解き放つことができるようになる。こうしたつながりがどれほど爆発的なものになりうるか想像してほしい。

TM

第16章　農業をセクシーにする

国が貧しいのは、われわれがあいかわらず貧しい人たちを見放しているからだ。田舎で土地も家も持たず、危険な場所でぎりぎりの生活を続けるのに見切りをつけた貧しい人たちは、都市に移動して不法に住むようになる。こうして都市にますますスラムが増えてゆく。

ＴＭ

「われわれはあまりに多くの時間を〈ハーバードの福音書〉を読んですごしたので、われわれの国が本当に何を必要としているかについてわからなくなってしまったね」。ティト・トニーはある朝エンチャンテッド・ファームで現地の新聞のページをめくっていた僕にそういった。見出しは興奮するような経済記事で溢れていた。フィリピンは東南アジアで一番の高成長国で、世界のなかでトップのパフォーマンスの株式市場でもあり、不動産セクターは活況を呈している。しかし、それと対照的な見出しもひとつあった。「年末にかけて貧困が増加している」と。その記事によると、貧困度の自己評価を扱う社会気象台の調査では、自らを「マヒラップ（貧しい）」と見なすフィリピン人の数が増えている。フィリピンの経済が高成長しているときに、貧困の度合いがいつまでも高いままなのは、驚くべきことであり、もっと悪化するするかもしれない。「世界から進歩とは何かについて多くの考えや情報が入ってくるが、われわれ自身でよく考えなければいけないね。開発というのは豊かな層がより豊かになることなのか、それとも機会を与えられなかった2100万人の貧しい人たちの貧困を終わらせることなのか？」。ティト・トニーは思いを巡らす。「何十年もの間、この国は貧しい人は問題でないかのようにして、発展を続けてきた。もし本当に国を作ろうとするのならば、貧しい人たちが何を望み、必要としているかを理解しなければならない。彼らの言葉を話さねばならないよ」。

ティトはエンチャンテッド・ファームの住民と話をしてみたらどうかと僕に提案をした。ここはかつてのスラムの住人、反政府軍の兵士、そして建設労働者が住むコミュニティである。「ここの住民と一緒に時間をすごしたらどうかな。彼らにとって何が大事なのか、そして彼らの目に映る進歩とは何かを発見したらいいだろう」。これはいい考えだと思えたので、僕はヴィレッジのなかを歩き始めた。

都会の魅力

最初に会ったのはベール・シソンさんだ。彼が農園の土地の手入れに熱心なのを見て、生まれてこのかたずうっと農民なのだと思った。実際にシソン氏は時間を全く無駄にせず、農業に情熱と誇りを注いでいた。「自分の仕事を愛することが大事だし、私は畑仕事が実際に好きなんだよ。畑仕事は今や自分の人生の一部になっているよ」。ベール・シソンは57歳、これは今のフィリピンの農民のちょうど平均の年齢だ。だから、僕は消えていく種族を象徴する一人と会っていると考えた。

このベテランの農民は僕が最初に思っていたより、多彩な履歴の持主だということがあるときわかった。「今の仕事は始めて2年ほどだ。前は、マニラで警備員をやっていたんだ」。ベールは農家で少年時代を過ごしたが、田舎での出口がないような生活より、マニラの明るい光が遙かに魅力的に見えたと、僕に語った。「若者としてマニラの生活を経験したかったのさ。そこで最初の国家防衛局の仕事を終えたあと、国立食料局の警備員としてマニラ港に雇われたんだよ」。ベールはこの数十年の間に都会により大きな機会を求めて地方から集まってきた数百万人の一人であった。

しかし、彼が都市にでてきてわかった現実は、彼の期待と違っていた。「『おお、マニラはものの値段がバカ高いぞ』。町では高額の家賃を払えないから、ブラカンから通うことに決めたんだ。25年の間、毎日パンディ（ファームの近く）から片道2時間半かけ、マニラに通うのが習慣だったよ」。朝は4時に起き、12時間のシフトの仕事を終え、夜は8時か、9時に帰って来た。「帰って来るといつも何かしら仕事があり、睡眠時間は日に2、3時間しかとれなかった」。

何百万人という他の人たちと同様に、ベールはすべてを犠牲にし、マニラで少し多くの収入を手にしたが……彼の努力はあまり報われなかった。「たしかに都会で少し多くを稼いだんだが、日に200ペソ（5ドル）の交通費で給料の半分が消えてしまった。生活が苦しくなったので、子どもたちは学校を中退してしまったんだ」。彼の語った生活はかなり悲惨なものだった。「家族には会えず、嫌いな仕事に就き、こうした犠牲を払ったんだけど、自分の家族を養えなかったよ」。ベールの少し高い給料の「報い」は、高い生活費、バスの中で過ごす毎日の4、5時間、そしてよくて日に2時間、家族と会うことであった。開発途上国に住む何百万人の人にとっては、これが進歩の対価であろう。

故郷に戻る

ベールは思いもよらぬ形で厳しい日々の仕事から解放された。港で勤務中に、海賊団に背中を撃たれ、安全な仕事がいいのなら別の州に移るか、別の仕事を探すように言われた。彼はブラカンの家に戻ることを決めた。

そのときも、ベールは農業をやることを真面目には考えなかった。「仕事はあまりなく、給料も本当に低かった。そこで別の仕事を探したところ、たまたまバスの操車係の仕事を見つけたんだ」。やっと家の近くで働くようになったが、生活はあいかわらず苦しかった。「給料は本当に低く、電気・水道などの費用と家賃をやっと出せるだけだった。食費と学校の費用はほとんど残らなかったよ」。

その後ベールの生活に変化が起きた。新しくできたＧＫエンチャンテッド・ファーム・ヴィレッジの住宅に、借家人として入る機会を与えられたのだ。場所は彼と家族が住むところに近いアンガットであった。今では彼らはコミュニティの中に居住している。「ここに移ってきてからは、生活のすべてが変わったさ。子ども時代から長い間やってはいなかったけれど、農園労働者の仕事につけたんだ」。現在の稼ぎを聞くと、「過去に比べてどれだけ稼いでいるかは実際には問題ではないんだ。今はちゃんとした生活をするには十分もらっている。必要な食べ物があるし、ここでつくる野菜と果物もある。そして稼いだお金は長い通勤に無駄に使われることはない。本当だよ、稼ぎは家族の教育に使っているよ」。

後になって、僕は農園での平均給与はこれまでの倍あることを知った。それだけでない。「田舎での1ペソは町での3倍以上の価値がある。生活費がうんと低いからなんだ」と、ティト・トニーから前に僕は聞いていた。「お金を稼ぐ際に大事なことは、どれだけ貰うか、というよりそれで何をできるかだよ」と。

西洋では貧困をお金の尺度、たとえば一日の収入が1ドルから2ドルという尺度でよく測るが、それだとベールの話や、これまで旅行をして気がついたことをうまく理解できない。貧しい人たちはより多くを、たとえばより多くのお金やより多くのものを、際限なく追い求めるという悪弊に染まってはなく、われわれの心配事とは違う。ベールがもっとも大事にすることのひとつは家族であり、必要なのは〈充分にあるか〉ということである。「働ける年の子どもたちは農園の中や近くで仕事を見つけた。だから、毎日自分のすぐ近くにいるさ。単純なことすらも、たとえば毎日一緒にお昼を食べるということは、前は自分がいなかったのでできなかったんだよ」。

ベールは人生で初めて、人の役に立ち、生産的な仕事を見つけた。「守衛の仕事はすごく孤独で退屈だった。自分は何が上手くできたのか。主にやったのは人のために扉を開けることだけだったのさ。今や外で働き、体も動かし、背中に新鮮な空気と風を浴びている。自分はすごく丈夫になったと感じているよ。野菜を植え、手入れをし、そして成長を見守り、取り入れ、それから人々がそれを食べるのを見る。満足しているよ」。

ベールは都会で25年間苦労をし、自分が本来属す場所である田舎に戻ってきて、本当にこれが自分だと思う何かをやっている。メトロ・マニラはすでに世界で人口が最稠密な地域で、人口は約1200万人。そのうちスラムに住むのが400万人、2050年までになんと900万人に達するかもしれないという推定もある。ベールと会って思うことは、多くの都会に住む人たちのうちどれだけの人が、もっと本当の生活を発見するのをただ待ち続けているのだろうか?

都会の危険

エンチャンテッド・ファームのコミュニティのメンバーのなかで、ベールだけが田舎に平安と満足を見いだしたというわけではない。今日歩いたコミュニティは賑やかだったが、たった数年前は多くの人たちは〈不順応者〉、つまり属する場所を見つけられない人たちだった。

その一人がセリアさん、ビサヤのオルモック市出身で、ずっと出稼ぎを続けてきた。初めは自分の故郷の村で、次いでオルモックで仕事をみつけようと努力した後に、彼女は最後にメトロ・マニラにやってきた。都会では彼女の技能だと高い収入の仕事を得られなかったので、洋服を洗い、家族の生計を立てた。「小さな掘っ立て小屋に夫と5人の子どもと住んだわ。夫は全く助けにならなかったの。ほとんど飲んだくれだったの。しばらく一緒だったけれど、別れたわ」。セリアの声は途絶えて、あきらかに感情的になっていた。「子どもたちが病気になったの。息子のジャン・ルイは肺炎になり、娘のマリーは白血病になったわ。まだ8歳だったの。とってもつらかった」。

NGOのサポートを得て、マリーは化学療法の治療を受けたが、そのとき、三つ目の大きな打撃が家族を襲った。ケッツァーナ台風（現地名はオンドイ台風）が2009年にフィリピンに壊滅的な打撃を与えた。過去最大の熱帯性暴風雨で、メトロ・マニラを襲い、約800人の命を奪い、数万人の家と生計手段を破壊した。「そのとき私は病院に入っていたのでけがはしなかったわ。だけど、自分たちの家は完全に水没し、すべてを失ってしまったわ」。

「何という不運！」。僕はチェリー・アティラノさんに言った。チェリーは24歳の農業経営者で、ファームの管理チームのメンバーである。僕らの会話を聞き、必要に応じて通訳もしてくれた。「不運というだけ？」、チェリーは僕に尋ねた。「なぜこうした自然災害の犠牲者は、ほとんどいつも貧しい中でもより貧しい人たちなんですか？　こうした人たちは都会に来るけれど、住めるのはリスクの高い場所、たとえば運河や川の近くの低地なのよ。犠牲者をただ助けるだけでなく、私たちは貧しい人たちが最初に被害を受けることがないようにする責任があるでしょ。だから、その機会を田舎に作ることが大事なの」。

チェリーはかつてフィリピンの優秀学生十人賞をとった10人のうちの一人だったが、フィリピンの将来を農業に見いだしていたので、米国で学ぶためのフルブライト奨学金を辞退した。彼女は、いまエンチャンテッド・ファームのアグリ・クール［カッコいい農業］計画を運営し、若者たちにもう一度農業に関心を持たせようとしている。

都市部が過度に混雑する結果生じるもうひとつの問題について考えてみたい。セリアの2人の子供が病気になったのは単なる「不運」ではなく、家族が住んでいた混雑し、汚染された環境と何らかの関係があったのではないだろうか？

健康によい生活

セリアは話を続ける。「娘はいつも夢を持っていて、よく私に言っていたわ。『マミー、いつか家に住みたいし、花を植える場所がほしいの、植木鉢でもいいわ』」。あるとき、病院に入っているマリーを支えていた地元の神父が、家族が住んでいる哀れな場所を訪れ、そこから抜け出す道を探してくれた。彼らはガワッド・カリンガ・ヴィレッジに入り、やがてはエンチャンテッド・ファームに移り住むことをすすめられた。「もし娘が、私たちが今住むところを見ることができたらね！」。セリアは物思いにふけってため息をつく。かわいそうなマリーは色とりどりで快適な家と家族が住んでいる広い場所を楽しむことができなかった。

もし、セリアの経験した悲劇的な喪失が、彼らが以前に住んでいた有害な環境と関連しているとしたら、彼女の16歳の息子ダニーロは逆にエンチャンテッド・ファームの賑やかなコミュニティの産物である。彼は明るいティーン・エイジャーで、大きくなったら弁護士になりたいと言っている。チェリーは、ダニーロがこのファームの安全な環境に住むようになってから、信じられないほど変わってきたと僕に言う。「始めてファームに来たときの彼は、ひどい栄養不良で、不登校で、そのため知的に未発達だったわ。だけど、今では彼のグループの中で成績がよく、クラスで一番なの。彼は賢い子どもだったということがわかったわ」。

ダニーロはファームにいる希望に燃える若いコミュニティ・メンバーである。学齢にある125人の子どもたちはみな教育を受けているが、ほんの4年前には大部分はそうではなかった。ここは健康的なコミュニティになっている。3年前は45人が結核だったが、今日ではゼロである。コミュニティには人口密度が高い都会で見られる他の多くの病気、デング熱や小児麻痺などもない。

悲劇的な喪失はあったものの、セリアは家族の生活はあのもっとも暗かった日々から改善したと言う。「今は家族が一緒で、すごく幸せな生活よ。子どもたちは皆学校に行ってるし、家はコンクリートで、部屋は快適だし、屋根は雨漏りがしない。子どもたちは安全で、平和なコミュニティに住んでいるわ」。

しかし、だれが農業をやろうとするのだろうか

午後遅くに僕が会話をしていたのは、東南アジアでトップクラスのビジネス・スクールである、マニラのアジア・インスティチュート・オヴ・マネージメント（ＡＩＭ）の学生のグループで、彼らはエンチャンテッド・ファームに起業教育の授業の一環としてやってきた。「フィリピンで起きている問題は、私の町にもあります」。ムンバイ出身のインドの女子学生はそう僕に言う。「農村部の人たちは仕事がみつからないので、代わりに都会に向かうの。多くの都市は、私の国もそうだけれど、それに対応できていないわ。こうした人たちはどのようにして仕事や家をみつけられるのかしら？　どうしたら必要な道路や公共輸送システムを作れるのでしょうか？　これは貧しい人たちの問題だけではありません。

私の町は危険になり、汚れ、そして住む環境が悪化するという意味で、私自身にとっての問題でもあるのよ」。

彼女のコメントはわれわれの議論に新しい光を当てた。他の人たちだけに影響があると思われていた問題が、結局われわれみんなに関わってくるのだ。フィリピンと他のアジアの国からの学生たちが会話に加わってきたので、僕は彼らに彼らの国の将来を決める5つの重要な課題をリストアップするように求めた。「仕事、不平等、健康、食料保障そして気候変動」、彼らの順不同の答えである。

「私はここのような農園－ヴィレッジ（Farm–Village）がもっと必要だと思います」と、一人の学生が言った。エンチャンテッド・ファームは農園－ヴィレッジ－大学（Farm–Village–University）として知られている。なぜなら、そこでは「ヴィレッジ」を「農園」にどのように結びつけるか、言い方を変えれば、地元のコミュニティを地元の富の創造源に結びつけることが可能かを学ぶ場所であるからである。それとは対照的に、多くのフィリピンの人たちは、ベールやセリアのように彼らを取り巻く素晴らしい土地から生計を得る機会が少ないので、農村の家を離れざるをえなかった。

しかし、エンチャンテッド・ファームのような場所では、地元の人々が地元産の食料を作り、食べて、さらに売り、そして草の根経済から生まれる地元の仕事を見つけることができる。世界銀行の報告書が、所得引き上げの面で農業は他の部門の経済活動に比べて、極貧層にとっては約4倍も効率的であると述べているのは不思議でない。[1] 実際、開発途上国が直面するこれら5つの課題（学生たちの考えではあるが）のどれひとつをとっても、農村が責任を持って、均衡のとれた開発をすれば、解決できず、軽減ができないものはないように見える。

エンチャンテッド・ファームを見回して、僕は実感する。この土地に生産性をもたらしているのは、基本的に起業家であり、NGOでも政府の出す手当でもない。そう考えると、次の質問が浮かぶ。「では、君たちのだれが、大学を終えたら農業をやりますか？」。僕の質問はまじめなものだったが、学生たちは、はじめは冗談や笑いで応じた。彼らの反応は、農業が生活にとって本当に重要であるにもかかわらず、多くの人にはむしろ「汚い」職業だとみられているという事実を示している。僕は今朝早く、チェリーのやっている若い〈カッコいい農業〉グループのメンバーの言った言葉を思い出した。「農業をやる人は日に三度必要とされるんです！　医者はどんな頻度で必要でしょうか？　多分、年に一回でしょうか？　そして弁護士は？　多分できれば人生で一度も必要としないで済ませたいですね」。

これらの若い学生たちに農業の魅力を少し伝えようとして、僕は質問を言い換えた。「アグリ・アントレプレナー（農業ビジネス経営者）になろうと希望する人は？」今度は、だれも笑わず、黙っている。僕はこれが彼らの本心だと思った。ついさっきは農村部での持続的な開発が必要と主張していたけれど、この学生たちのだれもが問題解決のために役割を果たそうとしないことは驚きである。

若者たちに農業のキャリアの可能性を見せるのがティト・トニーの現在の大きな関心のひとつである。「若者の問題は自分たちのキャリアを、コール・センターや多国籍企業あるいは海外で他の国を豊

1　世界銀行「世界開発報告２００８年版」による。

かにすることに結びつけていることにある。しかし、この国の真の可能性はこの場所にあり、土地のなかにあるんだよ。これは自分の強みを活かすことなのだ。われわれには1300万ヘクタールの豊かだが、生産性の低い土地があり、これを使えさえすればよいんだ」。

ティトは、社会ビジネスのテオ・アンド・フィロ・アーティザン・チョコレートの手作りチョコレートを手に取った。「われわれはなぜもっとカカオの木を育てられないのかね？　最良のカカオ豆を持っているが、すべてのチョコレートは海外から輸入している。フランス人、ベルギー人、スイス人、みんなチョコレートが大好きだ。ヨーロッパの人たちはすべてのチョコレートを作るけれど、カカオの木は一本も育てていない」。彼はさらにカフェ・ド・シュグとカペ・マリアの二つの地場のコーヒー製品を見せた。「われわれはほとんどすべてのコーヒーを輸入している。フィリピンの気候や土壌はコーヒーの木を栽培するのに世界が羨望するほどなのに。ばかげていないかね」。

米と砂糖だけではなく

僕らはそれからロン・デイソン氏に紹介された。彼は五十代前半で、多国籍企業のＩＴコンサルタントの稼ぎのよい仕事を辞め、地元のアイスティー・メーカーのバヤニ・ブリュー（バヤニ飲料）の経営トップになっている。ロンさんは僕に言う。「バヤニ・ブリューの起源は、エンチャンテッド・ファームのガワッド・カリンガのナナイたち（お母さんたち）にあるんだよ。その一人、リンダはいつも鍋からやけどしそうに熱いお茶を農園のボランティアに出していた。それは、〈すごく魅力的とはいえない〉が、地元のレモングラス［レモンの香味成分を含むハーブ］、パンダン［香草、日本語名タコノキ、葉緑素が多い］、そしてスイート・ポテトのトッピングを使ったものだった。ある日、ティト・トニーがいった。『どうかな。これを瓶に詰め、冷やして売るのはどうだろうか？』。

ロンは、飲み物の中に入れているものは昔からあるものだと説明した。すっきりした味がする上に、レモングラス（タングラッド）と抗酸化性のパンダンとその他の葉っぱ、そしてビタミンC（カラマンシ）などの自然の成分は、「この飲み物（ブリュー）」が健康意識の高い現代の消費者にアピールすることを意味していた。

ティト・トニーはこの商品の魅力が高まっていることを強調する。「コカ・コーラのトップレベルの幹部が2、3週間前にファームに来たんだ。バヤニ・ブリューを味わい、これは世界レベルだと言っていたよ。これはここで他のどこにもないようなブランドを作れるという十分な証拠ではないだろうか？フランス人やイタリア人と違って、フィリピン人は悪しき植民地気質に侵されている。そのため地元で作った製品を見下し、それらをバドゥイ（安いあるいは趣味が悪い）で、かっこうが悪いといってしりぞける。地元製品は質が悪いという見方も改めるべきだよ」。

ロンと彼のチームにとって、瓶詰めやパッケージングの作業も難しかったが、もっと大変だったのは、フィリピン人の意識を変えることだった。ロンは説明する。「プレミアム製品として売る製品なのだけど、そのロゴの真ん中にフィリピン語の単語であるバヤニを入れるというリスクをとったんだ」。

学生たちはこの「セクシー（魅力的な）」な地元ブランドに好奇心を高めたのが明らかだった。ロンと社会起業家のチームが、そこで説明する。「もちろん、製品はそのころは今とはずいぶん違ったさ。われわれは瓶に詰め、パッケージをし、売った。そして、貧しい人たちが収入を上げ、だれも置き去りにされないようにする、持続的なビジネスを作りあげた。バヤニ・ブリューのような新しい事業では、ティト・トニーがいつもいうところの、〈見えない中間の起業家（missing middle）〉が常に必要なんだ。彼らは、ビジネスにかかる自分たちのコツ、ビジョンと販売のノウハウを提供し、新しいアイディアを商業的に成り立つ製品に変えることが必要なのだ。その過程で彼らは貧しい人たちとパートナーを組み、彼らの才能を活用している」。

ロンは僕らに言う。バヤニ・ブリューはエンチャンテッド・ファームや周辺の貧しい農家のコミュニティに貴重な収入をもたらし、また近くの有機栽培農家と農業改革で生まれた協同組合にも恩恵を及ぼしていると。「われわれが契約している農家の多くは、彼らが慣れている年2回の米の収穫に比べて、手取りの多さに驚いているよ。これはバヤニ・ブリューに含まれる原料のなかには付加価値の高い作物が含まれるからなんだ。また、中間業者を使わないことで、農家に普段よりはるかによい値段を払うことができるようにしているのさ。ソーシャル・ビジネスとしてのわれわれの目標は、彼らにできるだけ低い金額しか払わないということではない。われわれのビジネスの重要な一部である生産者に対し適切な倫理的な価格（エシカル・プライス）を払うことにあるんだ」。

成長と卓越

〈1回にひと瓶で人生が変わる〉。これがバヤニ・ブリューのスローガンである。昔は不平を口にしていた警備員だったベールは今やバヤニ・ブリューのためにレモングラスを育てている。彼は自分が農民だということを再発見したので、人生がよい方向に変わったということにきっと同意するだろう。「12月には去年の倍の4万4000瓶を販売した。2014年12月までには最低10万本は売れると思うよ」。ロンは予測する。「はっきりしているのは、われわれが多く売れば、それだけ多くの材料が必要になるので、インパクトはそれだけ大きいんだ」。

ソーシャル・ビジネスは最近では貧困の削減に有効な方法として着実に評価を高めてきており、僕のバヤニ・ブリューの話もそれがなぜかを明らかにしている。これまで多くの貧困撲滅の試みがあったがそれらは、最終的に資金が尽き、関心が次第に薄れ、失敗してしまった。しかし、バヤニ・ブリューのような商品は、社会的にNGOの商品が支持されるのと同じように、人気のあるブランドになりさえすれば、生産は増え、貧困が減っていくようになる。

バヤニ・ブリューは小さな会社だが、成長は早い。今後何週間も、何ヶ月もの間、高級レストランやバーのカウンターや雑貨屋の棚に置かれ、トレンディな音楽フェスティバルで話題になり、全国のテレビで放送される。もっと多くの人たちがバヤニ・ブリューに興味を持つと見込まれるのは、競合する他の商品に比べて健康的で、味がよいということに加えて、ロンをはじめとする、ロンの言葉によれば

〈この国が狂うほど好きな〉若い起業家のグループが作ったからでもある。

金持ちにも貧しい人たちにも同じように恩恵が及ぶ商品を選ぶことで、新しい消費の時代が始まるかもしれないと僕は思う。しかし、ゴールデン・ダック、グルメ・ケソやバヤニ・ブリューのような商品が大規模なビジネスに育たない限り、真に意味のあるシフトは起きないだろう。ティト・トニーは挑戦をこう要約する。「この国の問題はわれわれが小さくものごとを考えるのに慣れてしまっていることだ。われわれの社会起業家にはどのようにして成功するかだけでなく、大きな市場で〈産業のチャンピオン（勝利者）〉になることを学んでほしい」。

最良をめざす

エンチャンテッド・ファームで丸一日過ごしたティト・トニーと僕は6時半に出発することになっていた。しかし、出発予定時間の5分前になっても運転をするロンはどこにも見当たらなかった。2、3分待ったティト・トニーは、いらいらしている。「もういい、われわれだけで行こう」。僕は有効な自動車免許を持っていなかったので、彼は自分自身が運転するしか方法がないと決めた。しかし、暗くなると視力が下がり、運転に支障が生じることをティトは言い忘れていた。

まもなくするとブラカンの道路は暗くなり、曲がりくねってきたので、視界が低下し、危険になってきた。われわれは時速20キロ以下で走ったが、ティト・トニーは車をカミカゼのように走らせ、僕は不安になった。僕は沈黙していたが、ときどきティトは当惑させるようなことを言った。「何も見えないよ」。僕は、車を片側に止め、別の車で後を追いかけてくるロンを待った方がいいと思った。「彼にもっと早く運転するように言ってくれ。そして追いつくようにって」。そう言って、メロトは運転を続け、僕は消えていく光の中を、目をこらしながら彼の誘導を試みた。

15分ほどでちょっと怒ったロンがわれわれのところに到着し、今度は普通の方法で移動を再開した。平安の感覚が車に戻ってきたので、僕はバヤニハンとワラン・イワナンという二つのコンセプトについて考え始めた。これらは最近の数週間、数ヶ月で僕が理解するようになったコンセプトだが、どのようにビジネスの世界に当てはめられるだろうか。車の運転で協力するのはバヤニハンなやり方だろうし、かわいそうなロンはワラン・イワナンの恩恵を多くは受けなかったように思った。

僕はこの話をおかしいが、ありふれたことだと思ったが、ティト・トニーは深い意味があると受け止めていた。「もし定刻に到着することすらできないとしたら、どのようにして世界レベルの会社になれるだろうかね？　もしわれわれが最も高い水準を達成できないとしたら、どのようにして貧しい人たちにプロフェッショナルになるように促せるだろうか？」。

ティト・トニーが確信しているのは、ビジネスの世界で成功するということは慈善の世界で成功するのとは違うということである。非常に競争が激しいビジネスの世界でも、ケア（人への気づかい）とシェア（人との分かち合い）の倫理があるＧＫの仕事はうまくいったかもしれないが、それだけでは十分ではないのだ。彼は言う。「小さな生計向上プロジェクトは憐憫の情があればうまくいくかもしれない。しかしそれは実際のところ慈善と違いがないよ。ソーシャル・ビジネスの成功には能力と卓越さとが必要なのだよ。貧しい人たちは途中で間違えるし、われわれが辛抱強くしていなければならない。彼らは教育や卓越さを求める環境にも恵まれていないからだよ。われわれはそうした言い訳ができないんだ。もしわれわれが自分のベストを与えなければ、貧しい人は自分たちがなりうる本当のベストになれないだろう。そして、もし貧しい人が自分のベストを出せないならば、われわれは成功できないよ」。

これは大胆な希望である。僕が疑問に思うのは、成功した小規模のソーシャル・ビジネスが成長し、利益を上げるソーシャル・ビジネスに育っていくときに、その価値観と高い水準を持ち続けられるだろうかということだ。

TM

この国には１３００万ヘクタールの肥沃で、まだ生産性が低い土地がある。そして、アグリビジネスを支え、育てる農園－ヴィレッジのプラットフォームもある。この国が現在必要としているのは国が持つ大きな可能性に目覚めた起業家である。

第17章　ハートのあるビジネスを育てる

何年間もわれわれはマイクロ・ファイナンス［小口零細金融］が答えだと思ってきた。小規模の家内工業も助けにはなるが、大規模企業が貧しい人たちを愛するようになって始めて、貧困という大きな課題を本当に解決していけるだろう。

TM

「私たちは、できるということを知らなかっただけです。しかしヒューマン・ネイチャーのおかげで、今や作物も、絞り機も、作った油も持っているんですよ」。地元の農家のジョセリンさんは、僕に話す。彼女が驚いたのは、マニラの大企業が種子採集農家と果物や野菜の生産者からなる彼女のコミュニティに、そんな大きな可能性を見つけるとは信じられなかったことの証拠である。

ソーシャル・ビジネスをもっと学ぼうとして僕は北ミンダナオ、ブキドノン県のそびえたつキタングラッド山の麓に来た。その奥地のインバヤオには疎外され、貧しい人々がいた。もし、ソーシャル・ビジネスがフィリピンでのビジネスの方法を変えるのならば、主流の経済から切り離され、アクセスができずに孤立したブキドノンのような地域に適用できなければならない。僕はマニラから2時間飛行し、その後5時間バスに乗り、そこに到着した。朝のその時刻にマニラを発てば、東南アジアだったらほとんどどこにでも行ける。

旅行でもっとも冒険の要素が強かったのは最後の厳しい12キロの未舗装道路だったが、四輪駆動でなんとか走った。途中で山ほど荷をつむオートバイを追い越したときは心配になった。地元ではハバルーハバルと呼ぶオートバイは、座席を広げ、タクシーとして使われている。あるオートバイはガタガタするフレームに大人4人と子ども2人を危なさそうにのせていた。「彼らにとって、これが毎日の通勤手段で、また外の世界の人と売買し、つながるための手段なんです。だけど、雨が降り出したときを想像してくださいよ」。ガイドのデジレー（ディー）・ダレスさんが、急な丘に登って行くときに、僕に語った。

貧しい人たちをパートナーとするビジネス

インバヤオで僕が会った女性たちはソーシャル・ビジネスには深い理解を持っていないかもしれないが、ヒューマン・ネイチャーがやっていることは他と何かが基本的に違うと認めていた。ヒューマン・ネイチャーはマニラに本社を構える、美容製品を専門とするソーシャル・ビジネスである。大きな多国籍企業と店の床面積で競争しつつ、彼らは〈プロ・フィリピン（フィリピン人のため）、プロ貧困層（貧しい人々のため）、プロ環境（環境に優しい）〉というラディカルな路線を打ち出し、他の大企業との差別化を図っている。ディーの説明だと、〈貧しい人のため〉ということで、彼らはブキドノンの山のような場所に住む貧しい人たちのコミュニティとも仕事をしている。

インバヤオで会った、しわが深く、日に焼けた顔を持つ女性たちは、家族のために食べ物を手に入れようとして、風雨にさらされ、容姿を大きく損ねている。僕はこの地方を苦しめている貧困の真の度合いを、エッッレウーテリアさんが今朝の会合に遅れてきたときに理解した。「遅れてすみません。孫息子が学校で使うのに紙の下敷が必要だったので」。彼女はディーに謝る。家にはお金がなかったので、彼女はこの「支出」のために、10ペソのローンを隣人から受けねばならなかった。

外部の人にはここの極度の貧困は説明が難しいだろう。今朝早く、バナナとパイナップルの大規模プランテーションの畑を次から次へと通り過ぎたとき、僕はここは国中で最も資源が豊富な地域だと強く感じた。食料や他の天然資源に対する需要が高まるにつれ、エッッレウーテリアやジョセリンのように、幸運にも小さな土地を持っている農民は有利な地位になるはずである。しかし、彼らは周囲の果物がたわわになる畑をただみているだけで、自分たちの胃袋は飢え、豊かになるという熱望はまだ夢にとどまっている。

このコミュニティの最下層の人々にとって、種子の採集・栽培はもっとも人気がある仕事である。ある季節のしかるべき時期にエッッレウーテリアとジョセリンは地元の森に行き、種子を採集し、それを苗床として売れるようになるまで育てる。「もし時に〈恵まれれば〉、6ヶ月で多分7000ペソ（2000ドル）を得られるわ」。エッッレウーテリアは話す。僕は、それを聞いて当然のように聞く、「どうして自分自身が持つ土地を使って、もっと生産性をあげようとしないんですか?」。彼女は野菜や果物を植え、地元のマーケットで売ることができるのに。彼女は答える。「資本がないのよ。だから必要な機械や肥料を買えないわ。たとえ何かを作ったとしても、だれも私から買おうとしなかったらどうするの。もし買ってくれる人がいても、公正な値段をとるのは難しいわ」。

エッレウーテリアはこうコメントして、肩をすぼめ、あきらめたような笑いを浮かべた。こうした動作が彼女らの話を要約している。農村部での貧困は人生の非常に厳しい現実として皆に受け止められている。ベールやセリアのようにそこから出て行き、都会で運を試すか、あるいはあきらめて田舎に残るか。田舎では、生活に笑いはあるものの、極度の貧困の生活に適応するしかない。

ブキドノンのヒューマン・ネイチャーのマネージャーのディーは、会社はこの状況を変えようとしていると僕に説明する。「いつもの果物や野菜に加えて、シトロネラ草のような少し値段が高い作物を植えたら、追加的な収入を得られるっていうことを農民の人たちに見せたいんです」。彼女はそう言い、シトロネラ草はヒューマン・ネイチャーの最も人気の商品である虫避けスプレーの基本的な成分だと話してくれた。「もしシトロネラ草を油の形で買ってあげれば、農家はそのままで売るのに比べて、３倍を稼げるのよ。だから、農民のコミュニティに力を与えるのは、栽培する場所の近くで原材料を加工できるように支援することなんです」。

ディーの説明だと、会社はインバヤオのコミュニティの協同組合にシトロネラ草の絞り機を寄付し、シトロネラ・オイルを買う保証をし、安定を与えている（もしコミュニティが違う会社にオイルを売りたい場合には、それも可能である）。ヒューマン・ネイチャーは市場の力に基づいてできるだけ低い価格で買うのではなく、「倫理的な価格（エシカル・プライス）」で支払うとしている。

小規模起業家に力を与える

よりよい価格を提供するのはヒューマン・ネイチャーのやり方の一つの側面でしかない。「農家には農業ビジネス起業者（アグリ・アントレプレナー）のように考えてほしいのです」。そのために会社は地元のＮＧＯであるカアニブ・ファウンデーションとパートナーを組んで、農民を訓練し、自分たちの会社を経営させ、市場と結びつけようと試みている。

僕がコミュニティを訪問した日の朝、ディーは地元のガワッド・カリンガのコーディネイターと一緒に価値観形成セッションを開いていた。「コミュニティに力を与えることは彼らの考え方を変えることでもあるのよ。だから、私たちはコミュニティを勇気づけ、改善策を自分で考えさせ、そして一緒に問題を解決できるようにしているの。自分のために、家族そしてコミュニティのために明るい未来を夢見るようになってもらうんです」。

ジョセリンはこのセッションに特に積極的に参加しており、終わると僕を彼女の家に招いてくれた。外から持ってきた古い木製の椅子に座るように僕に強く勧め、自分は角の床に座った。彼女は希望に満ちており、収入が少し増えれば、家族の生活は大きく変わり、子どもたち全員が学校を終えられると僕に話してくれた。そのとき雨が降り始めたので、急ぎ立ち上がり、屋根にある沢山の穴を覆おうとしたが、無駄だった。「収入が増えれば、この穴を直せるわ。前は夫が直してくれたけど、今はもう私しかいないの」。

僕は彼女にご主人に何が起きたのか、尋ねた。彼女は座り直し、6ヶ月前の悲劇を僕に話してくれた。ご主人は地元の法律執行吏だったが、人違いとみられる事件で撲り殺された。それ以来、ジョセリンが4人の子どもを一人で育てねばならなくなった。収入は種子栽培からだけであった。

われわれは一番困った人たちを助けるのは政府の仕事だと条件反射的に考えるが、ジョセリンは取引のパートナー（ヒューマン・ネイチャー）を頼り、そこに希望をつないだ。「今は状況が変わったわ。2014年は私にとっていい年になりそうよ」。ディーは僕らが話している間、ずっと聞いていたが、僕はこの2人の女性の間に強い絆があることに気がついた。その朝遅く、実際、ディーがジョセリンの新しい子どもを腕に抱いていた。「私の孫よ」。彼女は僕に自慢げに言い、僕はコミュニティが彼女を愛し、彼女に抱いている尊敬を感じた。

今までの慣習を破って

僕はもういちどディーの名刺に書かれたビジネス・マネージャー（営業課長）という肩書きを眺め、この会社は社会貢献という付随的なこともやりながら、どのようにして利益を上げているのだろうか疑問に思った。「ハートを持ったビジネス」はヒューマン・ネイチャーのスローガンのひとつかもしれないが、それで成功するのだろうか？　ディーの答えははっきりしていた。「何か良いことを良いことだからといってやるだけではないのよ。私たちは会社として成長したいの。それはコミュニティの成長にも重要なんです。会社とコミュニティは同じ価値観を分け持たないと一緒に成長はできないわ。力を与えられ、ひとつにまとまり、事業を興そうとするコミュニティならば健全なビジネスの感覚を持つことができます。ヒューマン・ネイチャーはそう信じているんですよ」。

ヒューマン・ネイチャーについて知れば知るほど、この会社は伝統的なビジネスの論理に反したことをやっているように見える。激烈なビジネスの世界で、どのようにして原料供給者に「倫理的な」価格を支払い、また従業員に「倫理的な」賃金を、たとえば最低賃金の倍の賃金を支払えるのだろうか？ブランドとイメージが非常に重要な健康・美容商品の小売りの世界で、どのようにしてヒューマン・ネイチャーが工場と店舗のスタッフの半分を、教育がなく、最貧の人たちがいるGKコミュニティから採用できるのだろうか？

非伝統的なビジネスのやり方は他にもある。貧しいコミュニティから雇用した従業員は解雇しないという政策がある。日曜営業を拒否しているので、ヒューマン・ネイチャーはこの国のいたるところにある、小売りの中心のショッピング・モールに入れない［現在、モールなどに置いた店には日曜は店員を派遣していない］。この会社は毎月1日には有給で、全従業員にコミュニティ・サービスをさせている（NGOとともに、あるいは、別の苦境にあるコミュニティで活動するソーシャル・ビジネスを助ける形で）。マニラにいる企業経営者たちにこうした政策を話してみたらどうだろうか？　ほとんどの人はそれだと会社は潰れると言うであろう。

「私の言葉だけをそのまま受け取らないで。ディランにも聞いてね」。ディーは僕の顔に浮かんだちょっと疑うような表情に気がついて、そう言った。彼女は僕にディラン・ウイルク氏と会うといいと勧めた。彼はヒューマン・ネイチャーの共同創業者であり、そのうえ僕のようにイギリス人だから。普通のイギリス人とは違って、彼は25歳でイギリスで最も金持ちの一人になった。独立独歩で起業したテクノロジー会社のゲームプレイを、ロンドン証券市場に上場し、後に売却したので、彼は相当の財産を作った。多分彼はイギリスのマーク・ザッカーバーグ（「フェイスブックの創業者」）になれたかもしれないが、彼の人生はそれ以来違った道をたどった。

ある男の心変わり

マニラに戻ったとき、ディランと彼の妻のアナをケソン市にあるヒューマン・ネイチャーの旗艦店に訪ねた。店の場所自身はコモンウェルス・アヴェニューにあり、そこは不法建築の建物が連なっている高速通り沿いにあり、健康・美容の店はもっと高級な一角にあるべきだという常識的な論理を無視していた。しかし店内に入ると、モダーン・シック感覚で、午後のあいだ中、入ったり出たりする金持ちのお客の流れがいつもあった。

僕は思いきって二階のディランのオフィスに上がった。彼は僕に最もイギリス人的なもてなし、つまりミルク・ティーを出してくれた。彼のアクセントはイギリスを離れてから弱くなったかもしれないが、まだ少し地方の鼻にかかった発音だった。彼は僕に、自分は北イギリスのヨークシャー出だと言った。より詳しくはブラッドフォード、過去数世紀にわたり毛織物産業と炭鉱で栄えた町の出身であった。

僕は北部イギリスのヨークシャー出身の人の息子が何故、地球の反対側で健康・美容セクターを選んだのか、不思議に思った。それから数百万ドルを持つ人がどのようにしてラディカルなソーシャル・ビジネスのトップになったのかにも好奇心を抱いた。「ビジネスはいつも自分にとって最悪のものだった」、ディランは説明してくれた。「強欲やより多くを、より多くの金とより多くの大きな車を求める欲望は満たされることがないね。私は最後には快楽と幸福の区別がつかなくなっていた。物質的に自分はすべてを持っていると思ったが、内面では不幸だったよ」。

実際のところ、彼は利益への強迫観念から遠ざかり、社会的責任（CSR）の分野に移ったのだが、最初は慈善家になった。「2003年にビジネスはもう何もやりたくないので、ビジネスの世界から離れ、世界を旅行し、自分の金を寄付できるしっかりしたNGOを探し回った。そしてフィリピンに来て、ガワッド・カリンガに出会ったんだ。すぐに貧困の解決策を見つけたと思ったよ。どこのどんな組織がひとつのハンドバッグの値段で家を建てられるだろうかって」。ディランは冗談を言った。「私が本当に刺激を受けたのは、ヴィレッジであった人たちなんだ。彼らはこれまでに会ったなかで、最も英雄的で、勇気があり、献身的な人たちだったよ」。

出会った刺激的な人々に感動を受け、ディランは一種の「連続慈善家」になり、フェラーリやBMWを売却し、ヴィレッジの建物に資金を出した。より重要だったのは、自分の資産を提供するだけでなく、他の人たち（特に豊かなフィリピン人）に資金を出させることに長けていたことであろう。彼はフィリピン人よりフィリピンを大好きになった狂ったイギリス人として知られるようになった。

フィリピンの国に恋をするようになったディランはそれからフィリピンの女性に恋をした。この特別なフィリピンの女性はアナで、ティト・トニーの娘の一人だった。彼女は十代だったが、父の最初のバゴン・シラン訪問に同行していた。2人は2004年に結婚し、翌年にはアメリカを回り、フィリピン系アメリカ人に感動的な講演をして、彼らにも自分と同じような大きな目的のために資金を出させた。「ティト・トニーは僕の持っていたすべての金を貧しい人たちのために使ったが、私の方は彼の娘を手に入れることができたんだ。私にとってはいい取引だったよ」。ディランは、はじめは大きく笑い、それから僕が彼の最後のコメントを本に書くのではないかと思い、少し神経質な笑いに変わった。

ソーシャル・ビジネスの誕生

ディランの資金が底をつき始めたので、彼の慈善熱は永久には続かないことがわかってきた。彼とアナは2人目の子どももでき、家族の将来に心配を抱いた。父が休むことなくガワッド・カリンガの運動を大きくしていくのを見て、アナは大義にコミットし続けていたが、大きな目的だけでは生活費を払えなかった。「アメリカに住んでいたとき、妹のカミールと私は自然化粧品が成長するトレンドにあることに気がついたの。これらの多くの製品の成分を見ると、その多くはココナッツ・オイル、シトロネラ草、レモングラスなど、フィリピンではどこにでもあるものだとわかったわ。だけど、フィリピンではそれらの作物に高い価値を置いていなかったの。そこで、カミールと私はビジネスを始めたいと思ったけれど、もしディランのビジネスの経験がなかったら、実際にビジネスを開始しようとは思わなかったわ」。

しかし、ディランは自分にとって最悪であったビジネスの世界に戻る意欲はなかった。「自然化粧品のアイディアをパパのティト・メロトと議論していたときに、ビジネスの力を活用すれば貧困を撲滅できるのではないかと考え始めたんだ。ＧＫのコミュニティで材料を栽培し、それを収入源にしたらどうだろうか？ と」。

ディランの関心は高まり、いままでと少し違うビジネスの世界に戻った。ラスベガスのセレモニーにヘリコプターで通うことは過去のことになった。代わりに彼とアナとカミールはケソン市の小さく、薄汚く、窓がない部屋でヒューマン・ネイチャーを始めた。「ビジネスを立ち上げるためには、みんなで役割を分担しなければならなかったんだ。私は注文を電話でとり、それから午後遅くから深夜まで配達をした。シャンプーを届けるために、ときどきは夜11時に配達したこともある。その配達から戻ったときの顔を想像できますか？」。ディランは思い起こす。

ヒューマン・ネイチャーは小さく始めたが、最初から夢は大きかった。アナは説明する。「ディランは小さな生計向上プロジェクトで時間を無駄にするようなことはしたくないとはっきり言っていた。他に投資するお金はなかったけれど、最初にＩＴシステムに投資したのよ」。

高品質の製品は大きな多国籍企業のよく知られたブランドのことだと見られている国で、最重要なのはまず品質だった。彼女は話す。「生計向上プロジェクトはたんなる裏庭でのオペレーションとみられているわ。消費者は自分自身がよいことをやっていると思い、一回は買うかもしれない、しかし、それでお終いよ。成長するためには私たちは本当に高品質の製品を提供することから始めなければだめ」。

ディランにヒューマン・ネイチャーのこれまでのビジネス慣習にないやり方がうまくいくのかと聞くと、彼は僕にビジネスマンらしく数字を示した。わずか数年で、会社はフィリピンで最も成長するブランドになり、すでに1600万個の製品を売っていた。スーパーマーケットで主要な多国籍企業と競争するのに加え、32のヒューマン・ネイチャーの支店を全国に開き、販売は主に国内外でなんと5万3000に達する登録ディーラーによって行われている。店舗とディーラーはシンガポール、米国、マレーシア、UAEにもある。こうした幾何級数的な成長の期間に、なんとアナは毎日午後には時間をみつけ、4人の（まもなく5人になるが）子どもたちと時間を過ごしている。

人々と土地——実現した可能性

この成功はフィリピンの二つの最も過小評価されている資源、人と土地の効率的な利用に理由を求められると僕には見える。ディランは急いでスタッフの質に触れた。「彼らの半分はGKコミュニティから来ているんだけれど、彼らの正確性と一般的な水準は、今では私がイギリスにいたときの倉庫のスタッフと同じだよ。ごく初めからこれらの人々は世界レベルになれると私は信じていたし、今ではそれが証明されている。われわれはスタッフに倫理的な賃金、雇用の安定と質のよいヘルスケアを提供する。その代わりに彼らから、忠誠心と高い効率を受け取っているんだよ」。

僕が店を歩き回っていると、美容・健康商品の店らしい、自信を持ち、魅力的な販売員たちに挨拶をされた。彼らは礼儀深く、問題があった自分たちの過去のことは表に見せない。僕を印象づけた一人の若者はマルク君、17歳で、マニラのゴミ捨て場のひとつ、パヤタス出身である。注意深く、ちゃんとした格好をしているので、男性のグループのなかに入っても違和感はない。マルクは十代のときに地元のゴミ捨て山でゴミ拾いをしており、２００９年の壊滅的なケッツァーナ台風を生き延びたあと、ＧＫヴィレッジに移ってきた。「ここでの収入で家族全員を支えられるよ」と彼は言う。

スラムの住人や台風の生き残りからトップクラスの販売員や倉庫のスタッフに変わることは、ディランがはっきり言うように、一挙にはできず、課題も少なくはない。「極貧層の人を中間クラスにするのは、経済の問題とともに非常に大きな心持ちの変革も必要だ。貧しい人たちはわれわれ多くのような教育を受けてなく、われわれと異なり、良いロール・モデルも持っていない。だからときどき失敗してしまうんだ。会社の経営者にとっては、心配を抱えつつ、貧しい人を使っていくのは簡単ではない。彼らが失敗をするとすぐに辞めさせてしまう。だから、われわれは解雇をしないという政策をとっている。それによって、スタッフに〈あなたはできる〉、そしてわれわれはあなたのことを見捨てないというメッセージを送っている。そうしていると、１年もたたないうちに、これらの人々がわれわれの会社にとってのしっかりとした資産になるんだよ」。

「最良から最小に」

ソーシャル・ビジネスの目的は底辺に落ちた、貧しく、社会の末端にいる人たちの生活を引き上げることにあるが、ヒューマン・ネイチャーは世界クラスの才能を採用し、トップに据えることができることを示している。「われわれはトップに最も秀れた才能の人たちの何人かを招いている。底辺の人たちに少し多めに支払えるように、トップの人たちには少し少なめの報酬を払うと説明する。だから、われわれの会社はトップ企業と給与面では競争できない。けれど、素晴らしい人が外部から入ってくるんだ」。

僕は二階のヒューマン・ネイチャーの販売・宣伝・物流オフィスに上り、そこで優秀かつ才能ある人々に会ったが、彼らが給与の低下に耐え、メトロ・マニラのもっと洒落た地域の立派なオフィスで働くのをあきらめたのは、ただヒューマン・ネイチャーのために働きたいからである。僕が会った希望に燃えた女性の一人はジョアンナさん、販売のヘッドであった。以前はユニリバーで働き、エイボン化粧品の東南アジアのヘッドだった人である。そして契約し、最初の販売部メンバーになった。「ここに来たとき、販売の予算はいくらか尋ねたことを覚えています。ディランは『ゼロだ、無駄に使わないように』と言っただけでした。そうね、私は創造的でなければならなかったわ。時には大変なことがあったけれど、私は絶対に仕事を変えないわ」。

もう一人はヘロさん、彼は前にはマクドナルドのマネージメント・レベルの地位にいたが、ヒューマン・ネイチャーに入り、物流のトップをつとめている。彼は入った会社は利益ではなく、人々が王様なのだと、すぐに実感した。「私にとっては、大きなパラダイム・シフトでした。入社してすぐにディランに、『いい計画がある、従業員を3分の1にできる』といったことがあるんだ。これがいってみれば、私が企業で学んで来たことなんです。ディランは私に言いました。『もし彼らが何もすることがなければ、何かやることを与えるように』と。彼は、人間を第一に考えるが、効率と両立させねばいけないという。『コストを下げ、合理化せねばいけない。しかし、人を犠牲にしてはいけないよ』。ディランはマクドナルドでの要求レベルより高いサービスをするように私に要求しているんです」。

だれにきいてもディランは高い水準を彼の部下たちに期待してきた。これが多分、彼がビジネスの世界で大成功した理由だろう。〈ハートのあるビジネス〉はインバヤオとその他の周縁に置き去られたコミュニティでのヒューマン・ネイチャーのやり方だといえるが、有機洗濯洗剤のラベルになっている〈厳しい愛 Tough Love〉はここの本社の考え方を最もうまく伝えているように見える。

若く、才能のある個人は、働くことに意味があるからと言う理由で、ヒューマン・ネイチャーで働く。昔だったら、ジョアンナ、ヘロ、ディーといった人はNGOで働くしか選択肢がなかったが、今日ではヒューマン・ネイチャーが二つの世界の最良のもの——よいキャリアと他人を助ける機会——を与えてくれる。ジョアンナはこう要約する。「前の仕事と同じようにストレスは感じるわ。だけど、ここでは違いがあるの。意味を感じるわ。ストレスがあっても、ただ自分自身のために働いているのではない。遠くにいる、利益だけを求める、つながりがないステークホルダー［株主・銀行などの利害関係者」のためでもないわ。自分を必要とする現実の人々のために働いていると知っているからよ」。

社会におけるビジネスの役割

低賃金と雇用の不安定が当たり前の国では、ヒューマン・ネイチャーはビジネスが社会で果たしうる役割を再定義しているように見える。結局のところ、ビジネスは全体では政府よりはるかに多くの資金を持っており、それゆえに国に深い影響を与えることができる。「この国を実際に変えるには多くの会社が考え方を変える必要がある。われわれが見せたいのはそれが実際に可能だということなんですよ」。そうディランは説明する。

数百のヒューマン・ネイチャーがフィリピンや他の国に出現すると希望するのは現実的だろうか。僕がこの質問を考えていると、ディランが僕に、イギリスもまた何百万人もの貧困層がいる絶望的に不平等の国だが、企業の文化は変わり始めていることを思い出させてくれた。ディランは19世紀の工場主のタイタス・ソルト[1]の話に特に感銘を受けたという。「ある日、ソルトは工場に行き、そこで目にした労働条件に驚愕したのだ。条件が非常に劣悪であり、労働者たちの平均余命はたったの18歳だった。ソルトはその時代の流れに逆らった行動をとった。自社の工場の条件を改善し、会社の従業員のためにテラスのある家、学校、そして公衆浴場まであるもうひとつの町を作ろうとしたんだ」。

その時代の企業経営者はタイタス・ソルトのやり方を高く評価したが、彼らの後継者はヒューマン・ネイチャーの因習にとらわれない方法をそれと全く同様にみているのではないかと僕は思った。従業員をケアするのは雇用者の道徳的な責任だが、ビジネスにとってもプラスになるので、他の工場主もソルトのやり方に従った。やがてイギリスの何百万人という労働者の雇用条件が改善し、イギリスは19世紀の間、世界の主導的な工業国であり続けた。

「私たちはそれが可能だと考えていなかっただけなの」。インバヤオの女性たちは僕がコミュニティを訪ねたときにそう言った。多分今や、年をとり、経験が豊かな企業経営者も含めてわれわれすべてが、ソーシャル・ビジネスはわれわれが望むような世界の建設に役割を果たすということに目を開くべきであろう。

ヒューマン・ネイチャーなどのソーシャル・ビジネスの成功により、他の企業も気がつき始めた。良いことをすればビジネスもうまくいくと。

TM

1　イギリス・西ヨークシャー州ブラッドフォードで5つの織物工場を経営していたが、1853年にエア川沿いのソルテアに工場を集約し、モデル・ヴィレッジを建設（2001年に世界遺産に登録された）。

第18章　富者と貧者が一緒になって

経済開発でのトップダウン・アプローチは底辺に膨大な未開発の可能性を残した。そのうえ、不公正の拡大と貧困層の地位低下を生んだので世界は忍耐の限度に達している。

TM

「私はパヤタス地区出身の典型的な母親です」。ニンさんは僕に言う。この地名を快適な住宅地と間違えてはいけない。パヤタスはメトロ・マニラの最大のゴミ捨て場で、不法に占拠した人々が住む場所である。2000年には巨大なゴミ山の崩落が起き、数百人が生き埋めになったことで知られている。

この一帯は、もはや過去のように有毒な煙は立ち上っていないが、50エーカーの、汚水がたまり、病気が発生しやすいゴミ捨て場である。〈典型的〉というのは、大部分の母親はそこでは子どもたちをパグパグ（〈ゴミを払い落とした食べ物〉）で育てる。ファースト・フードのレストランの食べ残しをゴミ捨て場で見つけ、〈ゴミを払い落とし〉、もういちど暖め、その日の家族の食料にする。

だからニンが名刺を僕に差し出したとき、このパヤタスのお母さんには何か人と違うものがあるとすぐに感じた。カードにはニンのフルネーム、スサマリー・エスタビリョと、ソーシャル・ビジネス

Rags2Riches（ラグズ・トゥ・リッチーズ）のワークシップ・アドバイザーの肩書きとが書かれていた。パートナーになりたい人は名刺にある携帯電話かEメール・アドレスで連絡するように記されている。

「数年前は、ゴミ拾いをしない日にはよく古い布きれを探し、それを縫って、オーバーシューズ（シュー・ラグ）や敷物（ラグ・ラグ）を作っていたの。それから家々を回り、それらを売って日に10から12ペソ（20セント）を稼いでいたわ」。彼女は僕に仕事場であった暗く、明かりのない小屋の写真を見せてくれた。「いまではアンソロポロジーのような人気の外国の店で売られているし、ロンドン・ファッション・ウィークでも展示されているの。うれしいし、すごく興奮しているわ」。

ビジネスは美しい

開発途上国にある低賃金の工場労働者が作る商品が、ヨーロッパやアメリカのもっとも華やかなファッション・ショーや大規模小売店で見られることはよく知られている。しかし、自分たちの会社について、ニンのように誇りを持って話す人たちは少ない。

「今では手にするお金で、家を修理して、子どもたちを養い、中学校を卒業させ、自分の歯を治すことさえできるのよ」と、彼女は僕に大きな笑いを見せた。

ニンが満足する本当の理由は、金銭面を超えた何かより深いものにあると僕は思う。「ラグズ・トゥ・リッチーズで働くのが好きなんです。創業したパートナーたちは最初から私たちを仲間のように敬意を持って扱ってくれたのよ。彼らは私をパートナーと考えてもいるんです」。簡単にいうと、ニンは親切なボランティアのグループではなく、雇い主によって尊厳を取り戻したのだ。

僕はラグズ・トゥ・リッチーズのことを第1回ソーシャル・ビジネス・サミットで紹介した。2013年10月に開かれた5日間の会議では、起業家、企業幹部と政治家がそのときの最大の課題、特に気候変動と貧困について議論をした。

世界を変えるためにサミットを開くことは特に目新しいことではないかもしれない。事実、ティト・トニーはスイスのダボスでのワールド・エコノミック・フォーラムの最近の会議にも出席した。「われわれは熱心に議論を聞いたが、沢山の議論が対象とする貧しい人たちは今の悲惨な境遇から抜け出ることができていない。もし貧しい人たちをダボスに連れていけないのなら、ダボスを貧しい人たちのところに持ってこよう。彼らは偉大なるイノベーターの一員であり、今は彼らの時代である」。ティト・トニーはビジネス・サミットを準備していたときにそう宣言した。

皮肉なことだが、昔から貧しい人たちは貧困撲滅のビジネスにあまり貢献できないと考えられている。同様に、企業経営者は仕事のないスクワッターを雇うのが難しく、つまらない仕事しかできない存在だと見なし、その先を見ることができていない。

ラグズ・トゥ・リッチーズを創業したパートナーの一人、リーズ・フェルナンデス＝ルイスさんは、僕に話してくれた。彼女は幸運にも貧しい人たちの才能や能力を小さいときから知っていたが、それは父親が宣教師だったためで、多くのストリート・チルドレンと友達だったからなのだと。そうした子どもたちとは異なり、彼女自身は奨学金を得て、トップの大学を卒業した。「思い出すと、昔の遊び友達は私と同等の能力を持っていたのよ。だけど、それを使う機会がなくて、後に取り残されてしまったの。本当に悲しいことね。そうした彼らの悲痛を和らげるために、何か助けたいと思っていたのです」。リーズは自分が育った恵まれない地域への訪問を繰り返し、ガワッド・カリンガの熱心なボランティアになった。そのなかで彼女はボランティア活動の効果をもっとあげたいと思っていた。

彼女は大学が組織したパヤタスの生計向上プロジェクトの調査旅行に参加し、布の切れ端から靴下を作っている女性のグループに会った。他の人たちは、それをただ汚く、不潔で、無駄な努力をやっていると思ったのだが、リーズはそこに未熟ながらも才能を見いだした。

彼女はこれらの女性たちがマニラのより豊かな消費者にアクセスするのを助けようとした。「少しずつ始まったのよ。最初はコミュニティの女性たちと、オーバー・シューズで何かできるかについて、非常に長時間のブレイン・ストーミングの会合を持ったわ。最後には、色は一色にして、質をよくしようと決めたの。最初の製品ができると、市場にいって製品を並べましたの。もちろん、これらの製品の背後にある話をしました。たった2時間で700個を販売。すごかったわ！」。

価値を付加する

最初の製品は充分に買い手を喜ばしたが、フィリピンのトップ・デザイナーの一人、ラホ・ラウレル氏の助けを得てから、商品は非常に魅力的になってきた。「ラグを見て、彼は私たちだれもが気がつかなかったものを見てとり、ワイン・ホールダー、化粧道具キット、そしてバッグを作り始めたの」。製品の値段はすぐに跳ね上がり、中級から高級のファッション製品市場で良い地位を占めるようになった。

リーズによると、技能がある人たちは心底から貧しい人たちを助けようとするが、その方法を正確には知っていない。「ラホがそれまで知っていたことはお金を寄付することだけだったけれど、自分が最も得意なデザインで、私たちをすごく助けてくれたわ」。

イノベーションとは典型的には西洋のハイテク・ハブと結びついている。しかし、リーズのひらめきの真の源泉は、パヤタスのコミュニティの能力と企画を、より才能がある人の創造力とアイディアに結びつけたところにある。

パリやロンドンの最先端のファッション界で光り輝く、美しい製品はメトロ・マニラの最高級のファッション・ハウスから生まれるだけでない。金持ちと貧しい人が真に連帯し、協力すれば、美は生まれる。パヤタスのゴミの山からでさえも。

ラグズ・トゥ・リッチーズが示すのは、ボロ布加工の人たちは貧困と最底辺での生活が不可避と見えるが、それを覆すことが可能であり、〈敗北した人〉と〈無力な人〉を役に立つビジネスのパートナーに変えられるということである。

ゴミ拾いとして、ニンはある人の〈ごみ〉が彼女の〈宝物〉に変わる機会をいつも探していた。彼女はいつも、もう一度売れるものをきれいにし、修理することにしていた。一日数セントであっても稼げるということは彼女と彼女の家族の生活にとって大きなことだった。

リーズはそうしたニンの才覚を認め、ニンが持つ価値観を活かす機会を彼女に与えた。当初はラグズ・トゥ・リッチーズの標準的な衣服を数週間かけて作ったニンだが、今日では重要なビジネス・パートナーとなり、彼女が担うさまざまな責任は、同僚のナナヤたちの訓練から始まり、顧客へのEメール、パワーポイントやエクセルでの書類づくりにまで及んでいる。僕は思うのだが、もし主流の企業が〈技能のない従業員〉と見られている人たちに、同じような関心を持つならば、どのような技能のプールがフィリピンで発見されるのだろうか。

ラグズ・トゥ・リッチーズの製品には作り手からの個人的な手紙が入っているので、消費者はバッグが洒落ているというだけでなく、買うことで他の人の生活向上を助けることができる。今や先端の高級ファッション製品の倫理的な基準が問われ、一方で、アクセサリーや商品はアジアの低賃金工場で作られている。こうした時代のなかで、リーズは高級ファッション産業に本当のインテグリティ［倫理性］を加える道を見つけたといえる。

このようなアプローチが、明日のより持続的なファッション・ビジネスの中心になるとリーズは感じている。「人々はいつも人生に意味を探していると思うの。だから、人々がその意味に立ち戻る道をあなたが見つけたら、それは価値があることがはっきりしているわ。でも、製品の質について妥協をしてはだめよ。理想としては、世界のすべてのものは美しく、意味があるべきなの」。

共通の挑戦——答えを分け合う

「必要は発明の母である」と昔からの格言にある。サミットが行われていた間に、僕の方も、消費財を売るだけでなく、メトロ・マニラの最も切迫した問題に取り組むことにビジネス機会を見つけた多様な起業家と出会った。

サミットが終わりに近づいたときに、フランスの代表のオリビエ・ジロー氏が僕に、〈地球上で最も革新的な大量輸送プロジェクト〉のひとつがエンチャンテッド・ファームのキャンパスを興奮させているると、話かけてきた。オリビエはパリを拠点とする多国籍企業の幹部で、4年前にフィリピンに休暇に来たとき、あるGKヴィレッジ（エールフランスKLMバゴン・シラン・ヴィレッジ）を初めて訪問した。彼はパリに住んでいたが、それ以来GKの仕事に惹かれている。[1]

「何のことですか?」。僕は好奇心から彼に尋ねた。「そうだね……ジプニーだよ」。オリビエはちょっと躊躇しながら答えた。「このジプニーはフィリピンの大部分の輸送手段より最先端の技術を使っている。それでいて、1回乗って、わずか15セントだ!」。

僕はフィリピンのジプニーが好きでもあり、嫌いでもある。ジプニーはさまざまな明るい色に塗られ、変わった名前がついているが、その炎のような色使いはくすんだ界隈をも明るく照らす。ジプニーの基本デザインは、第二次大戦の際に、米軍が置いていったジープから来ており、フィリピン人の創意工夫の産物である。

ジプニーは、もとは都市輸送というよりむしろ戦闘用に設計された強力なエンジンと車体を持っており、運転手はしばしば交通ルールを破る。その中に閉じ込められ、毎日数時間をすごさねばならない普通のフィリピン人は忍耐力をテストとされる。

排煙をゲップのようにはき、ガソリンをガブ飲みするジプニーは、メトロ・マニラの大気汚染の85％以上の原因となっており、きわめて不健康な輸送形態である。[2] この環境面での〈道路破壊者〉が、世界レベルの輸送プロジェクトの中心におかれていることは僕にとって実に驚きだった。

僕が未来モデルの車の近くにすでに集まっていた大勢の興味深げな見物人の中に加わったとき、その車は全くジプニーとは似てもつかないと思った。実際、それは21世紀のシャトルバスのデザインを持ち、輝き、洒落ていて、現代の都市住民のためのものだった。[3]

その先頭に立つのはよく知られたフィリピンの政治家フレディ・ティンガ氏である。「われわれはこの町が面している最大の課題たる汚染を取り上げ、GKの方法で解決しようとしている」と、彼は言った。

〈タギッグ〉（メトロ・マニラの最も豊かな郊外）の市長を9年間、その後さらに3年間議員をつとめた。

1　現在、オリビエはGKヨーロッパのヘッドであり、欧州の32の大学との交換パートナーシップと、エールフランスKLM、シュナイダー・エレクトリックなど優良大企業数社との協力に関与している。
2　COMET（都市最適運営電気輸送）の開発をしているグローバル電気輸送（GET）社による。
3　COMETには2014年4月にフィリピンを公式訪問した米国オバマ大統領が私的に訪問した。

たティンガは人気のある政治家だったが、それをやめて、ビジネスの世界に移った。

今日では彼はアメリカとフィリピンの合弁のグローバル電気輸送（GET）社の社長として、最新鋭の電気自動車技術のいくつかを世界市場に持ち込んでいる。「気候変動との戦いは、貧困撲滅と同様に非常に大きな課題なので、唯一の選択肢は政府に頼ることだと考えがちだ。政府が極めて高額の、最新の公共輸送システムに投資をするのもいい。だけど、われわれのような起業家は別の解決策があると思っている。オフィスから出て、貧しい人たちのところに行き、小さいけれど地元に適した解決策を見つけて、それを大規模に再現できるようにするのだ。GKはこの種のアプローチが効率をあげうるということをわれわれに示しているんだよ」。

ティンガは確信している。社会に必要なものを提供すれば、収入の流れはやがてついてくると。「大気汚染は貧しい人たちだけでなく、みんなが直面する問題なんだ。それが原因となり、メトロ・マニラだけで毎年5000人が、寿命を縮め、死亡すると推計されている。この完全電動の、ゼロ・エミッションのジプニーに変えれば、一台で2200万グラムのCO_2を軽減できるとわれわれは計算している」。

それから彼はわれわれに、中に入って、乗客として最新型ジプニーを経験するようにと誘った。明るく、風通しがよく、16人までが快適に座れ、僕が中で立てるほど十分な広さがあった。これまでのジプニーの狭く、窮屈な空間とは大きな違いだった。ワイファイ、GPS、ケーブルテレビ、平面テレビ・スクリーンのほか、カードを使ったキャッシュレス支払システムもある。現代的で、世界でも一流の輪送システムのすべてを取り揃えている。

僕は思った。一体どうしてこのような質が確保され、しかも毎日ジプニーを利用する低所得者層にとって可能な値段でできるのだろうかと？「乗客は今日払ったのと正確に同じ金額、8ペソ（15セント）をチャージされます。技術によってコストは下がっているし。車は軽くなっており、しかもはるかに簡単で、部品は300だけです（古いジプニーは4000の部品からなっている）。要するに、はるかに効率的で、電動なのでガソリンの値段に影響を受けないんだよ」。ティンガはファームの舗装された道路をほとんど音も立てずに走っているとき、そう言った。

運転手の協力

タギッグの市長の時代に、フレディ・ティンガはGKと密接に連絡をとった活動を行い、市に20のヴィレッジを作るのに協力した。その経験は彼に深い影響を与え、バヤニハンがたんにPRではなく、COMETのビジネス・プランの中心的な要素にもなっていると、僕に言った。

「運転手たちには、相互に競争するのでなく、サービスの質に焦点を当てさせねば。協力して働くようにさせることが大事なんだ」。彼の説明だと、ジプニー・タクシーの過度に競争的な市場はだれのためにもならない。ストレスを感じる運転手は危険な運転をし、実際の運転時間がかえって短くなる。

「運転手のボーナスは、個別の車の成績ではなく、全ルートでの実績に応じて、等しく分けるようにしている」と、彼は付け加える。運転手は社会保障サービスを受け、一日10時間以上は働かず、研修も受けることになっている。そのなかには、GKで行う価値観形成のコースも含まれる。「もし、運転手たちと顧客双方にとってよりよい世界がつくれれば、そりゃあビジネスにとってもよいことになるよ」。

COMETのやり方で僕にGKを思いおこさせるのは、すべての人を解決の一部にするというその目的である。

結果として、現在のジプニーのステークホルダーは将来のパートナーとなるので、競争相手として将来対立することがなくなった。実際に、ジプニー産業で最大の会社、パサン・マスダはすでに向こう2年の間に1万台の車を購入することを約束した。他方、融資支払いの条件は小規模の起業家や運転手自身も将来COMETの株主になれるように定めている。

その朝遅く、ジェジョマール・ビナイ・フィリピン副大統領が初めて新しいジプニーに乗ったので、COMETへの関心はさらにふくれあがった。この都市間シャトルバス・プロジェクトは政府の支援を受けることができた。それは、このプロジェクトは政府が自らでは解決がみつけられない輸送・環境問題への解決に寄与するだけでなく、フィリピンの国内で車を生産し、地元の雇用を創出できるからである。

アジアの高成長経済には、停滞する欧州経済と異なり、広大な投資機会があるということは定期的に引用され、ほとんど常套句になっている。しかし、驚くべきことにサミットでは主にミドル・クラスを対象にするだけではなく、むしろいわゆる〈ピラミッドの底辺（BOP）〉の恵まれていない人たちに向けたビジネスの機会を探す多様な起業家に会うことが増えていることである。

貧困層のための目標と繁栄

ＣＯＭＥＴを見学したあと、イタリア人で、リオデジャネイロで成功した整形美容医のマルコさんと会った。町のもっとも裕福なエリート層の気まぐれにつきあった後、彼は、社会のなかでもっとも周縁にいて、見捨てられた人たち、ハンセン病患者をケアしようと決めた。

「整形外科医として金持ちになり、後はコパカバーナの海岸に座り、豊かな人生を送るっていうこともできたんだ。一日中座ってビールを飲み、１００万という女とセックスをする金持ちというやつだ」、マルコは僕に話した。イタリア人の強いアクセントで、ジョージ・クルーニー［アメリカの俳優］によく似た彼は、こうした突飛なことをやってもおかしくないと思われた。

多くの人にとって、これは非常に魅力的なライフスタイルとみえるかもしれない。僕はマルコの本当の動機を知りたく、もう少し彼に聞いてみることにした。「リオで、〈成功する〉前にはファベイラ（スラム）に住んでいた。ある日、激しい食物中毒になり、死にかけたんだ。だれが私を助け、よくなるまで毎日面倒を見てくれたか、わかりますか？　同じ建物に住む売春婦のグループですよ」。

「それから、私は成功こそしたが、自分の命はこの下層の女性たちに救われたっていうことを忘れはしなかった。それに比べたら、自分の人生への貢献は何か？　老女の顔の整形？　胸を大きくし、お尻を小さくする？　どのような人間に自分はなるのか？　自分の娘の目にはどのような種類のロール・モデルに映っているだろうか？」。

彼はオレンジ・ライフという会社を創業した。ここで、ハンセン病患者が病気を悪化させる前に処方を受け、手当を受けられるようなテスト・キットを販売した。マルコはこのテスト・キットがひとつ1ドルで手に入るようにしたいと思ったが、薬品会社は彼に特許をとり、値段をあげることを勧め、プレッシャーもかけてきた。「極貧の人たち、ハンセン病患者だけが必要とする製品に高い値段をつけるのは狂っているのではないかね？」。

かつては抜け目のないビジネスマンだったマルコは、心底から貧しい人たちの必要とするものを、公平で、力を与えるやり方で満たすことが、うまくいくビジネスの基本だと信じていた。オレンジ・ライフはそれ以来、梅毒、B型・C型肝炎、HIV、デング熱用の簡単なテスト・キットを開発、これらはアジアのいくつもの人口稠密な国、たとえばカンボジア、タイ、バングラデシュ、フィリピンに適していた。「だれも、ハンセン病のような病気に対する治療策を真剣に見つけようと努力しない。簡単な健康上の解決策も開発しない。われわれは貧しい人たちを助けても、金銭的に得るものはないと見ているのだ。私はそれには賛成しないよ」。

マルコは言う、目的は地元のコミュニティが自分たちの健康を管理できるようにすることだと。「この簡単で、お金がかからず、効果が上がる技術は、インフラストラクチャーが不十分で、医療へのアクセスを欠いている国にとって、素晴らしい武器になる。私はお金を稼ぐと同時に貧しい人たちも助けたい。どうしてそれができないのかな？　もし技術を正しく使えば、両方をできるだろう」。

一緒に投資するためのプラットフォーム

ソーシャル・ビジネス・サミットはユニークである。こうした場は世界広しといえども他に存在しない。発明家、豊かな人と貧しい人、政治家、多国籍企業幹部、理想を求める学生や卒業生、小規模の起業家や技能を持つスペシャリストが、世界中から集まり、合計５００人が出会い、ソーシャル・ビジネスを起こすことを通じ、貧困を撲滅する方法について相互に学ぶ。

エンチャンテッド・ファーム（魅惑の農園）において大企業は驚くような大きな存在感を示している。彼らの活動は過去の典型的なＣＳＲとは異なる。サミット会場はヒュンダイ（現代）グリーン・イノベーション・センター、ここは主として草と地元の竹でつくられた最先端の会議場である。お昼はベルジャヤ[4]料理エクセレンス・センターで出され、夜のエンターテイメントはバンブー・パレスで催される。このパレスは屋根が開放された素晴らしい建物で、成功したアメリカの起業家が資金を出し、シンガポール国立大学の専門家がデザインした。

僕はシェル（ファームの道路を舗装）とヒュンダイのＣＥＯたちと、何故この二つの大会社がエンチャンテッド・ファームに投資をしたのかを知りたくて、話し始めた。「私たちの国の将来への投資です」。ヒュンダイ・フィリピンの社長のフェ＝アグドさんは、この会議に集まった若者たちを指さし

4　ベルジャヤはアジアで広く展開するマレーシアのホテル・チェーン。

て、僕に言う。「彼らが私たちの未来を作るのです。ファームは私たちの国の社会イノベーションの中心になりますよ。そこで、豊かな人と貧しい人が、外国人とフィリピン人とが一緒になり、才能と製品を披露する。私たちヒュンダイはそうした人たちにここに来てもらって、彼らにフィリピンをもっと公正で、緑が多い場所にするために何ができるかという課題を出したいんです」。

プロクター・アンド・ギャンブルで働いていたときに広範なマーケッテイングの経験を積んだティト・トニーは、コ・ブランディング（企業とGKが共同でマーケッテイングを行う）が大事だと言う。「われわれがヒュンダイと組み、数百万人が貧困から抜け出すのを助けられれば、そのとき新しい中間層はどのようなモデルの車を買うか想像してみたまえ。もし年に20万人の人々をここでやる科学、ビジネス、料理のキャンプに呼ぶことができれば、その人たちはどこの会社で働きたいと思うだろうか？これらの会社は、ＣＳＲ（企業の社会的責任）を越えて、ＣＳＩ（企業社会投資）をやろうとしている。貧しい人たちの才能への投資は、彼らが持つ可能性を開花させ、究極的には彼らの将来の市場への投資となるよ」。

スモール・イズ・ビューティフル（小さいことは美しい）

ティト・トニーの、社会のあらゆる部門で〈大企業〉、〈小企業〉そして才能ある個人が一緒に働けば、貧困を撲滅できる可能性があるという言葉を考えながら、僕は27歳のオランダ生まれ、イギリスで教育を受けたベニート・ベルババベラ君と会話を始めた。彼はティト・トニーの大学での講演に刺激を受け、フィリピンを訪ね、貧しい人たちが何を成し遂げられるかを自分自身で見ることにした。

彼は僕に40年前にE・F・シューマッハーが書いた影響力がある本『スモール・イズ・ビューティフル』を読むように勧めてくれた。この本は、世界は経済が人間に奉仕するのであって、人間が経済に奉仕するのではないとの考え方を書いたものである。シューマッハーは広く伝わっている経済的な〈知恵〉に反論した。つまり、より高度の技術を通じて、飽くことなく成長と利益を追求すると、産業組織はますます大きくなり、熟練工がそれだけ要らなくなり、有限の資源がより多く流出すると。

シューマッハーは予言をした。もしどこまでも強欲に利益を追求したら、社会的かつ経済的な大きな結果を伴うだろう。「小さいことは美しい」は世界中で70万部も売れ、シューマッハーは今日では開発に関する重要な思想家であると見なされてきている。この本の出版後40年がたつが、不幸にも彼の提案のわずかな部分にしか注意が払われてなく、汚染、失業、社会的排除と不調和が地球全体を危険にさらしている。

シューマッハーの言うところの〈人間が重要〉という価値観と目標に基づき経済が営まれるならば世界はどのようになるかということを、僕はエンチャンテッド・ファームとソーシャル・ビジネス・サミットで少し知った気がする。

こうした環境の中で、新しい種類のビジネス・ピープルが現れている。彼らは自分が見つけ、そこで働く会社を通じて、人間的な価値を表現する力を身につけている。そうした世界では大企業は小さな起業家を助け、都市の富裕層は農村部の貧しい人々を市場に結びつけ、そしてかつての植民母国の住民は昔植民地にした国に、統治ではなく、経験をし、学び、貢献するためにやってくる。

エンチャンテッド・ファームは今ではこうした新しい世界の小宇宙であるかもしれない。僕はわれわれが正しい決定をすれば、よりよい社会が現実になるという予兆だとますます感じるようになった。

消費者と生産者についての質問

消費者として、僕らは社会の経済的生活に価値を加える製品を支援し、後援する努力を行っているか？

マルコやフレディ・ティンガが成しとげたように、僕らは起業家もしくはビジネスに携わる者として、社会の福利を向上させ、社会一般の問題を解決できるような製品やサービスを提供しているだろうか？

まさにリーズがやったように、僕らは排除され、恵まれていない人々を巻き込み、力を与えるように意識的な決定をしているか？　もしそうでなければ、シューマッハーが40年前に予言したように、僕らは社会の不調和の結果を最終的に償わなければならないだろう。そうしているならば、僕らはより清潔で、より公平で、より幸福な世界を後に続く者たちのために作ることになるだろう。

もちろん、その選択は僕らにある。

最近までヨーロッパ人の多くは、フィリピンが地図上のどこにあるかさえ知らなかった。今彼らは、アジアには中国だけではなく、フィリピンやその他のアセアン諸国も存在することに気がつき始めている。ここアジアで、若者たちはイノベーションや新しい視野を発見する。それは彼らの出身の先進国では経済は競争が非常に激しく、ますます不確定になっているのと対照的である。

TM

逆イノベーション

ラグズ・トゥ・リッチーズ、COMET、オレンジ・ライフといった会社は、開発途上国における経済的な苦境にあるコミュニティの人たちとパートナーシップを組んだことによって培われた革新的なアプローチで、これまでとはまったく異なるビジネスの模範例を提供している。

そうした革新に関心を持ち、観察してきたのは、パリの高等商業専門学校（HEC）のエグゼクティブ・ディレクター、ベネディクト・フェーヴル＝タヴィニョ教授である。教授は「ソーシャル・ビジネスと貧困」を担当し、〈開発途上国で行われたイノベーションが先進国で取り入れられる〉、いわゆる〈逆イノベーション〉の分野で多くの研究を行っている。[5]

5　逆（リバース）イノベーションのコンセプトは、一人の学者、ヴィージェイ・ゴビンダラジャンと一人のビジネスリーダー、GEのCEOジェフリー・イメルトにより、2009年に理論化された。彼らはGEのインドにおける経験を分析したところ、そこでは企業は先進国市場と比べてずっと軽くて安い心電図装置を開発する必要があった。そしていまでは、低価格での医療技術への需要が高まっている米国で、同じ製品を販売するようになった。

「この概念が最もよく当てはまるのは、数十年間にわたり製品開発に焦点をあててきた開発途上国の多国籍企業が、最終的にピラミッドの最上層のみを対象とする洗練され、かつ高価な製品を開発するケースですね。自社内の研究開発センターと外部の資本市場の圧力によって、製品の仕様は国民の真の、そして基本的なニーズからかけ離れたものになることが非常に頻繁に起こります。貧しい人たちのために、そして彼らと一緒に働くことによって、企業は国民の実際のニーズにあった製品を再び作るレバーを引き、適切で簡素なイノベーションが生まれることになると思います」。

「乳製品の世界的なリーダーであるダノンのケースがそうでした。バングラデシュとセネガルのソーシャル・ビジネスを通じて、ダノンは栄養不良減少を対象とするヨーグルトを開発しました。しかし、ミルクと冷蔵に要するコストが大きく、価格があまりにも高すぎました。そこで会社は地元の創造的な料理人たちと協力し、ついには地元の穀物と少量のミルクをベースにした製品を作りだしました。この商品は室温で保存可能なため、エネルギー消費も少なく、人々の真に切実なニーズに合致したのです」。

「そこで私たちは、いたるところで貧困層から学ぶという逆イノベーションは、南が北のために行う単なる製品開発よりさらに先を行くという主張を展開しているんです。富裕層や先進国の企業は豊富な資源を持っているので、創造性を失うことがよくあります。それに対して、逆イノベーションは新しい考え方を生むのです。目指すのは、より革新的で、工夫をし、省資源で、現地に基盤を置き、人々の基本的なニーズに合った商品です。ハイスペックで利益を最大にする商品ではありませんよ」。

「フィリピンに話を戻しますと、ＧＫのやり方から学ぶものが、約１３００万人が貧しい住環境にいるフランスのような先進国にもあると私たちは思っています。それはコミュニティに力を与え、個人に責任感を与え、そして富者と貧者を結びつけ、人々が貧困から抜け出るのを助けるエコ・システムを作り出すということなんです」。

第19章　自分を探して

われわれは、利益への執着が、置き去りにされた人たちだけではなくわれわれ全員に重大な影響を及ぼしているという事実に気がつくようになった。利益に執着するあげく、いつも何か未達成だと感じる人びとは、抑えがたき貪欲と過度の消費に駆り立てられる世界の中で、真の利益となるものを探し続けている。

TM

シンガポールの夜明けの時刻。新しい一日の薄明かりのなかで寝返りを打ちながら、繁栄し、ひとつにまとまったフィリピンが、ついには貧困から解放される日を夢みる。〈ホームレスのための家を〉…〈土地なき人々のために土地を〉…〈2024年までに50万人の社会起業家を〉。もし僕の夢がこのように壮大で、他人を助けられるものであればいいのだけど。

それから向きを変えると、僕は実際に夢を見ているのではないと気がつく。「トム、フィリピンの人は豊かになってきているよ」。僕の反対側のベッドに寝る銀髪の男が明るい声で言う。ティト・トニーがビジョンを持ち、それに従い生きているということは、こうしたときによくわかる。彼は、普通の人のように朝の〈おはよう〉〈よく眠れたか〉といった会話を行わず、核心にまっすぐ入ってくる。「まだ朝の5時半ですよ。ティト。もう15分間は貧困削減の目覚ましを遅らせたらどうですか?」。僕は頼んだが、無駄だった。「妻は毎日これに耐えなければいけないのだよ。君はたった数晩我慢すればいいのだから」。彼は無慈悲にそう言う。昨年中、僕は彼の早朝のエンチャンテッド・ファームへのドライブから、マニラ市内でのスピーチまで、ほぼ毎日のように彼と一緒だった。ティト・トニーは、35年の間連れ添い、彼の生活の基盤でもある妻リンのことを暖かく話す。「彼女が我慢してくれているのは言うまでもないよ。もし彼女の揺るぎない愛と支援がなかったならば、愛されず、望まれず、敗北した人たちを私が愛し、ケアすることは可能ではなかっただろうね」。

東は西と出会う

このとき彼が言った〈敗北した〉人たちとは、貧しい人たちだけでなく、多くの若者たちをも指しており、彼は長い間、こうした若者たちを鼓舞し、導いてきた。僕もそのなかの一人であった。快適で楽しみの多い生活のなかに漂流していた僕は、この64歳の男(ちょうど僕の倍の年齢)に出会って、人生の目標について実はほとんど考えていないということを感じた。

ティトは自分の国の未来に対して大胆なビジョンを持ち、それをエネルギーと活力源にしているが、僕には何が欠けているのだろう。自分の国ではないということはさして問題ではない。彼と行動を共にし、彼が人生で目指すものが、僕にとっても何か意義と意味があるかどうかつきとめてみようと直感的に思った。

だが、この男と一緒の部屋にいる僕ときたらどうだろう。

ティト・トニーは前年に〈世界の社会起業家〉という栄誉を受け、シンガポールで開かれた2013年のワールド・アントレプレナーシップ・フォーラムの名誉ゲストになった。僕の方といえば、随行のオブザーバーでしかなく、ティトの五つ星ホテルの部屋に泊まらせてもらっているありさまだ。

「今日は何を着ようかね?」。ティト・トニーはベッドの横に立ち、目の前の小さな、スーツケースに目をやりながら、僕に尋ねた。奥さんは来ていないし、〈会長秘書〉のジェリックも今回は一緒ではなく、僕の今朝の仕事にはティトの着るものとドレス・コードのアドバイスが含まれていた。ティトはいつものTシャツとデニムの姿がいいと言っていたが、その場にふさわしいようにスーツにシャツとネクタイにしたらというと、しぶしぶ同意した。

僕らはメインの会議場に降りていき、世界中から来ている参加者たちと会った。彼らは何らかの意味で起業家として成功し、先駆者的な仕事を認められている人たちである。僕は彼らの主な関心の向く先が、最も豊かで、成功した起業家ではなく、他人の人生に真に意味あるインパクトを与えようとする人々だということに気がついた。

ジャック・シムさんはミスター・トイレットとして知られているシンガポールの起業家である。途上国における貧困層の衛生改善のために、革新的な方法により実に人道的な成果を上げている。「お金を持つ人の代わりに、価値を創造する人を高く評価したらどうだろうか?　ビリオネアーを10億人（ビリオン）の生活を向上する人と定義を改めようよ」と言う。

ティト・トニーが示す大胆で前向きなビジョンに、会場にいる成功者たちも共鳴したようだ。後で近寄ってきたジュリアンさんは、フランスの起業家で、短期間接したことがあるGKの活動に魅力を感じ、もっと知りたいと言う。彼がティトに熱心に浴びせた質問の数々は、僕が1年前に最初のインタビューでティトに尋ねたことを思い出させた。「食事をご一緒し、もっとお話しをうかがいたいのですが」と彼は言った。「川のほとりでステーキを食べさせる店を知っていますよ」。

ジュリアンのバシッとしたデザイナー・スーツと高そうに見える時計から、彼の好みはエキゾチックな味で、それだと値段が高く、僕たちには払えないなと思った。「うーん、僕たちは別にお昼の予定がありますので」。僕は、ジュリアンの洒落た背広と一週間前にマニラのウケイウケイ・マーケット[1]で買ったバーゲンのスーツとを比べながら、ちょっと弱気になって答えた。

「トム、次回はステーキとキャビアを食べに行こうよ。今日は無料の食べ物のあるところでいいけれど」。シャノンは少し後に、僕にこうささやいた。彼のお腹のあたりを見ると、無料のランチはやめた方がいいように見えた。

無料のランチがないようだったので、ティト・トニー、シャノン、そして僕は、もっと安あがりなシ

1　ウケイウケイ・マーケットはフィリピンのの市に等しく、買い手は海外から寄付された中古の洋服（多くはイギリスから来る）の山の間を歩きながら、買うものを見つける。

ンガポールの屋台料理があるマーケットに行くほかはなかった。国として大成功を遂げたシンガポールは、僕にとって始めての滞在である。マニラから飛行機で2時間ちょっとのこの都会から受けた初印象を、道を歩きながら整理してみた。シンガポールとマニラはちょうど50年前には経済的に対等だったが、それ以来大きく違った道を歩んでいる。

物質的な面では、シンガポールは後を追うアジアの国々の手本になった。この都市のよく知られた効率、生産性、清潔度は賞賛に値する。それゆえ、シンガポールはアジアで最も不幸な都市だとのランキングをBBCのサイトで見て、僕は驚いた。それが本当かどうかは別にしても、マニラやジャカルタの何百万人というスラムの住人のほうが、はるかに快適な生活を送るシンガポール人より〈幸福〉だと指摘することは不適当だと思う。しかしながら、ここで幻の目標を追求していると、人は簡単に〈敗北してしまう〉だろうと僕は考えている。物質的にどんなに快適になっても、われわれヨーロッパ人とアジア人は、やはり何かそれ以上のものを探している。

人材斡旋会社はこうした不満の感情を利用している。通りにある数多くの広告板は、僕らに現在のキャリアで本当に満足しているかどうかを考えさせる。僕の関心を特に強く惹いた広告がある。顧客に仕事の満足度を短いテスト形式で問うもので、給与の満足度から昇進の可能性まで5~6問で構成されている。

最近まで、僕もこうした質問に心をうばわれていたが、貧しい人々やGKのパートナーたちと1年を過ごして、自分は間違ったものをずっと追いかけてきたのではないかと自問するようになった。今ではこの広告に欠けている質問があると気がつく。あなたの現在の仕事は生活とバランスがとれていますか？　価値がありますか？　やりがいがありますか？　他人の役にたっていますか？

エンチャンテッド・ファームへの訪問者は、ヨーロッパ人のインターン[2]が畑で汗を流し、ソーシャル・ビジネスを立ち上げ、貧しいコミュニティに住むのを見て、しばしば当惑する。ヨーロッパ人や、最近ではアメリカ人が低開発の地域で〈現代世界の主人〉という地位に自信を持ち、新しい企画を実行しているというイメージに単純に合わないからである。魅力的な海岸やパーティの場所が若者を招いているのに、なぜ彼らは貧しい人と一緒に時間を過ごすのだろうか。

答えは、多くの若者が仕事の目的や満足度という問題に真剣に取り組んでいることにあると僕は思う。ファームに来るヨーロッパ人の若者は、それ以前の世代に比べて、自分自身に確信がなく、自分たちが生きる〈現代の世界〉の中で幸福を見いだせないからである。若者の失業率は過去最高であり、貧富の格差が拡大するなかで、何百万人ものヨーロッパの若者は主流の経済の周縁部に取り残されている。よい給料の仕事を手にした幸運な人たちも、資本主義制度のなかで興奮を感じ、価値がある挑戦を求めようとし、最後には不満を抱くようになる。エンチャンテッド・ファームのプリズムを通して見ると、フィリピンには新しい機会がある。そこでは、若い起業家は〈貧しい人たちを置き去りにせず〉、

2　毎年数百人のヨーロッパの学生と若いプロフェッショナルたちが3～9ヶ月を農園で過ごし、ボランティアとして彼らの専門的な知識を提供し、農園やメトロ・マニラに本拠を置くソーシャル・ビジネスを支援している。

成功し、キャリアを満足させる、つまり〈すべてを得よう〉と心に決めている。

夕方遅く、僕たちはGKシンガポールのイベントに招かれた。うれしいことに、今度はタダでピザを沢山食べられた。この集まりは、いわばさまざまな国籍と人種からなる〈国連〉であり、参加者たちはGKにより人生に何らかの影響を受けているという点で共通している。

国民性についてのステレオタイプ的な見方はときに裏切られる。自己統制をする典型的なドイツ系スイス人が、ほとんど泣きだささんばかりになって、自分が初めて経験したバヤニ・チャレンジについて話をした。シンガポール在住のフィリピン人、ミゲルさんの話には色々と考えさせられた。海外で成功したフィリピン人に、フィリピンの芝生はもっと青いということを信じさせることは、往々にして非常に難しい。20年前に国を出て、海外でプロフェッショナルとして成功しているミゲルは、エンチャンテッド・ファームで開かれたソーシャル・ビジネス・サミットに最近参加した。そして、15分間の感動的なスピーチで、5日間で〈ヒーローたち〉に出会い、自分の世界が揺り動かされたと語った。しかしティト・トニーがミゲルに、国に戻ってこないのかと聞いたとき、彼は当惑し、沈黙した。「今はノーです。リスクが大きすぎ、失敗して失うものも大きいからです」。ミゲルは、少し不愉快そうに答えた。

すべての人々はそれぞれの〈旅〉の種々の段階にいる。翌日、ティト・トニーと空港に向かっていたとき、僕の旅はある意味で終わると感じた。僕のメンターは東のマニラに戻るが、僕は反対方向の飛行機でロンドンに帰る。別れる前に、フィリピンでの冒険を終えるのが突然残念に思われた。僕は人生で次に何ができるのかと思い、ティト・トニーに最後の助言を求めた。ティトの僕への別れの言葉は簡単だった。「自分が他人を愛し、ケアできることをやったらよい。そうすればどのようなキャリアの道を行っても、目的と意味がある何かをやれるだろうから」。

まさに賢者の言葉だったが、僕はロンドンの郊外や摩天楼で、この1年のようなインスピレーション――富者と貧者が対等なパートナーとして住み、美しいコミュニティを作り、その一部になるという生き方――を得られるか不安になった。ロンドンはシンガポールと同じく、世界で物価が最も高く、富への執着が強く、そこに住めば家賃を払い、ちゃんとした未来への投資も必要である。9時から5時まで労働をする〈現実の世界〉に戻りながら、ティト・トニーの言葉が希望的な考えで終わってしまうのではないかと疑問を抱き始めた。

私はよく考えるのだが、なぜ、最先進国の優秀な人たちはわれわれのような欠点のあるチームとパートナーを組もうとするのか。なぜ、彼らはやって来るのか？　おそらく彼らの多くはキャリアだけではなく、大義と他人に仕えることに価値を見いだす人生を追求しているのであり、お金だけを求めているのではないだろう。彼らは人のなかに幸福を探し、物のなかに喜びを求めるだけではない。

TM

第20章 もうひとつの旅（MAD）の始まり

「われわれは自分の国のために何ができるか?」を、今や多くのフィリピン人が心の奥で問いかけているので、個人としてこれへの回答を真摯に探す必要がある。これまでわれわれは他の人たちに「国に何が起きているのか」という古くからの問いを繰り返し投げかけてきたが、満足の行く回答を得られなかったし、日々の煩わしい問題が目の前から消え、感動が薄れると、変化を起こせなくなっていたといえる。

TM

「ビッグ・トム、フィリピン化されましたね」。僕が代父として名前をつけた〈リトル・トム〉君はイギリスに帰国後まもなく、南ロンドンの家の裏庭でクリケットをしていたとき、僕にそういった。僕のクリケットの腕前の低下とか、長い間外国の影響を受けて国際化した英語の話し方とかについて言われているのかと思った。クイーンズ・イングリッシュの国にいると、9歳の少年でも、僕がいう「これはすごい混雑（very trafic）」とか、「ここは寒い、そうじゃないかい（no?）」は不思議に響いたはずだ。

リトル・トムだけでなく、友人や家族はフィリピン人が僕に与えた強い印象に気がついていた。僕は

10年間の大部分を、地球を歩き回っていたので、いつも沢山の話や経験談を持って家に帰った。しかし、今回は一寸違った。

過去12ヶ月の思い出には時として悲しみが混じっていた。僕はフィリピンの人たちと、愛着と感嘆の絆でつながっていると感じていたし、それがなくてさみしく思った。

その後、数日間は、地元のパブでビールをおごってもらいながら、僕の海外での冒険についてもっと知りたいという友人や家族からの質問の山に応じていた。「実際に〈フィリピンは楽しい〉のか？」。ロンドンの二階建てバスの横腹についているライト・アップされた宣伝文句を見た一人が、僕に聞いた。

他の質問はあまりフィリピンをよく知らない人からのものだった。「台風で家は吹き飛ばされなかったかい？」。一人の友達はまじめにそう質問した。もう一人は長く考え、やっと、「フィリピン？ ふむ…汚い年よりが中年の生活に飽きたとき、行くところじゃないかい？」。

最後のコメントは軽い皮肉だったが、厳しいものだった。悪いことに、彼の言うことに反論できなかった。沢山の外国人がフィリピンにセックス観光産業に魅せられてやってくるし、来ていたことは疑えない。しかし、最もつらい現実は、世界の中で僕の新しいセカンド・ホームの真の魅力を知っている人が非常に少ないことである。

フィリピンが〈楽しい〉というのはその神秘性の一部分でしかない。僕自身が話したのは次のようなことだった。不潔な人と貧しい人たちのなかに素晴らしい人をみつけたこと、本当に救いようのないコミュニティにも小さな希望が生まれていること、そしてフィリピンの国の中に広がっているバヤニハンとカリンガの精神が、イギリスでも必要だということだ。

僕自身は、GKの旅を、心に深く感じた、そしてより一層個人的な出来事として総括するとともに、ティト・トニーが使っていた〈敗北した人に手を差し伸べるとき、自分自身を発見したと思う〉という表現を思い起こした。

「おい、トム」、僕の友達の一人は共感し、僕の背中を軽くたたきながら言う。「もし君がそう望むなら、オックスファムへの支払い金を倍にするよ」。

どのようにつなげるか（Connect）

われわれの会話は、それから住宅ローン、年金の計画そして土曜夜のサッカーの試合へと戻っていった。僕は、昨年訪ねたいくつものコミュニティで発見した人間の生活の真の質について充分に伝えられなかったことを後悔した。

実際に言葉で自分が見たことを完全に伝えられるのだろうか？　僕が発見した貧しい人々の才能は経験しなければわからず、読んでも、画像で見てもだめなのではないか。

突然みんなにそう言おうと思って、会話を僕の人生を変えたフィリピンでの冒険に戻す必要を感じた。「君たちもここから外に出て、実際に訪問する必要があるよ。君たちすべてが僕のように驚くようなコミュニティにつながることを期待するよ」。

まさにそうだ。4パイントのビールと4人の少し驚いた人たちと一緒のときに、僕のソーシャル・ビジネスのアイディアは生まれた。〈当惑している金持ち〉と起業する貧乏人とを、双方にとってメリットがあるようにつなげる旅行代理店の設立である。

僕はこのアイディアを注意深く、ティト・トニーに電話で話したところ、彼は彼に典型的な、熱意を示して反応した。「もし君でなければだれができるのかね？ もし今でなければ、いつなのかね？」。僕がこのアイディアを充分検討する前に、漠然としたアイディアには早くも羽が生え、一人前のソーシャル・ビジネス、マッド・トラベルになった。

われわれはそれをマッド（MAD）と呼ぶことにした。なぜなら、ガワッド・カリンガとつながっているということは、変化を起こす（Making a Difference）ことだからである。僕が旅の間に発見したのは、もし豊かな人々が貧しい人々と一緒になれば、恩恵を受けるのは貧しい人たちだけではないということだ。

数週間後にロンドンでの世界旅行市（WTM）で僕はティト・トニーとラモン・ヒメネス観光長官とに会う機会があった。

有名なイベントにおいて、フィリピンとGKを代表するイギリス人であることに名誉を感じ、僕は最近買った、完璧にプレスしたバロン・タガログ（刺繍付きのフィリピンのドレス・シャツ）を身につけた。この薄い（ほとんど透明な）洋服の下にTシャツを着ることは全く忘れていて、他の発表者に笑われた。多くの観客は知らなかったが、そのときバロン・タガログの下の胸は凍るように寒かった。

僕のバロン・タガログの着方はおかしかったかもしれないが、世界旅行市が閉幕する前に、ヒメネス長官は僕を本物のフィリピン人として養子にするよって言ってくれた。「フィリピンでは24時間居たら君はもう見知らぬ人ではないんですよ。2、3日経ったらみんな君をファーストネームのトムとして知るようになるし、もしもっと長く居るようになったら、たぶん君はだれかのニノン（名付け親）にもなっているでしょうね。自分でも気づかないうちに、地球の反対側に新しい家族がいる、なんてことになるんですよ」。

長官は僕の心を読んでいたのだろうか？ 僕はすぐに自分の名付け子で、いつも使うタクシーの運転手の息子のトーマス・ジョージ・オラスミンのことを考えた。この子は、メトロ・マニラのケソン市一帯でアングロ・サクソン風に聞こえる名を持つ唯一のフィリピン人である。今や、モルジブの美しい浜、バリのヨガ・スタジオや世界のどこにでもそうした可能性があるのだろうか？

世界旅行市が終わったとき、僕はフィリピンに戻り、ティト・トニーに励まされながら、観光会社の設立を進めるという新しい挑戦に直面した。

われわれの素晴らしい旅は今や終わったが、もうひとつの旅、ソーシャル観光のＭＡＤの旅がまさに始まりだした。

だれか興味がある人が飛行機に乗ってくれないかな。[1]

> すべての市民はなんらかの才能——能力、技能、専門知識、アイディア、才気——を持っており、それを多くの人が携わる善行に差し出すことができる。もしそうした才能をひとつに組

み合わせることができれば、すべての人に持続的な繁栄をもたらす世界一流の製品とビジネスを作ることができるだろう。社会起業家になるのはまさに今だ。

TM

1　MAD（Make a Difference 変化を起こす。気違い）旅行社の情報については、www.madtravel.org を参照のこと。

変わるための宣言

一

私はフィリピン人であり、
今立ち向かっている。

神のため、わが国のため、人々のために。

貧困をなくすために立ち向かう。

私はフィリピンの最大の貧困、人々の精神と心の貧困を終わらせよう。

私は植民地としての精神を捨て、フィリピン人の〈バヤニハン（助け合い）〉の精神を誇りに思う。

二

神が間違えて私をフィリピン人として創造したのではない。

私はフィリピン人として、フィリピンを愛することで神の計画にしたがおう。

私は貧困との戦いに参加している、
言葉だけではなく「行動」することで。

私は自分自身の夢を追い、自分の富を築く一方で、数百万のフィリピンの同朋が飢えるのをすべもなく傍観することはしない。

三

私は夢を持てなくなった人々の夢を引き受ける。

繁栄し、スラムのないフィリピンを夢見る。

人々は単なる消費者だけでなく、生産者にもなるのだ。

私はフィリピン・ブランドが世界に知られることを夢見る。

フィリピン・ブランドは貧しい人々を置き去りにはしない。

私はそんなブランドをつくりたい。

四

起業家精神を通して、私はこの夢を叶える。

ありふれた起業家精神ではなく、あらゆる人々を受け入れる起業家精神を持ちたい。

自然という資源が実に豊富なこの国で生き、才能豊かな人々の間で活動すれば、私が失敗する訳はない。

私は兄弟を守る。

貧しい人々が貧しくなくなるように助け、貧しい人々を私のビジネスにおける尊厳のあるパートナーにする。

五

私は富を創ることで貧困を終わらせよう。私自身や家族のためだけではなく、すべての貧しい人々のためにも。なぜなら貧しい人々は私の家族なのだから。

私は自分自身の「時間」を使い、貧しい人々の時間を生産的にする。

私は自分自身の「才能」を使い、貧しい人々が才能を発揮できるようにする。

私は自分自身の「宝物」を使い、貧しい人々に投資し、彼らとともに万人にとって価値ある宝物を作る。

トニー・メロトの言葉に触発されたこの宣言は、エンチャンテッド・ファーム（「魅惑の農園」）の大天使文芸センターの壁にかかっている。著作権はローズ・イサダ・カブレーラとカルラ・デラ・クルスにあり、リック・ジンダップが製作を監督した。

巻末付録　あるＧＫコミュニティの発展

４００年をへた現在、ＧＫコミュニティの住人は、もはや不法に土地を占拠して住む人たち（スクワッター）ではない。このことこそが連帯が生み出した奇跡である。

ＴＭ

コミュニティのひとつであるシルバーハイツ・ヴィレッジの発展について、以下、いくつかの異なった局面を取り扱い、ＧＫが過去10年に渡って発展させてきた２４００のコミュニティづくりの「モデル」に関する基本的な開発方針を紹介する。

逆境に共に立ち向かう

２０１２年1月8日、バランガイ・マラリア（カローカン市、メトロ・マニラ北部）で大きな火災が起き、10年前からそこを不法に占拠し、住んでいた人たちが住む3つの地区（スクワッター地域）の75軒が焼けた。住民には犠牲者こそ出なかったが、火災は人々の財産のほとんどすべてを奪った。

政府は資金に限りがあり、僅かな援助しかできなかったために、被害者たちは絶望的な状況に置かれることになった。一方で、長い間彼らをトラブル・メーカーとして見てきた地元の人々は、彼らを追い出すいい機会だと見ていた。

そうとはいえ、75世帯の人々がお金も所有物もなく、ホームレスのように外のバスケットボール・コートで寝ている光景は、地元メディアや地元行政当局だけでなく、火災直後に駆けつけたコミュニティ・リーダーたちの道義心を掻き立てるには十分だった。

被害者のもとにやってきた一人であるファザー・ロリン・S・フランシスコ（バボン神父）は地元の教会の司祭である。彼は思い返していた。「私は一対一で彼らと会話し、かなりの頻度で彼らを訪ね、彼らとコーヒーを飲み、彼らの話や不安、希望に耳を傾けた。私はなんの解決策も見つけられなかったが、教区民は私に共感を示してくれた」。

「そして私たちは服や食べ物、水や薬を被災者に提供した。しかしこれらの救援物資は一時的なものであり、長くは続かなかった。彼らが再びスクワッターに戻り、思わぬ災難に直面しないためには、このコミュニティにはリーダーシップがぜひとも必要だった」。

バボン神父はみずからを奮い立たせ、地元議会のリーダー、カローカン市政府、そして約20人の被災者の代表に自分も加わり、会議を開いた。彼らはいくつか異なった選択肢について、どれがコミュニティを助けられるのかを議論した。

ガワッド・カリンガ（GK）の名がそのなかで浮かびあがった。被災者たちはGKがそれぞれの被災者に家を無料で提供するスキームを持っているという話を聞いていた。だれ一人としてお金がない彼らにとって、それは魅力的な話だった。

他方、公共政策の博士号を持つバボン神父もまた、コミュニティ建設を行うGKについて耳にしており、それがここの地区でも機能するのかどうか、知りたいと強く思っていた。

翌日、バボン神父はティト・トニーとのミーティングを持った。そこでティト・トニーは、カトリック教会、個人企業、そして地元政府を含むさまざまな部門がパートナーを組み、新しく美しいコミュニティを建設するという新たなビジョンを示した。ティトは主張した。「最も重要なステイクホルダーは貧しい人たちで、彼らを常にプロジェクトの対等なパートナーとして扱わなければいけません」と。

GKヴィレッジを建設する際の一般的な基準

・危険な場所に住む世帯の移転もしくは災害被害者への住居供給が緊急に必要な場合
・個人、家族、団体、企業、学校などがGKコミュニティのスポンサーになることを望んでいる場合
・地元行政組織が彼らの行政区域に住む不法占拠者やスラムに家を提供するためにGKとのパートナーシップ提携を望んでいる場合
・土地の所有者が彼らの財産を役立てようとGKにアプローチしてきた場合
・家のない人々が彼ら自身からGKに助けを求めた場合

シルバー・ハイツのケースでは、最初から火災の被災者である75世帯が受益者（住民）となることが決まっていた。しかし通常の状況では、GKは地方自治体と協議の上で、貧困層の中でも最貧とみなさ

れた人々のために家を建てることにしている（選別基準は章末の注を参照）。

貧しい人々とパートナーを組む

・信頼をつくりあげる

家がタダで手に入るという見通しは被災者たちにはとても魅力的だったが、それには彼らとしてもかなりの犠牲を払う必要があった。つまり、家の建設のために、５００時間の「労働の提供」を行う上に、コミュニティの活動や価値観形成コースへの参加を約束する必要があった。

特に被災者たちと地元の人々の関係が完全に崩壊していたので、バボン神父とＧＫは今回約束した家の建設プロジェクトは確かなもので、達成可能であるとコミュニティを安心させる必要があった。

「われわれは過去に数え切れないほどの空約束をされ、当局を敵とまでみていたんだ。だから、何かをはじめる前に、今回のこのプロジェクトは本物であるとわれわれ自身が確信している必要があったよ」とシルバー・ハイツの住民組織の長であるバートは言った。

「それ故に、バボン神父とＧＫのボランティアたちはコミュニティに定期的に通い、彼らとの関係を築くことが重要だった」。カローカン市の地域のＧＫヘッドのジム・バルトロメはこう説明する。「私たちは他のＧＫコミュニティのサクセス・ストーリーや、彼らのような受益者の犠牲や勇気のおかげで国のいたるところに美しいコミュニティが建設されたと言う話で、彼らを奮い立たせようとした。他の人ができたんだから、自分たちができないはずがないと、彼らは思い始めた」。

もっと大切なことはすべての利害当事者（ステークホルダー）と受益者たちの信頼を築くことだった。「だから、コミュニティにおける私たちの存在はとても重要だった。それはたとえば、夕食を一緒に食べるという簡単なことでもよかったんだよ。誕生日パーティに彼らを招待して私の家で祝ったこともあった」とジムは話す。

私がバートになぜこのコミュニティは早くからGKと協力することに熱意を示したのかと聞くと、彼はこうまとめた。「信頼と希望ですよ。われわれはGKが心底からわれわれの利害を考えてくれていると信頼していたし、多くの人が突如私たちを助けたいと思ってくれたので、希望を持つことができたんです」。

・コミュニティはそのメンバーのもので、彼らによってつくられていく

GKの事務局長であるルイス・オキニェーナは、GKの取り組みはまず、貧しい人々に責任を持たせることから始まるという。

「最初の頃、受益者たちは、〈仕事をください〉〈お金を、食べ物を、そして家だけでなく他のものもください〉と。頻繁にわれわれに言って来ます。そうした彼らには、そして彼らが選んだリーダーには、自分たちが求めるものは自分たち自身で手に入れなければならない、ということを思い起こさせるのです。われわれの考え方では、彼らが尊厳を取り戻すためにはこれが最も大切なのです」。

それゆえ、住宅建設がはじまる前にコミュニティを作らなければならない。「われわれは、貧しい

人々が貧しいままでいる本当の理由は、彼らが一緒に働くことを忘れてしまっていることにあると思っています。そうした考え方から、われわれは積極的に活動しない人々を批判することはせず、コミュニティのすべての人を巻き込もうとしています。われわれは皆で全体の夢を共有し、それを叶えるために一緒に活動していくんです」。

コミュニティの大人たちは住民組織（カピットバハヤン Kapitbahayan、KB）をつくる。カピットバハヤンは〈良き隣人である〉という意味で、この組織の目的はコミュニティの監督、説明責任、住民間での協力、団結力や責任感を高めることにある。住民組織ははじめの段階から受益者を促し、彼らに自分たちのコミュニティの成功と発展を決めていく力があると感じさせようとする。そしてコミュニティの人々は、コミュニティにおける生活の数々の側面の仕事を担当させるためにもっとも信頼できる人を自分たちで選ぶ。

資源を活用する

GKは地元の人々や組織とのパートナーシップを構築し、その結果すべての関係者がGKのコミュニティつくりに貢献し、そこから利益を得るようにしている。

・貧しい人々のための土地確保
政府は過去14年の間住民が不法に占拠していた土地を引き渡す用意があった。それは、GKが有する家を建てる能力とともに、不安定な地区に秩序と平和をもたらすＧＫの能力を信頼していたからである。

ティト・トニーは、中央政府、地方政府、民間の人々や諸機関が公的住宅計画に土地を提供するこの仕組みを、「ランドバンク（土地銀行）」と名付けた。彼は言う。「われわれが始めたとき、だれも貧しい人々に無料で土地を与えようなんては考えなかった。しかし今では、１００万以上の世帯に提供できるだけの土地を持っている。われわれは、地方政府が土地の無い人々に土地を提供し、皆に見えるコミュニティをつくれば、彼らがより多くの票を得られるということを証明してきた」。

政府にとって援助の方法は他にも多くある。たとえば、土地の開発関連の費用（景観設計、道路工事、下水設備等）の援助により、建設予定地を安全かつ問題がない状態にし、工事開始を可能にすることができるし、政府がコミュニティサービス（教育、医療など）を提供することもそうである。

シルバー・ハイツの場合、政府の援助により建設許可取得に関連した費用の一部が免除され、プロジェクトの総コストを最小限に抑えることができた。

私有地の寄付については、シルバー・ハイツのコミュニティでは実施されなかったが、他の多くの地域では行われた。ティト・トニーはこう説明する。「われわれは土地を分け与えることは、貧しい人々にとって価値があるうえに、土地所有者にとっても有益だということを証明した。それは土地を提供することによって、彼らに残っている所有地の価値が上がるからなんだよ。なぜかといえば、物理的な環境を変え、醜い貧民窟を無くし、平和と秩序を取り戻し、経済活動を活性化することで、土地価格が上昇するからなんだ。それだから、ＧＫコミュニティ周辺の価値が上がると、より多くの善意ある人々が自分たちの土地の一部を寄付したがるんだよ」。

さらに、土地所有者が土地を貧しい人々と共有することを決めたとき、ＧＫは通常、地方自治体、特にＧＫが存在するコミュニティに寄付をしてもらうように依頼する。それにより、土地の寄付を補足するように政府資金が配賦され、コミュニティの発展に使われることになる。

・土地所有権

建設を始める前に、土地が確保され、カピットバハヤン、ＧＫ、地方自治体が契約書（メモランダム・オブ・アグリーメント）を交すことが重要である。シルバー・ハイツの場合、土地は国家住宅庁（ＮＨＡ）が所有しており、契約書にしたがい、世帯がＮＨＡから所有権を賦払いで購入した。

他のコミュニティでは、ＧＫは別の形で所有権と土地使用権を確保している。ＧＫが新しく導入したのは利用契約である。この契約では、受益者は建物に居住する権利を持つが、売却する権利はない。これにより、入居者が土地を売却して手っ取り早く利益を得ようとする誘惑を排除し、ＧＫは「ホームレスに家を」という使命を達成することができる。さらに、将来起こりえる法的紛争を避け、ＧＫの求める価値観が住民に重く受け止められることを確保できる。結局のところ、すべてのＧＫ居住者は基本的な規則を遵守しなければならない。

・資金の調達と使用資金

シルバー・ハイツの場合は、ＧＫ建設者の夕べを企画し、幅広いネットワークを活用してスポンサーになり得る個人や企業を集め、パートナーになるように招待した。

このイベントの結果、ＧＫの主要企業パートナー（ヒュンダイ等）、市長や地方自治体職員などの政府関係のスポンサー、周辺地域の個人及び企業経営者など、合計80人（社）が寄付を行った。一晩で、16軒の家を建てる資金が集まった。残りの家の建設資金は、ＧＫ中央基金と地方自治体からの支援により提供された。

寄付は建設に必要な熟練した人材や建材の提供を含んでいる。プロジェクトの受益者が少なくとも５００時間の肉体労働を提供するので、人件費は最小限に抑えることができた。その結果、唯一の費用は必要に応じて建設の専門家を雇うことであった。２０１３年には、典型的なＧＫホームの費用は12万５０００ペソ（約３５００ドル）であった。

シルバー・ハイツでは、ＧＫの価値観にコミットし、勤勉に働く意欲を示すことで、貧しい人々は自分の出費なしに、美しい家に住むことができた。一方、政府はＧＫに土地を提供することで、ＧＫのネットワークを活用し、自らが持つ資金の影響力と範囲を広げることができた。これは、連帯の「奇跡」である。

・コミュニティの持続可能な発展

家が完成した後は、受益者コミュニティが必要とする継続的な支援と指導を提供するために、ボランティアたちの管理人チーム（コミュニティ・プロジェクト・ダイレクターと3、4人の常駐ボランティア）の役割が不可欠であった。

ルイス・オキニェーナはこう言う。「建てた家の数を数えるのは簡単ですが、GKの真価は本当は個人と家族の変革にあります。多くの住宅建設や生計向上のプロジェクトを知っていますが、そうしたコミュニティが今はどうなっているかを見てください。われわれはプロジェクトの成功や失敗ということではなく、コミュニティの発展について話したいと思っています。その発展とは、個人が一生を通じて、そして世代から世代へと、価値観を変革することだと見ています」。

人を育てる作業は、ボランティア・チームと受益者の関係の強化から始まり、12週間のGK管理人チームによる「カピットバハヤン（KB）価値観形成」コースへと続いた。この研修の間、受益者は簡単な演習を通じ、どのようにコミュニティを再建するかを学んだ。これは、新しい家に入居する前にやらねばならない過程であった。

この価値観形成コースのために、KBとGKの管理人チームは共同で、価値観を共有し、平和で協力的な共同生活を営むことを最終目標とする、コミュニティのガイドラインを開発した。コースでは受講者たちは問題点、政策や行動を議論し、決定をしていったが、そうしていくなかで団体の価値観を支持する新しいリーダーたちが現れ始めた。そしてコミュニティの平和は力によるのではなく、合意された価値観の遵守により達成された。GKによれば、この新しい文化こそがコミュニティを持続させ、自立へと導く鍵である。

価値観形成の過程を終えた後、受益者はプロジェクトを確実に持続させるために、GKのパートナーとなる指導者を選抜した。シルバー・ハイツでの選挙は住民組織のトップ（バート）、2人の副リーダー、秘書や会計係を選んだ。それから、色々なメンバーが子弟若者成長、マブハイ（ウェルカム）、グリーン・カリンガなど、GKの7箇条プログラムで定めたさまざまなプログラムを担当することが決まった。

価値観形成はコミュニティが長く続いていくために最も重要な要素であり、三つの段階の変化（個人の全人格的な成長、家族関係の強化、強いコミュニティ精神の涵養）を目標としている。価値観形成プログラムは貧困から這い上がるために必要である、愛、共感、血の分けあい（自己犠牲）という中核となる価値観とヒーローに相応しい行動を受益者に教える。

ルイス・オキニェーナは言う、「もちろん、全国にある2400のGKコミュニティのひとつひとつが違う成長段階にあります。しかし、成功しているところと苦戦しているところの違いは、いつもたったひとつです。コミュニティのパートナーとなる管理人チームの取り組み方次第なのです」。

注　GKはどのようにして受益者を選んでいるのか。
GKは最もふさわしい人々が受益者となれるよう、一般的に各地域の地方自治体と協力して活動している。
その選考プロセスは以下の事項を基準としている。
・世帯収入が3000ペソ（約70ドル）以下であること、

・スラムや不法に占拠した場所に住んでいる者〈スクワッター〉、または親戚とともに住んでいる志願者であること、
・進んでコミュニティの住民組織に参加し、その規則にしたがった行動をすること、
・受益者は、家の建築のために自らの〈労働の提供〉を行うこと、すなわち家の建築またはコミュニティの改善工事のために500時間の労働を提供すること、
・コミュニティ・メンバーによる自治の準備のために開かれるすべてのコミュニティ活動、セミナー、研修に参加すること。

監修者・訳者あとがき

本書は、Thomas Graham, *The Genius of the Poor: An Journey with Gawad Kalinga*, Art Angel Printshop Commercial Quest Inc., 2014の日本語訳である。

翻訳は久米五郎太（城西国際大学大学院国際アドミニストレーション研究科特任教授）と但馬みほ（当時、城西国際大学大学院人文科学科大学院比較文化専攻博士課程学生）とが行った。翻訳は前半の謝辞、「はじめに」と1～10章を但馬が、「日本の読者へ」、後半11～20章と巻末付録その他を久米が担当し、全体の調整・監修は久米が行った。

フィリピンで発行された原著のタイトルは、日本語では「貧者の天才的な才能（または特質）：ガワッド・カリンガの旅」と訳されるが、日本語版の書名は「だれも置き去りにしない：フィリピンNGOのソーシャル・ビジネス」とした。

著者によると、発売部数は英語版は1万部、フランス語版は3000部である。

この本は、フィリピンのマカティに住む経済ジャーナリストであった著者トーマス・グレイアムがフィリピン最大のNGOのひとつといわれるガワッド・カリンガ（GK、フィリピン語の語義は〝ケアを施す〟。設立は2003年）の創始者であるトニー・メロトに会い、仕事を辞め、1年間をかけ、フィリピン全土やジャカルタのGKヴィレッジや農園、ソーシャル・ビジネスの場を回り、数多くの人たちと出会い、会話をし、考え、経験したことをまとめたものである。前半では、家がない貧しい人たちや土地を不法に占拠し、スラム街に住む人たち（スクワッター）のためにGKがボランティアやスクワッター自身を動員し家を建設し、さらに台風で家を失った貧しい人たちなども受け入れるヴィレッジづくりとコミュニティ建設を国中に広げていく様子を描く。後半では、ルソン島にある「エンチャンテッド・ファーム（魅惑の農園）」を本拠に野菜・果物・ハーブなどの栽培をし、貧しい人たちとともに自然化粧品、チーズやアヒルの製品、アイスティー、縫いぐるみ人形などの生産・制作を行い、販売をするソーシャル・ビジネスを扱っている。こうしたファームや企業は年間で数百人という学生のインターン（実習生）を受け入れ、雇用と利益を両立させるソーシャル・ビジネスの起業やその展開に学生を参加させ、学ばせてもいる。著者はこうした旅を通じて、GKの活動の基礎となっている、貧しい人たちへの「ケア（気づかい）」と「シェア（分かち合い）」の精神、そして人と人とのつながりの重要性を発見し、自分も意味のある人生を送りたいと考える。最後の章は、ロンドンに帰った著者が、再びマニラに戻り、旅行企画のソーシャル・ビジネスを始めるところで終わっている。

こうしたGKの基本的な精神、価値観や欧州の若者や学生との関わりについては、トニー・メロト（ティト・トニー）による「はじめに」がカバーし、各章のはじめとさいごにティト・トニーの言葉が引かれている。巻末の付録には、シルバー・ヴィレッジを例にとって、ヴィレッジ建設や入居の基準、法的な仕組みの説明もなされている。

翻訳にあたっては、三十代前半の若いイギリス人たる著者がさまざまな人たちに会い、貧しい人たちのなかに人間的な魅力を発見し、考えを深めていくプロセスを描く、生き生きとし、ユーモアを含む文体を日本語に移すように心がけた。文中の social enterprise（または business）はソーシャル・ビジネスと、social entrepreneur は社会起業家（またはソーシャル・アントレプレナー。個人で製品などをつくり売るビジネスを立ち上げ、営む人といったニュアンスで主に使われている）と訳した。また調整をしたものの、前半・後半で日本語のトーンの違いが若干残っているが、ご容赦願いたい。

私、久米が原書に出会ったのは、2015年11月、マニラで開かれたグローバル・ビジネススクール・ネットワーク（GBSN）の年次会合出席の折りに、訪問した「エンチャンテッド・ファーム」においてであった。元IFCチーフエコノミストのギー・フェファーマンの主導により米国ワシントンで2002年に設立されたGBSNは、開発途上国におけるビジネス教育振興を目的とする。マニラ会議では貧困削減と雇用創出に貢献するよう、起業のための教育をすべきとの議論が活発になされ、会議を共催したアジア・インスティチュート・オヴ・マネージメント（AIM）のオルテイガス教授がその成功例としてガワッド・カリンガ（GK）のケースを報告、翌日参加者たちでファームを訪ねた。そこでGKの創始者かつ代表、CEOたるトニー・メロト氏や著者トーマス・グレイアム氏に会い、ファビアンなどのインターンたちにファームを案内してもらい、ワークショップにも参加した。

私はこの農園での活動、特に自立的なソーシャル・ビジネスを展開し、貧しい人たちと学生たちとが組むというアプローチに強い関心を持ち、メロト氏との短い会話のなかでそう伝えた。氏からは、欧米やアジアに比べて日本の企業や学生の参加がまだ少なく、このNGOの活動が日本でもっと広く知られるとうれしいという話があった。あとで調べるとメロト氏は低所得者層の住環境の改善に尽力した（約２０００の地区に20万軒の住宅を建設するなど）として、２０１１年の第16回日経アジア賞を受賞しており、日本での評価はすでに高い。しかし、近年、ソーシャル・ビジネスを興し、国際的な視野で学生をインターンとして多数受け入れ、開発・貧困問題とビジネスを結びつける、いわばビジネス教育の活動を広げていることはあまり知られていないようだ。本書の翻訳によりその幅広い活動を日本の関係者が知り、理解することは有意義だと考えた次第である。

また、フィリピンのミンダナオ島やレイテ島でマイクロファイナンス機関の能力向上に携わり、貧困者の自立、ハイエン台風被害者の復興を支援するポジティブ・プラネット・ジャパン（前身はプラネット・ファイナンス、世界本部はパリ）の若い同僚、松浦わか子さんから、長い時間をかけ原稿を書いていたとして、著者の紹介を受けた。トーマス・グレイアム君（トム）は背の高いイギリス人。一読して訳者は、ＧＫのいくつものヴィレッジを回り、フィリピンの社会や人たちを深く知っていくプロセスを、読み物として面白く感じ、フランスなどからの学生の起業にかかるインターンの内容にも大学教員として関心を深めた。

翻訳は２０１７年前半に行い、４月末にマニラでトムに再会し、ＧＫの関連施設（エンチャンテッド・ファーム、シルバー・ハイツ、ヒューマン・ネイチャー）を案内してもらい、インターンたちにも会った。一年半ぶりのファームは敷地を広げ、食堂を新くし、フィリピンの若者への起業教育を充実させ、農園－大学として、またソーシャル・ビジネスの起業の場としてさらに発展をしていた。今年1月には本文中にもでてくるソーシャル・ビジネス・サミットの第5回目がファームで開催された。著者のトムは昨年3月にマニラでTEDトークをし、大企業の人たちを研修のためにGKの施設に送る旅行企画の仕事も軌道に乗りつつあるようだ。

読み進め、日本語にしていくなかで、本書は次のような読者に特に関心を持たれるだろうと感じた。第一は、フィリピンのこと、特にその社会や国民性を深く知りたいという広い範囲の読者である。フィリピンは日本に近いながらも、あまり深く知られていない国といえる。私自身もこれまでビジネス関連でかなりの回数の出張をし、レイテ島のハイエン台風の被災地をも訪問、知己もいるが、ミンダナオなどの地方や農村部については知るところが限られている。最近は日本国内でもフィリピンの人々との接点が増え、経済交流が拡大しており、ビジネスや旅行などを通じてフィリピンやフィリピンの人たちへの関心が高まっている。この本は、貧しい層に焦点を当てながらも、結果としてより広く、多彩なフィリピンの人たちや社会を愛情を持って描き、読者を惹きつける。「外国人がこの数年でフィリピンについて書いた最も良い本」との、在米のフィリピン・ジャーナリストの評もある。

第二は、コミュニティの開発、貧困削減や援助、NGO活動に従事し、とりわけソーシャル・ビジネスやCSR（企業の社会的責任）に関心のある人たちである。われわれは貧しい人々や災害の被害者に寄付を出すだけでなく、最近は日本でも学生を中心に被災地でのボランティアが盛んになっている。訳者の関わるNPOも東北大震災の被災者が行う小規模の復興事業への金融支援を行っている。ソーシャル・ビジネスについては、バングラデシュのムハマド・ユヌス氏の活動がよく知られ、図書『ソーシャル・ビジネス革命』を読んだ方もおられるであろう。この本では、ユヌス氏の本に比べて理論や金融面での記述は少ないが、被災者や貧しい人たちを雇い、彼らと組んで、商品を開拓し、販売する実際のビジネスをいくつも紹介している。GKのソーシャル・ビジネスは高い目標を設定しつつ、次々と事業をスタートさせており、その理念や考え方、経営手法など、参考になる点が少なくないであろう。

第三は、やはり著者に年の近い、学生や若者が興味を持って読むことが期待される。この本では、イギリスの若者であるトムが、フィリピンというアジアの国や農村での人間のつながりを知り、個人が独立しすぎ、金銭や利益志向が強い西洋の社会に疑問を持ち、自分のあるべき姿を求めている。ジャーナリスト出身の著者は、コミュニティなどでさまざまな人たちに色々と質問を投げかけ、考え、読者も一緒になってそれを追い、意味のある仕事とは何か、人生の目的はという問題を考えることになろう。

私はこの数年間、大学院で企業統治論、会計・ファイナンス入門などを教え、欧州・アフリカなどとの国際交流に携わり、国際NGOのポジティブ・プラネット・ジャパンの役員も続けている。その立場でこの本を読み、感じ、将来に期待することを簡単に記したい。

まずは、学生や若い人たちには社会奉仕やソーシャル・ビジネスに関心を抱く人が多いが、成果をあげるためには、いうまでもなく熱意が必要である。メロト氏が言うごとく、まずは行動、経験である。それに加え、事業や効果を持続させるべく経済的な側面も考えねばならない。利益の増大や企業価値の向上についての考え方や経営手法の理解を深め、身につけていくことが望まれる。

次は、国際的な交流・研修の観点である。本文中でも紹介されているようにエンチャンテッド・ファームは、欧米や地元の学生が交流しながらフィリピンの経済・社会の開発と起業を学ぼうとする、他に類を見ない場である。日本の若者がこうした機会を積極的に活用し、起業教育やビジネスに接するとともに、語学力を高め、国際交流をすることが期待される。２０１５年秋に訳者の勤務する城西大学グループが設立50周年を祝った際に、来日した提携大学の比ケソン市のアテネオ・デ・マニラ大学学長と仏リール・カトリック大学の国際交流責任者から、両大学が合同でエンチャンテッド・ファームを訪問し、交流を深めたという話を聞いた。今後、ファームは日本を含むアジアと欧米との学生、教員の交流の場として広がりを持って行くのではないだろうか。

最後は、メロト氏の活動、より広くはソーシャル・ビジネスの将来への強い関心と期待である。氏はダボスでのワールド・エコノミック・フォーラムにも招かれ、社会起業家としてのいくつかの賞を受賞するなど国際的にも高く評価されている。２０１５年に仏ルーブル美術館で開かれた未来を考える展覧会（ジャック・アタリ氏企画）では、ＧＫのこれまでと将来に及ぶ長期の活動をとりあげ、２０５０年の世界はよりヒューマニズムと調和と幸福に満ちたものとなるとの見通しを述べている。ＧＫは長期的にかつ計画的に活動を充実させており、その取り組みは今、社会的に不平等が拡大した多くの国にとって必要とされる、持続的で包摂的な経済社会の発展をまさに目指している。企業や個人のボランティアへの依存が高いＧＫには規模の拡大や持続性の面での課題がない訳ではない。ソーシャル・ビジネスの存在感が大きいフィリピンで主導的な立場にあるＧＫがどう対応し、発展していくかをフォローしていきたい。先進国でもソーシャル・ビジネスへの期待は大きく、イギリスは支援のための法を有し、フランスでもアタリ氏と有識者が将来の世代のための政策を論じ、企業の長期的目標の設定とソーシャル・ビジネスの起業と拡大を提言している。日本もこうした流れにある。

最近では日本からＧＫ施設やエンチャンテッド・ファームを訪問する人が増えている。全国大学学生生協連合会はテーマのある旅として国際ＮＧＯたるＧＫの訪問プログラムを企画し、個人や少人数で行く人たちもいる。「日本の読者へ」にあるように、少し長いインターンやファームで行われている英語研修（日本のＮＰＯ・ＰＡＬＥＴＴＥが主催）への参加のために現地滞在する学生も増えている。ＭＡＤトラベルもまもなく日本での活動を始める。日本企業の関与や支援も今後活発になろう。

本書では多様かつ魅力的なエピソードが多数扱われている。読者が思い出すための便として、各章でキーとなっている地名、人名、主な話題などをまとめ、著者が回ったＧＫヴィレッジの所在地の地図を作成した。写真は原著には８ページ分あるが、この本では著者とリチャード・リグビィ氏の協力も得て、新しい写真を４ページに収録した。興味のある方はＧＫやＭＡＤトラベルのウェブサイト、ユーチューブ、フェイスブックなどをご覧願いたい。

本書の翻訳・出版に当たっては、水田宗子先生（前学校法人城西大学理事長、前城西国際大学教授）に最初の段階から支持と励ましをいただいた。深く感謝申し上げたい。共同翻訳者の但馬みほさんには教えていただく点が少なくなかった。付録の訳やフィリピンの地名・人名、フィリピン語の読み方などについては、大野雛子さん（東洋大学学生）、ハナ・ダグラスさん、エリカ・レオン・ロドリゲスさんやアセアン・ヤングリーダーシップ・プログラムのフィリピンからの留学生にも相談にのって貰った。本書の翻訳には学校法人城西大学国際学術文化振興センターから助成金を受けた。また、出版に関しては株式会社文眞堂の編集部前野弘太氏およびスタッフの方々に多大のご尽力を願った。

末尾となったが、本書の翻訳・出版を支援していただいた皆様に厚く御礼を申し上げたい。

２０１８年３月

久米五郎太

各章の訪問地・主な話題・地図・写真［訳者作成］

日本の読者へ
　エンチャンテッド・ファーム、ヒナコ、カズキ、ハナ
謝辞
はじめに：本当の天才
　トーマス・グレイアム、ディラン・ウィルク、ファビアン
第1章　上からの眺め
　マカティ地区、メロト氏のインタビュー、つながっていない人たち、仕事を辞める
第2章　協力して
　カローカン市マラリア地区、シルバー・ハイツ、バート（リーダー）、火事で焼け出されたスクワッターたち、自分たちで建てた家に全員で入居、アイビー（元気で気をつかう少女）
第3章　身近にいるヒーローたち
　ボクサー・パッキャオ敗北、ベンジー（家出し、路上生活を経験した同年配の若者）、家族の崩壊、貧困の鎖を断ち切る
第4章　血と汗と涙

バゴン・シラン地区、最初のヴィレッジづくり、デイル（ボランテイア）、元ギャング・オメン、エモン（振付師に）、エンテン、ウィリー（息子を殺された）も入居、毎日やってきたティトとデイル、ミュージカル上演、イッサの話（ボックス）

第5章　一緒により良く

ジプニー体験、元イリガン市長キハノ氏、大火事のあとの家づくり、市とGKなどの多部門アプローチ、パドゥーゴ（献血）、GKミッションビル訪問

第6章　巨人を内から目覚めさす

イロイロ州ニュー・ルセナ、バヤニ・チャレンジ（ボランティアによる家作り）、ニンファ婆さん、ローズ（資金調達、愛国心）、オキニェーナの話（ボックス）

第7章　持たざる者に最善のものを

ダバオ市、GKセイクレッド・ハート村、ヘレン先生、医療支援

第8章　取り戻した尊厳

GK希望の光村、ダバオ女性留置所、GKコテッジ建設、ジーナ（ガイド）、ジェリー（看守兼事務所長）、ジュード（釈放囚）、ワラン・イワナンの精神

第9章　信仰、希望、そして愛

早朝のファーム訪問、ティト・トニー（貧しい人には家と仕事が必要、信仰の力）、同行する3人の若者（シャノン、フランク、ジェリック）、ファビアン（宗教ではなく、ビジネス）、バコロド市GK

フィアット村（教会の敷地の中）、ベン（貧しさのなかでのボランティア）、ネブレス神父の話（ボックス）

第10章　平和のために汗を流す

北ミンダナオ・サパッド、村長夫妻、バヤニ・チャレンジでの住宅建設、イスラム教徒とキリスト教徒の共存の村、バイの話（ボックス）

第11章　連帯する市民

ビコル地方南カマリネス、GK大会、ダンスをする女の子たち、ウィリー（食事のマナー）、男たちのダンス・コンペ、ブリランテスの話（ボックス）

第12章　別の国に行く

ジャカルタ、プトリ（GKに育てられた、子どもたちに振り付け）、マセサール夫妻（イスラム文化の国での信用構築）、インターナショナル・スクールのディカ（社会奉仕クラブ）、アリフとスワニ（インドネシアの実業家のGK支援）、インドネシアでの成功、つながりにより相手を助ける

第13章　台風の後の共同再建

北セブ・バンタヤン島、GKバランガイ、アロディア（ハイエン台風で家を失う）、ポール（NGOの援助への期待）、漁業復興プロジェクト（自分たちで舟の修理）、ニロ（監督、助け会いを促す）、カリンガ・アプローチ（ダイナミック漁法者への対応）、しなやかさの象徴（竹から人間に）

第14章　貧者の天才的な才能

バンタヤン・ツガス・ヴィレッジ（台風で破壊されたコミュニティ）、イブに予告なしで到着、楽しむ能力（子どもたちと遊ぶ、パーティー）、逆境のなかのしなやかさ、アルフィー（子どもができ中退、やりなおすことの難しさ）、すべての人が家族（自分たちのベッドを貸す）、もてなしの能力、協力しようとする傾向、困難に打ち勝つ、天才の再定義（人生に対する積極的な態度）、巨大な可能性の利用（才能はあるので機会を与えることが重要）

第15章　欠けている中間の起業家を求めて

ファーム、チーズ生産、マリセル（野菜売りからチーズ起業家へ）、シルカ（元弁護士、起業のパートナー）、ソーシャル・ビジネス（だれも置き去りにしない、利益を出して成長）、アルビー（若いフィリピン人、アヒル製品で起業）、50万人の社会起業家を（ベニグノ・アキノ大統領のファーム訪問）

第16章　農業をセクシーにする

ファーム、ベール（もと港の警備人、地元に戻り、農業を）、セリア（ずうっと引越、子どもを亡くす）、チェリー（若い農業経営者、アグリ・クール）、ＡＩＭの学生たち、農園‐ヴィレッジ‐大学が重要、しかし卒業して農業はやらない、ロン（バヤニ・ブリューのトップ）、地元の草や技術で、フィリピンには土地がある、定刻に車を出発させる、ソーシャル・ビジネスは最良を目指す

第17章　ハートのあるビジネスを育てる

北ミンダナオ・ブキドノン、ディー（ヒューマン・ネイチャーのマネージャー）、ディラン（イギリ

ス人、元IT経営者、引退し寄付、アナと結婚し、新しい事業を)、ヒューマン・ネイチャー(美容健康企業)、ジョセリンとエッレウテーリア(種子栽培農家)、ハートのあるビジネス、公正価格で買い上げ、タイタス・ソルト(19世紀の英国経営者、労働者の条件改善)、ソーシャル・ビジネスの非伝統的なビジネス慣行(公正な賃金、雇用者非解雇の方針、日曜日は働かない)

第18章　富者と貧者が一緒になって

マニラ、ニン(パタヤス出身、ぼろ切れを縫って商品に)、リーズ(フィリピン出身、起業家)、ラグズトゥリッチーズ(ぼろ切れを使ったソーシャル・ビジネス)、ラホ(デザイナー)、オリビエ(フランスの実業家、貧しい人をパートナーに)、GET(電気自動車の最新型ジプニー)、フレディ・ティンガ(元政治家、現在GETの経営者)、マルコ(成功したイタリアの整形外科医、低廉な病気検査キット発売)、ソーシャル・ビジネス・サミット(ファームで)、スモール・イズ・ビューティフル、逆イノベーション(タヴィニョ教授の説、ボックス)

第19章　自分を探して

シンガポール、アントレプレナーシップ・コングレス、シンガポールとマニラ、ミゲル(海外フィリピン人)、ロンドンに戻る、ティト・トニーの助言、インスピレーションを得られるか

第20章　もうひとつの旅(MAD)の始まり

ロンドン、パブで、「つなげる」ための旅行代理店ビジネスの立ち上げ、世界旅行市(フィリピンで養子に)、変化を起こすソーシャルな観光を

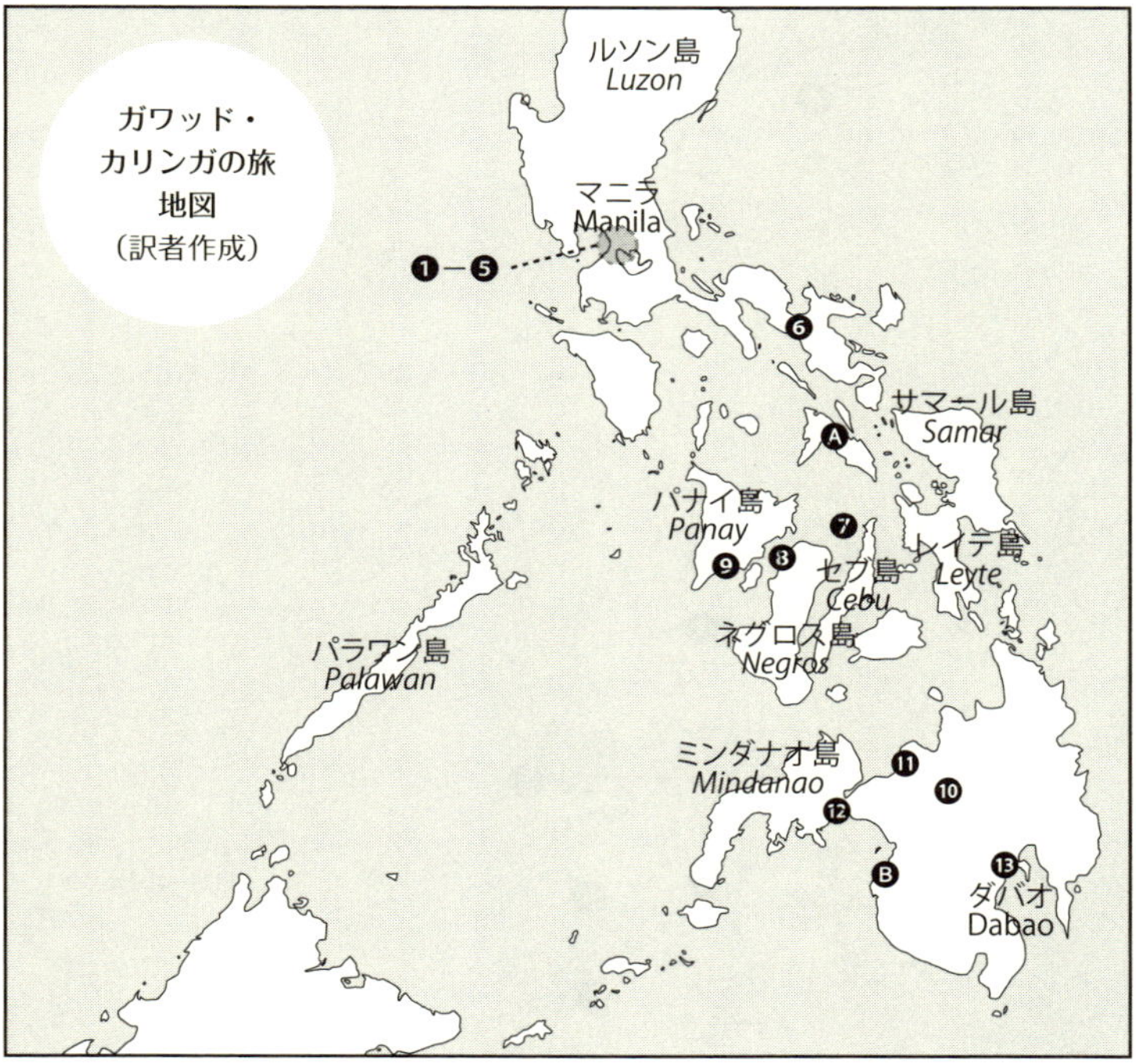

❶ メトロマニラ・マカティ市
❷ メトロマニラ・バゴン・シラン地区
❸ シルバー・ハイツ（カローカン市マラリヤ地区）
❹ エンチャンテッド・ファーム（魅惑の農園）（ブラカン州アンガット）
❺ ケソン市　ヒューマン・ネイチャー
❻ ビコル地方南カマルナス州ナガ
❼ 北セブ・バンタヤン島
❽ 西ネグロス・バコロド
❾ 西ビザヤ・イロイロ州
❿ 北ミンダナオ・ブキドノン州インパヤオ
⓫ 北ミンダナオ・イリガン市
⓬ 北ミンダナオ・サバット　Ⓐマスバテ島
⓭ ダバオ市　Ⓑイスラム教徒ミンダナオ自治地域マギンダナオ州

他に、インドネシア・ジャカルタ、シンガポール、ロンドン

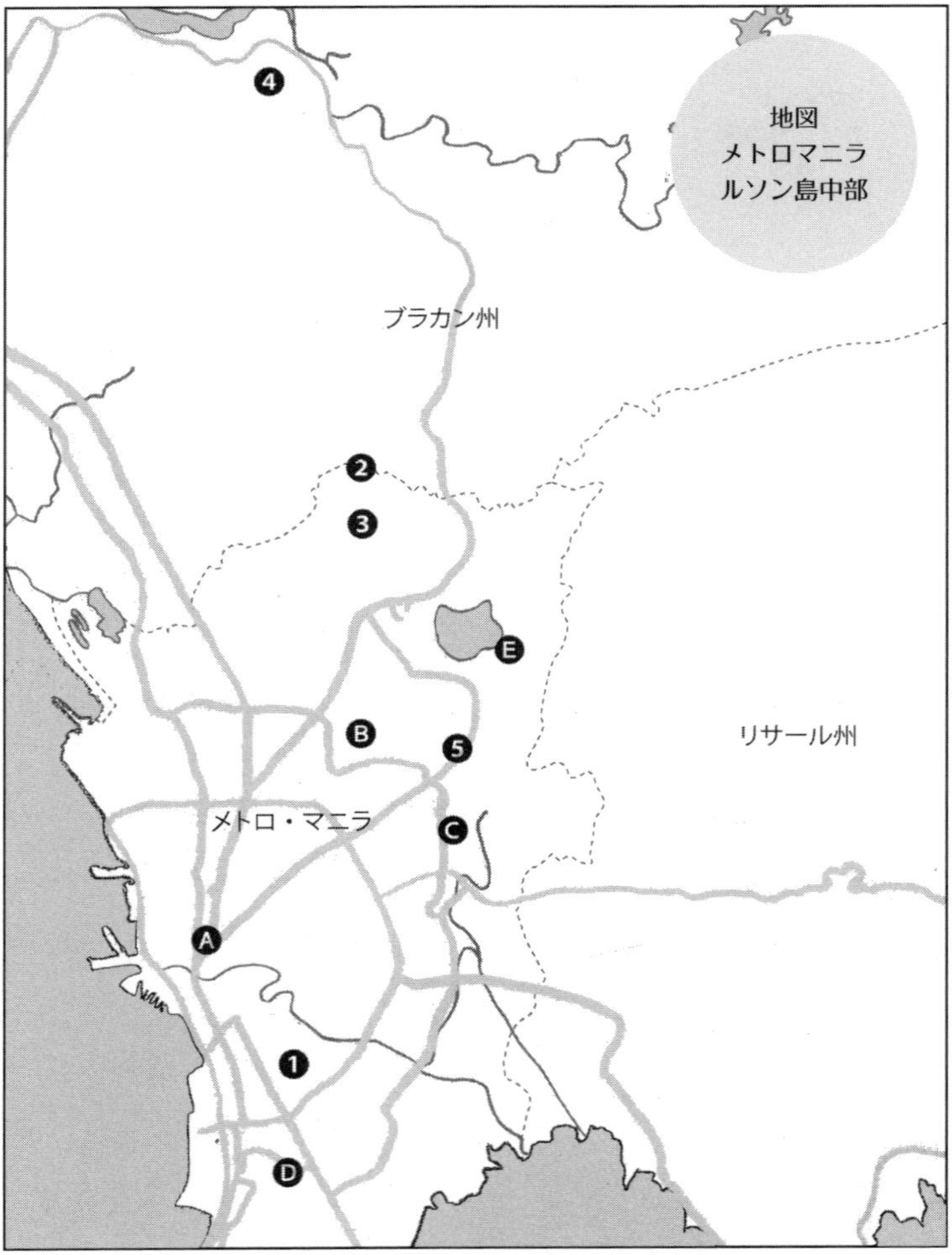

❶マカティ市
❷バゴン・シラン地区
❸シルバー・ハイツ（マラリヤ地区）
❹エンチャンテッド・ファーム
❺ヒューマン・ネイチャー

Ⓐマニラ市
Ⓑケソン市
Ⓒアテネオデマニラ大学
Ⓓアジア・インスティテュート・オブ・マネージメント
Ⓔパヤタス地区

トム
Tom
ガワッド・カリンガ
GK

トム（著者）

トニー・メロト

ワラン・イワナン・シャツを着て

写真提供：リチャード・リグビイ，ガワッド・カリンガ，MAD トラベル，久米五郎太

GK ヴィレッジ
GK Village

マブハイ・レディーズ

マノポーする少女（p.82）

ベンジー・

バート

ソーシャル・ビジネス
Social Business

エンチャンテッド・ファーム

プラッシュ・アンド・プレイ

ヒューマン・ネイチャーのポリシー
(By Gorota KUME)

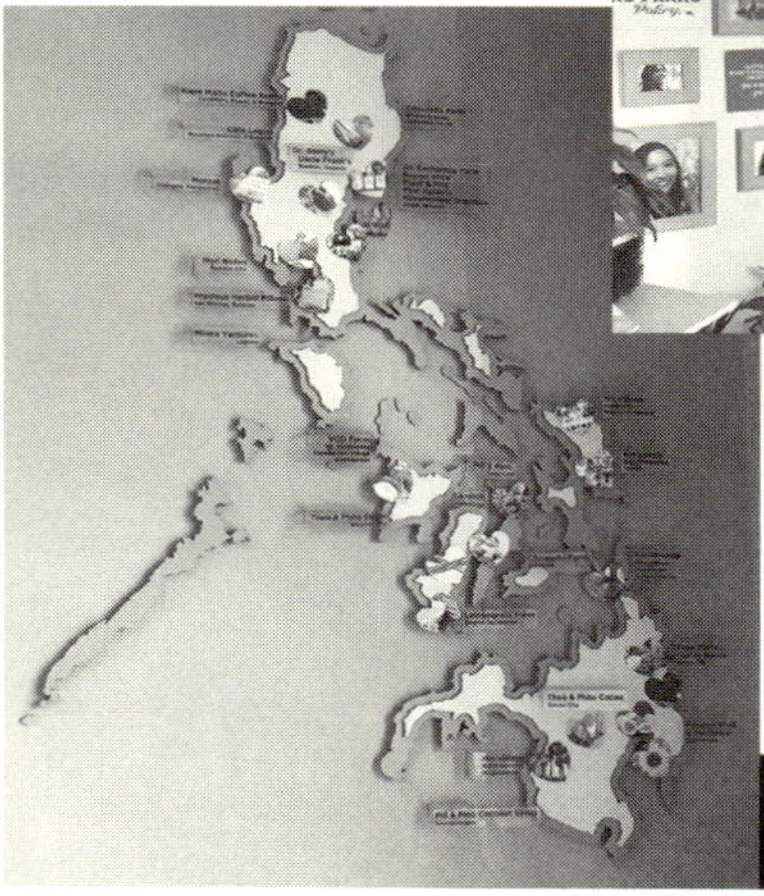

ソーシャル・ビジネスの拠点地図
(By Gorota KUME)

MAD トラベル

トム

エンチャンテッド・ファーム・ツアー

サンバレス

サンバレス

著者　トーマス・グレイアム

イギリス・ロンドン生まれ。リーズ大学卒、マドリッド・コンプレテンセ大学（フィリピン独立の父ホセ・リサールもここで学んだ）で修士号取得。南アフリカやグアテマラに住んだ後、ジャーナリストとして活動していたフィリピンで、約1年間かけGKのヴィレッジを回り、本書を執筆。その後、ソーシャル観光のMADトラベルを立ち上げ、活動している。マニラ在住。

監修・訳者　久米 五郎太

東京大学卒。日本輸出入銀行（現国際協力銀行）、丸紅、日揮を経て、現在城西国際大学大学院国際アドミニストレーション研究科特任教授。NPOポジティブ・プラネット・ジャパン副理事長、元日仏経済交流会（パリクラブ）会長。
共著「フランス人の流儀」（大修館書店）他。

共訳者　但馬 みほ

城西国際大学大学院人文科学研究科（比較文化専攻）博士課程終了。

だれも置き去りにしない

フィリピンＮＧＯのソーシャル・ビジネス

二〇一八年九月一〇日　第一版第一刷発行

著　者――トーマス・グレイアム

日本語版監修・訳――久米五郎太

発行者――前野　隆

発行所――株式会社　文眞堂

〒162-0041
東京都新宿区早稲田鶴巻町533番地
TEL：03-3202-8480
FAX：03-3203-2638
http://www.bunshin-do.co.jp/
振替00120-2-96437

印　刷――モリモト印刷

製　本――イマキ製本所

ISBN978-4-8309-5000-1　C0036